AF803643

Blockchain im Registerrecht

Zivilrechtliche Schriften
Beiträge zum Wirtschafts-, Bank- und Arbeitsrecht

Herausgegeben von Arnd Arnold, Dorothee Einsele,
Jan Lieder und Hartmut Oetker

Begründet von Peter Kreutz und Dieter Reuter

Band 84

PETER LANG

Felix Müller-Eising

Blockchain im Registerrecht

Die Nutzung der Blockchain-Technologie für Grundbuch, Handelsregister und Aktienregister

PETER LANG

Bibliografische Information der Deutschen Nationalbibliothek
Die Deutsche Nationalbibliothek verzeichnet diese Publikation in der Deutschen Nationalbibliografie; detaillierte bibliografische Daten sind im Internet über http://dnb.d-nb.de abrufbar.

Zugl.: Freiburg (Breisgau), Univ., Diss., 2022

D 25
ISSN 0941-147X
ISBN 978-3-631-89928-1 (Print)
E-ISBN 978-3-631-90024-6 (E-PDF)
E-ISBN 978-3-631-90025-3 (EPUB)
DOI 10.3726/b20730

© Peter Lang GmbH
Internationaler Verlag der Wissenschaften
Berlin 2023
Alle Rechte vorbehalten.

Peter Lang – Berlin · Bern · Bruxelles · New York · Oxford · Warszawa · Wien

Das Werk einschließlich aller seiner Teile ist urheberrechtlich geschützt. Jede Verwertung außerhalb der engen Grenzen des Urheberrechtsgesetzes ist ohne Zustimmung des Verlages unzulässig und strafbar. Das gilt insbesondere für Vervielfältigungen, Übersetzungen, Mikroverfilmungen und die Einspeicherung und Verarbeitung in elektronischen Systemen.

Diese Publikation wurde begutachtet.

www.peterlang.com

Meinen Eltern

Vorwort

Die Erstellung dieser Arbeit war Freude und Kummer zugleich. Die Auseinandersetzung mit dem Thema „Blockchain“ hat meinen Wissensschatz einerseits ungemein bereichert. Anderseits waren geschlossene Bibliotheken und ein fehlendes Universitätsleben während der Pandemie hinderlich, um voran zu kommen.

Besonderer Dank gebührt meinem Doktorvater, Herrn Prof. Dr. Jan Lieder, LL.M. (Harvard), für die Annahme des damals noch relativ unbekannten Themas und die stete Unterstützung während der Promotion. Die jährlichen Doktorandenseminare ermöglichten einen gewinnbringenden Austausch und haben mich fachlich wie persönlich bereichert.

Herrn Prof. Dr. Hanno Merkt, LL.M. (Univ. of Chicago) danke ich vielmals für die zügige Erstellung des Zweitgutachtens.

Außerordentlicher Dank gilt meinem persönlichen Umfeld, das mich während meiner gesamten Promotionszeit auf unterschiedliche Art und Weise unterstützt hat.

Mein größter Dank gilt meinen Eltern, Claudia und Karsten Müller-Eising. Ohne die stete Motivation, den wissenschaftlichen Austausch und ihren unermüdlichen Rückhalt wäre diese Arbeit so nicht fertig geworden.

Die vorliegende Arbeit wurde im Oktober 2022 von der Fakultät für Rechtswissenschaften der Albert-Ludwigs-Universität Freiburg als Dissertation angenommen. Für die Drucklegung konnten aktuelle Rechtsentwicklungen und Literatur bis Januar 2023 berücksichtigt werden.

Frankfurt am Main, Januar 2023
Felix Müller-Eising

Inhalt

Kapitel 1: Einleitung

I. Einleitung

Die Blockchain-Technologie ist durch die Bitcoin-Blockchain samt ihrem Token Bitcoin weltweit bekannt geworden. Beim Aufkommen von Bitcoin im Jahr 2008 im Zuge der damaligen Finanzkrise war Bitcoin als Kryptowährung nur technologieaffinen Personen bekannt und stellte wahrscheinlich für die Mehrheit der Nutzer ein kurzfristiges Projekt oder gar nur eine Spielerei dar. Andere sahen in Bitcoin schon früh das Potenzial einer disruptiven Technologie.[1] Bitcoin hat sich mittlerweile unter den Kryptowährungen als die bekannteste und diejenige mit der höchsten Marktkapitalisierung etabliert. Der Kurs von Bitcoin zu Euro oder US-Dollar ist seit dem Start der Bitcoin-Blockchain enorm gestiegen. Dadurch stieg auch die Nachfrage privater Anleger, die Bitcoin wie eine Finanzanlage nutzten. Gleichzeitig wurde Bitcoin vermehrt als Zahlungsmittel im allgemeinen Wirtschaftsverkehr genutzt, teilweise auch für Geschäfte des täglichen Bedarfs.[2] Mit steigender Popularität, insbesondere durch den Wertzuwachs, wurde auch die Blockchain-Technologie als Basis von Bitcoin bekannt. Dadurch wurden die Vorteile der Blockchain-Technologie, Intermediäre auszuschalten und durch eine dezentrale Registerfunktion digitale Werte zu schaffen, auch außerhalb von Bitcoin, erkannt. Dabei wurden oftmals die Vorteile der Blockchain-Technologie insoweit als gegeben hingenommen, als dass mit der Blockchain-Technologie immer Intermediäre ausgeschaltet und digitale Werte geschaffen werden würden.

Auch staatliche Institutionen erkennen einen möglichen Nutzen der Blockchain-Technologie zur weiteren Digitalisierung des Wirtschaftsverkehrs sowie der staatlichen Verwaltung. Die Bundesregierung hat am 18.09.2019 eine allgemeine Blockchain-Strategie veröffentlicht.[3] Laut dem Koalitionspapier der 2021 gewählten Bundesregierung soll eine Machbarkeitsstudie zur Nutzung

---

1 *Lee*, Bitcoin is A Disruptive Technology, 2013, https://www.forbes.com/sites/timothylee/2013/04/09/bitcoin-is-a-disruptive-technology/?sh=342561852956.

2 Im September 2021 führte El Salvador Bitcoin als offizielles Zahlungsmittel ein: *Demmer*, El Salvador im Bitcoin-Fieber, tagesschau.de, https://www.tagesschau.de/wirtschaft/finanzen/bitcoin-el-salvador-101.html, zuletzt abgerufen am 04.08.2022.

3 Blockchain-Strategie der Bundesregierung, 18.09.2019, https://www.bmwi.de/Redaktion/DE/Publikationen/Digitale-Welt/blockchain-strategie.html, zuletzt abgerufen am 04.08.2022.

der Blockchain-Technologie für das Grundbuch in Auftrag gegeben werden[4] sowie die Möglichkeit der Emission elektronischer Aktien geschaffen werden.[5] Die Möglichkeit der Emission von elektronischen Aktien wird nach einem am 29.06.2022 veröffentlichten Eckpunktepapier für ein Zukunftsfinanzierungsgesetz nunmehr konkret vorangetrieben.[6] Nach dem „Gartner-Hype-Zyklus“[7] bedarf es bei einer neuen Technologie erst des Abflachens der Begeisterung, um den tatsächlichen Nutzen erkennen zu können. Nach dem „Gipfel der überzogenen Erwartungen“ wird zuerst das sogenannte „Tal der Enttäuschung“ erreicht, um dann durch fundierte wissenschaftliche Arbeiten auf das „Plateau der Produktivität“ zu gelangen.[8]

Diese Arbeit möchte zum Verständnis des Nutzens der Blockchain-Technologie beitragen. Dabei soll die Nutzung der Blockchain-Technologie als Register für die Führung des Grundbuchs, des Handelsregisters und des Aktienregisters als drei für den Rechtsverkehr wesentliche Register in Deutschland untersucht werden.[9] Das Grundbuch und Handelsregister stellen öffentliche Register dar, welche unterschiedliche Zwecke haben. Das Aktienregister ist dagegen ein privates Register, dessen Führung für Aktiengesellschaften sowie den Kapitalmarkt von großer Bedeutung ist. Die Auswahl der Register geschieht unter dem Gesichtspunkt, verschiedene Zwecke von Registern auf ihre Vereinbarkeit mit der Blockchain-Technologie untersuchen zu können. Gleichzeitig möchte diese Arbeit nur bestehende Register und ihre Zwecke auf eine Vereinbarkeit mit der Blockchain-Technologie untersuchen, sodass eine Analyse der Vorschriften über Kryptowertpapierregister nach dem am 10.06.2021 in Kraft getretenen Gesetz zur Einführung von elektronischen Wertpapieren (eWpG)

---

4 Koalitionsvertrag 2021–2025 zwischen SPD, Bündnis 90/Die Grünen und FDP, S. 94, Zeile 3073.

5 Koalitionsvertrag 2021–2025 zwischen SPD, Bündnis 90/Die Grünen und FDP, S. 114, Zeile 5844 f.

6 Bundesfinanzministerium, Eckpunkte für ein Zukunftsfinanzierungsgesetz, 29.06.2022, S. 3; ausführlich zum Zukunftsfinanzierungsgesetz siehe *Omlor/Wilke/Blöcher*, MMR 2022, 1044.

7 Benannt nach der Beratungsfirma Gartner: https://www.gartner.com/en/documents/3887767, zuletzt abgerufen am 04.08.2022.

8 Vgl. https://www.gartner.com/en/documents/3887767; *Hecht*, MittBayNot 2020, S. 314, 317.

9 Zur Modernisierung von Registern allgemein siehe *Danninger/Gaul/Glatz/Nehrenheim/Papp/Rieger/Wagner*, in: Breidenbach/Glatz HdB Legal Tech, 2. Auflage 2021, Kapitel 5.10 Rn. 16 ff.

unterbleibt.[10] Die Vorschriften des eWpG über Kryptowertpapierregister sind vom Gesetzgeber bewusst technologieneutral formuliert worden, sodass der Begriff „Blockchain" nicht verwendet wurde.[11]

Gleichzeitig war die Blockchain-Technologie und die auf ihr beruhenden kryptografischen Elemente der Stein des Anstoßes zur Umsetzung elektronischer Wertpapiere, wodurch letztendlich der Begriff des „Kryptowertpapierregisters" geschaffen wurde.[12]

Die aktuellen gesetzlichen Vorschriften der lang bestehenden Registerformen Grundbuch, Handelsregister und Aktienregister gehen dagegen noch nicht von einer Nutzung der Blockchain-Technologie zur Führung aus, auch wenn diese Register teilweise schon in digitaler Form geführt werden oder geführt werden können.

Die Blockchain-Technologie beruht unter anderem auf mathematischen Prinzipien der Kryptologie. Bereits im Jahr 1996 erkannte Niklas Szabo, ein Pionier in der Kryptologie und digitaler Währung, die Notwendigkeit einer Zusammenführung von juristischem, technischen und wirtschaftlichen Fachwissen, um Themen wie „Smart Contracts", welche durch die Blockchain-Technologie praxistauglich wurden, voranzutreiben.[13] Smart Contracts werden automatisch ausführende oder durchsetzende Programme zur Regelung von Rechtsbeziehungen auf einer Blockchain genannt.[14] Diese Arbeit möchte den Ansatz von Niklas Szabo im Hinblick auf die Blockchain-Technologie zur Untersuchung von Grundbuch, Handelsregister und Aktienregister verfolgen.

II. Ziel der Untersuchung

Der Blockchain-Technologie werden unterschiedliche Eigenschaften zugesprochen, sie soll nicht zuletzt die Art unseres Handelns im digitalen Raum revolutionieren, wie dies das Internet getan hat. Beispielhaft wird der Wegfall von Intermediären jeglicher Art durch ein vollumfängliches Transaktionsregister

---

10 Gesetz zur Einführung von elektronischen Wertpapieren (eWpG) v. 03.06.2021, BGBl. I, S. 1423.

11 RegE eWpG, BT-Drs. 19/29624, S. 79.

12 Vgl. *Omlor/Möslein*, in: Ellenberger/Bunte BankR-HdB, 6. Auflage 2022, § 34 Rn. 61.

13 *Szabo*, Smart Contracts: Building Blocks for Digital Markets v. 1996, https://www.fon.hum.uva.nl/rob/Courses/InformationInSpeech/CDROM/Literature/LOTwinterschool2006/szabo.best.vwh.net/smart_contracts_2.html; vgl. *Voshmigir*, in: RHB Smart Contracts, 2019, S. 13 f.

14 *Kaulartz*, in: Digitalisierte Verwaltung, 2. Auflage 2019, S. 698; dazu unten Kapitel 2:IV.

oder die Schaffung eines „Internet der Werte“, also von digitalen Werten, über die sicher verfügt werden kann, genannt.[15] Es sei eine disruptive Technologie, die zur Änderung kompletter Systeme in unserer Gesellschaft führen werde.[16] In Kapitel 2 sollen, als erstes Ziel, die Eigenschaften der Blockchain-Technologie technisch dargestellt und erläutert werden. Dabei sollen die Funktionen einer Blockchain in ihrer praktischen Umsetzung verdeutlicht werden, damit zwischen „Hype“ und tatsächlichem Nutzen unterschieden werden kann. Einzelne Aspekte der Blockchain-Technologie sollen dadurch auch in einen rechtlichen Kontext gesetzt werden.

Als zweites Ziel soll sodann unter Berücksichtigung der herausgearbeiteten Funktionen der Blockchain-Technologie die Vereinbarkeit mit Grundbuch, Handelsregister und Aktienregister in den Kapiteln 3, 4 und 5 analysiert werden. Es soll für jedes Register die Möglichkeit der Nutzung einer Blockchain nach derzeitigem Gesetzesstand geprüft werden. Dabei soll auch der Unterschied einer dezentralen Registerführung durch die Blockchain-Technologie im Vergleich zu einer zentralen, digitalen Führung der Register aufgezeigt werden.

III. Gang der Untersuchung

Die Erläuterung der Blockchain-Technologie in dieser Arbeit wird vornehmlich an Hand der bekanntesten Blockchains Bitcoin und Ethereum vorgenommen. Bitcoin eignet sich als Pionier unter den Blockchains, um die Grundzüge der Technologie, insbesondere der sogenannten Distributed-Ledger-Technologie (DLT), darzustellen. Da die Funktion der Bitcoin-Blockchain auf das Übertragen von Bitcoin beschränkt ist, wird zudem die Ethereum-Blockchain kurz dargestellt, da sie als erste Blockchain erfolgreich die Ausführung von Smart Contracts und das Betreiben von dezentralen Applikationen ermöglicht hat.[17]

Danach wird die Nutzung der Blockchain-Technologie für das Grundbuch, das Handelsregister und das Aktienregister untersucht. Dabei wird für jedes Register zuerst geprüft, ob und wie nach derzeitigem Gesetzesstand eine Blockchain als Basistechnologie genutzt werden kann. Anschließend wird verglichen, wie eine Nutzung der Blockchain-Technologie für das jeweilige Register die in

---

15 *Kaulartz*, in: Möslein/Omlor FinTech-HdB, 2. Auflage 2021, § 5 Rn. 1; *Simmchen*, MMR 2017, S. 162, 162 f.

16 Zu disruptiven Technologien der Informationstechnik *Simmchen*, Grundbuch „ex machina“, 2020, S. 55 f.

17 *De Filippi/Wright*, Blockchain and the law, 2018, S. 27; *Jacobs/Lange-Hausstein*, ITRB 2017, S. 10, 13.

Kapitel 2 herausgearbeiteten Funktionen einer Blockchain umsetzt, und sodann untersucht, welche Vor- und Nachteile gegenüber einem digitalen, zentralen Registerwesen ohne Nutzung einer Blockchain bestehen.

Dabei wird neben dem Gesetzestext auch das jeweilige Gesamtsystem der Register berücksichtigt und gefragt, inwieweit jeweils eine Nutzung der Blockchain-Technologie mit den übergeordneten Prinzipien von Grundbuch, Handelsregister und Aktienregister vereinbar ist.

Abschließend werden die Ergebnisse dieser Arbeit in Kapitel 6 zusammengefasst, um einen Beitrag zum rechtlichen und technischen Diskurs zur Führung von Grundbuch, Handelsregister und Aktienregister in Verbindung mit der Blockchain-Technologie zu leisten.

Kapitel 2: Blockchain-Technologie

I. Einleitung

Die Blockchain-Technologie ist durch Bitcoin einem immer breiteren Publikum bekannt geworden und findet auch in der juristischen Literatur wachsende Bedeutung.[18] So entstanden neben der Bitcoin-Blockchain nach und nach weitere Blockchain-Anwendungen für zum Teil unterschiedliche Nutzungszwecke.

Obwohl das Protokoll für Bitcoin bereits im Jahr 2008 veröffentlicht wurde,[19] galt die Blockchain-Technologie im Jahr 2015 plötzlich als eine disruptive Technologie, die ähnliche Auswirkungen auf die Gesellschaft haben könnte wie die Erfindung des Internets.[20] Aufgrund der hohen Komplexität der technischen Hintergründe beschränken sich Arbeiten nicht selten auf eine kurze Darstellung der Blockchain-Technologie.[21] Oftmals werden die Folgen der Nutzung einer Blockchain als in Stein gemeißelt dargestellt.

Um die Nutzung einer Blockchain für eine bestimmte Anwendung zu untersuchen, ist allerdings eine tiefergehende Beschreibung ihrer technischen Funktion notwendig. Nur so kann man den Nutzen und die Vereinbarkeit einer Blockchain für die Anwendung auf bestehende Register konkret beschreiben.

II. Historischer Überblick

1. Anfänge von Peer-to-Peer-Netzwerken

Die Anfänge der Blockchain-Technologie gehen auf das Bestreben einiger Kryptologen beginnend im Jahr 1983 zurück, eine digitale Währung zu schaffen, die anonym und ohne zentrale Kontrolle übertragen werden kann.[22] Im Jahr 1994

---

18 Siehe *Hofert*, Regulierung der Blockchains, 2018; *Hötzel*, Virtuelle Währungen im System des deutschen Steuerrechts, 2017; *Saive*, Das elektronische Konnossement, 2020; *Scherer*, Blockchain im Wertpapierbereich, 2020; *Simmchen*, Grundbuch „ex machina", 2020; *Spiegel*, Blockchain-basiertes virtuelles Geld, 2020.

19 *Nakamoto*, Bitcoin: A Peer-to-Peer Electronic Cash System, https://bitcoin.org/bitcoin.pdf.

20 Vgl. *Klemm*, Bitcoin: Das Währungsexperiment, FAZ.NET, https://www.faz.net/aktuell/finanzen/devisen-rohstoffe/bitcoin-das-waehrungsexperiment-13787659.html, zuletzt abgerufen am 04.08.2022.

21 *Kleinert/Mayer*, EuZW 2019, S. 857, 858.

22 *De Filippi/Wright*, Blockchain and the law, 2018, S. 18 f.

wurde das Unternehmen „DigiCash" gegründet, das basierend auf einer *public-private-key*-Kryptografie die anonyme Übertragung digitaler Inhalte erlaubte, wodurch eine erste Form einer digitalen Währung entstanden war. DigiCash basierte noch nicht auf einer Blockchain, sondern nutze eine zentrale Client-Server-Struktur zur Überprüfung der Transaktionen.[23] Mit der Insolvenz von DigiCash wurden die betriebenen Server abgeschaltet und somit war auch die digitale Währung wertlos.

Der Wert einer jeden Währung, ob digital oder physisch, hängt davon ab, dass eine einzelne Person nicht beliebig viele Einheiten der Währung herstellen oder übertragen kann. Nur bildet eine Währung einen Gegenwert für andere Gegenstände. Bei Fiat-Geld wird diese Kontrolle durch aufwendige Sicherheitsverfahren und eine zentrale Kontrolle durch staatlich gesteuerte Zentralbanken gewährleistet.[24] Bei einer digitalen Währung muss ebenfalls ein Gegenwert bestehen. Zentralbanken geben die Währung aus und eine einzelne Person kann diese nicht beliebig herstellen, sodass sie nur über die tatsächliche Menge an Geld verfügen kann.

Bei einer digitalen Währung, egal ob staatlich oder privat, muss das unkontrollierte Vervielfältigen der Währung, also der jeweiligen Dateien, unmöglich sein.[25] Dieses Problem wird als „double spending" bezeichnet, also wenn die digitale Währung zweimal (oder sogar mehrfach) „versendet" wird, obwohl der Inhaber nur über eine Einheit verfügen darf.[26] Die Übertragung von Daten stellt bisher immer nur eine Kopie der Daten dar.[27] Eine rein digitale Währung kann theoretisch beliebig oft kopiert werden, da es sich „nur" um eine digital gespeicherte Einheit handelt.[28]

---

23 *De Filippi/Wright*, Blockchain and the law, 2018, S. 19.

24 Als „Fiat-Geld" oder „Fiat-Währung" wird die von einem oder mehreren Staaten ausgegebene Währung bezeichnet, zum Beispiel Euro oder US-Dollar, die nicht mit einer natürlichen Ressource unterlegt ist, sondern als gesetzliches Zahlungsmittel staatlich, typischerweise durch die Zentralbanken, kontrolliert wird, vgl. *Klein*, in: Der Blockchain-Faktor, 2019, S. 39 ff.

25 Vergleichbar wäre die elektronische Buchung einer Geldsumme auf ein Konto, ohne einen Anspruch auf diese Geldsumme gegenüber der kontoführenden Bank tatsächlich zu haben.

26 *Cox*, in: Blockchain for business lawyers, 2018, S. 4 f.

27 *Sandner/Tumasjan/Welpe*, in: Der Blockchain-Faktor, 2019, S. 8 f.; *Simmchen*, Grundbuch „ex machina", 2020, S. 56.

28 *De Filippi/Wright*, Blockchain and the law, 2018, S. 19.

Um dies zu verhindern, bedarf es entweder einer zentralen Kontrolle (wie bei Fiat-Geld) oder eines anderen Mechanismus, der sicherstellt, dass eine Person nur so viele digitale Währungseinheiten versendet, also ausgibt, wie ihr auch tatsächlich zustehen.

Bei DigiCash existierte die Kontrolle durch eine zentrale Clearingstelle des Unternehmens, die den Kontostand bei einer Transaktion überprüfte und somit sicherstellte, dass nur so viele digitale Währungseinheiten versendet werden konnten, wie ausreichend vorhanden waren.[29] Eine zentrale Clearingstelle für Transaktionen stellt dann ein Risiko dar, wenn die Systeme angegriffen werden oder ausfallen. Nach dem Zusammenbruch von DigiCash kam die Idee auf, anonyme Transaktionen digitaler Währungseinheiten mit dezentraler, nicht-staatlicher Kontrolle zu ermöglichen. Jede Umsetzung einer solchen digitalen Währung musste das Problem des „double spendings" lösen, um im Rahmen des Wirtschaftsverkehrs eingesetzt werden zu können.[30] Als Erstes wurde dies durch Bitcoin praxistauglich umgesetzt.

2. Bitcoin by Nakamoto

Im Oktober 2008 wurde im Internet ein Paper unter dem Pseudonym „Satoshi Nakamoto" mit dem Titel „Bitcoin: A Peer-to-Peer Electronic Cash System" hochgeladen.[31] Die Idee von Bitcoin gründet unter anderem auf einem Peer-to-Peer-Netzwerk, asymmetrischen Verschlüsselungsverfahren und einem Konsensmechanismus auf Basis von Anreizen.[32] Der Konsensmechanismus ersetzt dabei den Staat als kontrollierenden Intermediär. Es vereint somit Ansätze eines Peer-to-Peer-Netzwerkes, der Kryptografie und der Spieltheorie.[33]

Die einzelnen Bestandteile waren dabei nicht neu. So nutzte die Musiktauschbörse „Napster" bereits 1999 ein Peer-to-Peer-Netzwerk zur Datenübertragung[34] und das erste asymmetrische Verschlüsselungsverfahren der Kryptografie, das Merkle-Hellmann-Kryptosystem, wurde bereits 1978 vorgestellt.[35]

---

29 *De Filippi/Wright*, Blockchain and the law, 2018, S. 19.

30 *De Filippi/Wright*, Blockchain and the law, 2018, S. 19.

31 *Nakamoto*, Bitcoin: A Peer-to-Peer Electronic Cash System, https://bitcoin.org/bitcoin.pdf, zuletzt abgerufen am 04.08.2022.

32 *De Filippi/Wright*, Blockchain and the law, 2018, S. 2.

33 *Voshmgir*, Blockchains, Smart Contracts und das Dezentrale Web, Technologiestiftung Berlin 2016, S. 13.

34 *Green*, Ohio State Law Journal 2002, S. 799, 801 f.

35 *Merkle/Hellman*, IEEE Trans. Inf. Theory 1978, S. 525.

Das Paper von Nakamoto war sodann der Grundstein der eigentlichen Bitcoin-Blockchain, welche nach den Vorgaben dieses Papers programmiert wurde. Es ist somit das erste Whitepaper einer funktionierenden Blockchain für die sichere Übertragung rein digitaler Werteinheiten ohne eine zentrale Kontrollstelle.[36]

3. Weiterentwicklung der Blockchain-Technologie

Nachdem der Fokus der Blockchain-Anwendung zuerst auf Kryptowährungen als alternativen Zahlungsmitteln zu staatlich regulierten Fiat-Währungen lag, wurde das Potenzial der Blockchain-Technologie hinsichtlich der Schaffung von originären digitalen Werten und der Nutzung von selbstausführenden Programmen erkannt.[37]

Es entstanden unterschiedliche Klassen blockchainbasierter Token, die nicht nur als Kryptowährung dienten, sondern als Gegenwert für Investitionen oder Dienstleistungen fungierten. Ein Token ist ein Eintrag in einem Register oder einer Datenbank und stellt die Verfügungsberechtigung über den Inhalt des Datenbankeintrags dar.[38] Durch die Zuordnung eines Rechts zu einem Token kann das Recht digital übertragen werden. Die Zuordnung von Rechten zu Token wird als „Tokenisierung“ bezeichnet.[39] Diese Token wurde im Rahmen von sogenannten „initial coin offerings“ (ICO) ausgegeben.[40] Ein ICO, abgeleitet vom Begriff IPO, hat keinen expliziten Bezug zu einer Börse, sondern stellt eine Kapitalbeschaffung durch speziell programmierte Token auf einer Blockchain, zum Beispiel Ethereum, dar.[41] Ethereum ermöglicht als Blockchain die Schaffung eigener Token durch Smart Contracts, worunter selbstausführende Programme auf einer Blockchain verstanden werden. Solche Token werden allgemein auch mit dem Überbegriff der „Krypto Assets“ beschrieben, die Rechte jeglicher Art digital repräsentieren sollen.[42] Auf der Basis von Token als Krypto Assets und der Nutzung von Smart Contracts entstanden und entstehen unterschiedliche

---

36 *De Filippi/Wright*, Blockchain and the law, 2018, S. 3.

37 *Sandner/Tumasjan/Welpe*, in: Der Blockchain-Faktor, 2019, S. 8 f.

38 *Kaulartz/Matzke*, NJW 2018, S. 3278, 3278.

39 Ausführlich *Kaulartz/Matzke*, NJW 2018, S. 3278.

40 *Rasmussen/Harris/McMurray/Dimitriou*, in: Blockchain for business lawyers, 2018, S. 31 f.

41 *Rasmussen/Harris/McMurray/Dimitriou*, in: Blockchain for business lawyers, 2018, S. 31 f.

42 Vgl. *Simmchen*, Grundbuch „ex machina“, 2020, S. 56.

Blockchain-Anwendungen, die das Potenzial der Blockchain-Technologie und ihre digitale Wertschöpfungsmöglichkeit nutzen wollten beziehungsweise wollen.[43]

III. Blockchain

Die Blockchain-Technologie ist das bekannteste Konzept einer Distributed-Ledger-Technologie. Die Distributed-Ledger-Technologie ist eine der grundlegenden Technologien, auf denen eine Blockchain aufbaut.[44] Daher kann man die Blockchain-Technologie als ein Konzept der Distributed-Ledger-Technologie ansehen.[45] Allerdings werden die Begriffe Distributed-Ledger-Technologie und Blockchain auch synonym benutzt, was den technischen Einzelheiten jedoch nicht gerecht wird und zu Verwirrung führt.[46] Unterhalb der Blockchain-Technologie existieren unterschiedliche Ausgestaltungen, die als Designs einer Blockchain bezeichnet werden können.[47] Die bekanntesten Designs der Blockchain-Technologie sind Bitcoin und Ethereum.

Zuerst werden die technischen Definitionsmerkmale der Blockchain-Technologie herausgearbeitet, um einen einheitlichen Diskurs führen zu können. Danach werden auf Basis der technischen Voraussetzungen die Funktionen

---

43 Vgl. zu Anwendungsfeldern einer Blockchain: *Schütte u. a.*, Blockchain und Smart Contracts, https://www.fim-rc.de/Paperbibliothek/Veroeffentlicht/747/wi-747.pdf, S. 22 ff., zuletzt abgerufen am 04.08.2022.

44 *Kleinert/Mayer*, EuZW 2019, S. 857, 858; vgl. auch die Antwort der Bundesregierung, BT-Drs. 19/3817, S. 1.

45 *Kannengiesser/Lins/Dehling/Sunyaev*, What Does Not Fit Can be Made to Fit! Trade-Offs in Distributed Ledger Technology Designs, SSRN Electronic Journal 2019, S. 2.

46 Ein weiteres Konzept der Distributed-Ledger-Technologie ist ein „directed acyclic graph", zu Deutsch ein gerichteter azyklischer Graph, auch „DAG" abgekürzt. Ein gerichteter azyklischer Graph ist, losgelöst von der Distributed-Ledger-Technologie, ein Graph, bei dem die Verbindungen zwischen den Knoten in einer Richtung verlaufen und kein Zyklus entsteht. Somit resultiert eine gradlinige Speicherung der Daten wie bei einer Blockchain, allerdings mit mehreren, vergleichsweise nebeneinander laufenden Ketten. Man spricht daher auch von einem „block-lattice", also einem Blockgitter. Vgl. den DAG Nano: *LeMahieu*, Nano: A Feeless Distributed Cryptocurrency Network, https://content.nano.org/whitepaper/Nano_Whitepaper_en.pdf, zuletzt abgerufen am 04.08.2022.

47 *Kannengiesser/Lins/Dehling/Sunyaev*, What Does Not Fit Can be Made to Fit! Trade-Offs in Distributed Ledger Technology Designs, SSRN Electronic Journal 2019, S. 2.

einer Blockchain dargestellt und anschließend die einzelnen technischen Merkmale der Blockchain-Technologie konkret erläutert.

1. Definition einer Blockchain

In der wissenschaftlichen Literatur gibt es keine feststehende Definition der Blockchain-Technologie. Es ist zwischen den technischen Eigenschaften einer Blockchain und ihrer Wirkung zu unterscheiden.

Einer Blockchain werden unter anderem Manipulationssicherheit, Unumkehrbarkeit, Datensicherheit und der Ausschluss von Intermediären zugeschrieben.[48] Diese werden teilweise ohne größere Prüfung auf die technischen Eigenschaften der Blockchain-Technologie zurückgeführt. Nicht selten wird von „der“ Blockchain gesprochen, was die Annahme nahelegt, es gäbe eine einzige Blockchain und nicht viele unterschiedliche Blockchains basierend auf der Blockchain-Technologie.[49] Die Formulierungen führen häufig zur Beschreibung der Eigenschaften „der“ Blockchain anhand von Bitcoin. Die Eigenschaften und Wirkungen der Bitcoin-Blockchain werden als stellvertretend für die gesamte Blockchain-Technologie angeführt, wodurch eine Beschränkung auf Anwendungen aus dem Finanzwesen entstehen kann. Die Darstellung anhand der Bitcoin-Blockchain ist gerechtfertigt, da sie die erste Blockchain bildet und als der Vorreiter der Blockchain-Technologie große Popularität hat.

Es darf nicht außer Acht gelassen werden, dass der Anwendungs-bereich der Bitcoin-Blockchain aufgrund ihrer Konzeption beschränkt ist was nicht zuletzt zur Entwicklung der Ethereum-Blockchain führte, welche neben Transaktionen auch Smart Contracts abbilden kann.[50] Darüber hinaus gibt es vielfältige Anwendungsfelder außerhalb des Finanzwesens.[51]

Daher wird nachfolgend die Blockchain-Technologie allgemein betrachtet und nur vereinzelt werden Verweise auf Bitcoin und Ethereum erfolgen, um zwei wegweisende Nutzungen der Blockchain-Technologie zu erläutern.

Eine Definition des Begriffs „Blockchain“ ist hilfreich, um Blockchain-Anwendungen erkennen und abgrenzen zu können. Die Praxis verwendet zunehmend den Begriff der Blockchain-Technologie, um ein neues, innovatives Produkt darzustellen. Sobald in irgendeiner Art und Weise ein Bezug hergestellt

---

48 *Bechtolf/Vogt*, ZD 2018, S. 66, 67.

49 Vgl. *Hecht*, MittBayNot 2020, S. 314, 314.

50 *De Filippi/Wright*, Blockchain and the law, 2018, S. 27.

51 *Kaulartz*, CR 2016, S. 474, 474; vgl. zu weiteren Anwendungsfeldern außerhalb des Finanzwesens: *Cox*, in: Blockchain for business lawyers, 2018, S. 16.

werden kann, wird von einer blockchainbasierten Anwendung gesprochen. Als Beispiel für die Umsetzung des Grundbuchs auf einer Blockchain wird die Grundbuchführung in Schweden genannt.[52] In vielen Onlineblogs über Blockchain ist zu lesen, dass Schweden das Grundbuch durch die Blockchain ersetzt oder komplett umgestellt habe.[53] Bei genauerer Betrachtung wird jedoch deutlich, dass das Grundbuch nicht komplett auf einer Blockchain abgebildet und umgesetzt wird und die Intermediäre einer Grundstückstransaktion nicht ausgeschaltet sind.[54] Schweden hat eine Art hybride Form zwischen einer privaten Blockchain und dem bestehenden System geschaffen[55], in dem bestimmte Teilnehmer, wie zum Beispiel Banken, die Funktionen von Notaren übernehmen.[56] Durch die Nutzung von Smart Contracts über eine App konnte der Übertragungsprozess automatisiert und somit die Dauer einer Übertragung, die in Schweden zwischen vier und sechs Monaten lag, auf wenige Tage verkürzt werden.

Die Ausweitung der Anwendungsbereiche für die Blockchain-Technologie macht es erforderlich, wesentliche Eigenschaften festzulegen, um ein diskursfähiges Verständnis des Begriffs „Blockchain-Technologie" zu etablieren. Nicht alles, was dezentral gespeichert wird, sollte als Blockchain bezeichnet werden. Zudem muss deutlich gemacht werden, dass eine Blockchain unterschiedliche Ausgestaltungen haben kann, insbesondere in Bezug auf die Rechteverteilung.

Im Folgenden werden daher die für diese Arbeit als notwendig angesehen Eigenschaften der Blockchain-Technologie definiert.[57] Dabei wird der Versuch einer Definition der Blockchain-Technologie aus technischer Sicht grundsätzlich selten vorgenommen, da in der Praxis von der Anwendung her auf die technische Umsetzung hingedacht wird und eine Definition zwangsläufig technische Anwendungen ausschließt.[58]

---

52 Ausführlich hierzu der Projektbericht „The Land Registry in the blockchain – testbed A development project with Lantmäteriet, Landshypotek Bank, SBAB, Telia company, ChromaWay and Kairos Future", 2017, https://static1.squarespace.com/static/5e26f18cd5824c7138a9118b/t/5e3c35451c2cbb6170caa19e/1581004119677/Blockchain_Landregistry_Report_2017.pdf, zuletzt abgerufen am 04.08.2022.

53 *Streichert*, R.I.P. lieber Notar – Wie die Blockchain Notare ersetzen könnte, Blockchain Infos v. 04.02.2019, https://www.blockchain-infos.de/blockchain-notare/.

54 *Hecht*, MittBayNot 2020, S. 314, 318.

55 *Hecht*, MittBayNot 2020, S. 314, 318.

56 *Hecht*, MittBayNot 2020, S. 314, 318.

57 Kriterien hinsichtlich des Anwendungspotenzials beschreibend: *Prinz/Rose/Osterland/Putschli*, in: Digitalisierung, 2018, S. 311, 318 f.

58 *Kaulartz*, in: Möslein/Omlor FinTech-HdB, 2. Auflage 2021, § 5 Rn. 1.

Für den wissenschaftlichen Diskurs ist eine Beschreibung der zwingenden Merkmale einer Datenspeicherung und -übertragung über eine Blockchain erforderlich, um Unterschiede bei der Programmierung einer konkreten Blockchain-Anwendung für die zu untersuchenden drei Registerformen zu definieren.

Erst mit der Beschreibung des Diskussionskerns kann die Blockchain-Technologie im Rahmen einer wissenschaftlichen Arbeit untersucht werden, um ihren möglichen Nutzen für konkrete Anwendungen wie das Grundbuch, Handelsregister und Aktienregister zu hinterfragen.

Nach dem Verständnis dieser Arbeit ist eine Blockchain

> *ein Hauptbuch in einem dezentral verteilten Peer-to-Peer-Netzwerk („distributed Ledger"), in dem Daten in Form von Token auf Grundlage eines Konsensmechanismus fortlaufend und in einer Kette von Blöcken unter Nutzung von kryptografischen Hashfunktionen („chain of blocks") gespeichert und geschrieben werden, die Übermittlung von Änderungen der Token anhand von digitalen Adressen verifiziert wird („public key infrastructure") und die Berechtigung zum Schreiben und Einsehen von Daten beliebig geregelt sein kann.*

Das Hauptbuch zeichnet dabei die gespeicherten und geänderten Daten zwischen Teilnehmern im Sinne einer Datenbank auf und gibt somit zu jedem Zeitpunkt den Stand des Hauptbuchs wieder, auf den sich alle Teilnehmer mittels des Konsensmechanismus geeinigt haben und den sie als „richtig" anerkennen.[59] Die Regeln einer Blockchain, nach denen Daten geändert werden und somit als aktueller Stand angenommen werden, sind in einem Protokoll, also einem Programm, festgeschrieben und die jeweilige Blockchain ist über das Internet mit anderen Netzwerken und Systemen interoperabel.[60]

Eine Blockchain wird oftmals als Transaktionsregister beschrieben, welche die Übertragung von Token dokumentiert.[61] Ein Token ist ein Eintrag in einem Register oder einer Datenbank und stellt die Verfügungsberechtigung über den Inhalt des Datenbankeintrags dar.[62] Die Transaktion eines Tokens bedeutet aus

---

59 *Glaser*, Pervasive Decentralisation of Digital Infrastructures: A Framework for Blockchain enabled System and Use Case Analysis, 2017.

60 Interoperabilität bedeutet, dass eine Blockchain über das Internet mit anderen Datenbanken oder Blockchains verknüpft werden und somit entsprechende Daten abfragen oder aktualisieren kann, vgl. zur Anwendung der Blockhain-Technologie aufbauend auf dem Internet *De Filippi/Wright*, Blockchain and the law, 2018, S. 48 f.

61 So *Wilsch*, DNotZ 2017, S. 761, 762; von „automatisierten Transaktionsabwicklungen" sprechend: *Simmchen*, Grundbuch „ex machina", 2020, S. 22.

62 *Kaulartz/Matzke*, NJW 2018, S. 3278, 3278.

technischer Sicht die Änderung der Verfügungsberechtigung des Datenbankeintrags von Person A auf Person B.[63]

Ein Token kann eine Kryptowährung oder durch Bezugnahme eines Tokens auf andere, auch physische, Gegenstände oder Dokumente, sogenannte Krypto Assets darstellen.[64] Die Abbildung von digitaler Währung oder anderen Werten oder Objekten durch Token auf einer Blockchain wird Tokenisierung genannt.[65] Die Tokenisierung kann berechtigterweise als die wichtigste Funktion der Blockchain-Technologie beschrieben werden, da sie das Internet der Werte ermöglicht und somit tatsächlich eine disruptive Technologie darstellt.[66]

Die Übertragung von Token zur Schaffung von digitalen Werten ist dagegen nicht Teil der technischen Definition einer Blockchain. Für eine Blockchain ist nicht die Schaffung und Übertragung von digitalen Werten notwendig, sondern lediglich die Speicherung von Daten in kryptografisch verketteten Blöcken innerhalb eines Peer-to-Peer-Netzwerkes. Es handelt sich bei einer Blockchain um eine Datenbank, bei der die Informationen der Datenbank geändert oder aktualisiert werden können.[67] Der Begriff einer Transaktion wird im Rahmen der Blockchain-Technologie dabei sowohl für die tatsächliche Übertragung von digitalen Werten als Token als auch lediglich für die Änderung oder Aktualisierung von Daten innerhalb einer Blockchain genutzt und ist in diesem Sinne mehrdeutig.[68]

Eine Blockchain muss somit nicht zwingend als Transaktionsregister bezüglich digitaler, monetärer Werte ausgestaltet sein, sondern kann auch für andere Anwendungen, zum Beispiel die Speicherung von Informationen, genutzt werden.[69] Jedoch muss jede Information, die auf einer Blockchain gespeichert wird,

---

63 *Kaulartz/Matzke*, NJW 2018, S. 3278, 3278.

64 *Greenspan*, Ending the bitcoin vs blockchain debate, multichain.com v. 19.07.2015, https://www.multichain.com/blog/2015/07/bitcoin-vs-blockchain-debate/ schreibt richtigerweise, dass ein Anreizmodell einer Blockchain keine Token erfordert. Dabei geht es aber im Kern um den Konsensmechanismus und nicht die Bezeichnung der übertragenen Daten.

65 Vgl. *Kaulartz/Matzke*, NJW 2018, S. 3278.

66 Vgl. *Kaulartz*, in: Möslein/Omlor FinTech-HdB, 2. Auflage 2021, § 5 Rn. 1.

67 *Glaser*, Pervasive Decentralisation of Digital Infrastructures: A Framework for Blockchain enabled System and Use Case Analysis, 2017, 1546.

68 *Glaser*, Pervasive Decentralisation of Digital Infrastructures: A Framework for Blockchain enabled System and Use Case Analysis, 2017, 1546.

69 *Glaser*, Pervasive Decentralisation of Digital Infrastructures: A Framework for Blockchain enabled System and Use Case Analysis, 2017, 1546.

entweder als Transaktion selbst oder mit einer Transaktion verknüpft eingeführt werden.[70] Erst durch die jeweilige Ausgestaltung einer Blockchain als Transaktions- oder Informationsregister oder eine Mischform werden digital übertragbare Werte geschaffen oder eben nicht geschaffen. Wird von einer Transaktion auf einer Blockchain gesprochen, kann somit eine Änderung von Daten auf der Blockchain oder die Übertragung von digitalen, monetären Werten gemeint sein.[71]

Nachdem die technischen Definitionsmerkmale einer Blockchain festgelegt wurden, werden die eben definierten Funktionen einer Blockchain erläutert, um ein weitergehendes Verständnis für den Einsatz einer Blockchain für die zu untersuchenden Register zu schaffen.

2. Distributed Ledger

Die Blockchain-Technologie basiert auf der Distributed-Ledger-Technologie, die eine dezentrale Speicherung und Abgleichung von Daten in einem Peer-to-Peer-Netzwerk darstellt.[72]

a) Netzwerktopologie von Peer-to-Peer-Netzwerken

Ein Peer-to-Peer-Netzwerk ist eine Struktur der Übertragung und des Speicherns von Daten zwischen den Netzwerkteilnehmern und stellt somit eine Netzwerktechnologie dar.[73] Im Gegensatz zu einem Peer-to-Peer-Netzwerk kann die Übermittlung und Speicherung von Daten auch auf Basis des Client-Server-Modells erfolgen.

Zum besseren Verständnis und zur Abgrenzung wird zunächst der Datenaustausch auf Basis des Client-Server-Modells und sodann auf Basis eines Peer-to-Peer-Netzwerkes erläutert. Beide Modelle führen mittels des Internets zu der weltweiten digitalen Verknüpfung der Menschheit, wie wir sie kennen.[74]

---

70 *Glaser*, Pervasive Decentralisation of Digital Infrastructures: A Framework for Blockchain enabled System and Use Case Analysis, 2017, 1549.

71 *Möslein/Omlor/Urbach*, ZIP 2020, S. 2149, 2149 f.

72 *Hecht*, MittBayNot 2020, S. 314, 315; *Omlor*, JuS 2019, S. 289, 289 f.

73 *Glatz*, in: Breidenbach/Glatz HdB Legal Tech, 2. Auflage 2021, Kapitel 4.1 Rn. 12.

74 Lokale Netzwerke können ebenfalls als Peer-to-Peer-Netzwerk oder Client-Server-Modell dargestellt werden, ohne eine Verbindung über das Internet.

aa) Das Client-Server-Modell im Internet

(1) Datenaustausch über die TCP/IP-Protokolle

Der weltweite Austausch von Daten über das Internet erfolgt durch Übertragungs- und Kommunikationsprotokolle. Es gibt das sogenannte Transmission Control Protocol und das Internet Protocol (TCP/IP), welche die Protokollfamilie für das Funktionieren des Internets darstellen.[75]

Das Internet Protocol ist dabei die Grundlage des Internets.[76] Es ermöglicht, dass Rechner über die Zuordnung durch IP-Adressen angewählt werden können und somit Netzwerkpakete erhalten und senden können.[77] Das Transmission Control Protocol, das Übertragungssteuerungsprotokoll, beschreibt das sichere Senden und Erhalten dieser Netzwerkpakete zwischen den IP-Adressen.[78] Auf den beiden Protokollen basiert das World Wide Web, welches über das Protokoll „https", welches für „hypertext transfer protocol secure", sicheres Hypertext-Übertragungsprotokoll, steht, funktioniert.[79]

(2) Client-Server-Modell

Bei dem Client-Server-Modell wird zwischen dem Client, dem Dienstnutzer, und dem Server, dem Dienstanbieter, unterschieden.[80] Client und Server sind Programme, die miteinander nach Maßgabe eines Protokolls für den entsprechenden Dienst kommunizieren.[81] Ein Client fordert einen vom Server angebotenen Dienst an.[82] Der Server wartet auf die Anfrage eines Clients und führt diese sodann aus, wodurch der Dienst zur Verfügung gestellt wird.[83] Eine Anfrage kann zum Beispiel im Aufrufen einer Website über das „hypertext transfer protocol secure" bestehen oder im Versenden einer E-Mail. Der Rechner, der als

---

75 *Schmidt/Pruß*, in: Auer-Reinsdorff/Conrad, 3. Auflage 2019, § 3 Rn. 34, 55; *De Filippi/Wright*, Blockchain and the law, 2018, S. 47.

76 *Schmidt/Pruß*, in: Auer-Reinsdorff/Conrad, 3. Auflage 2019, § 3 Rn. 34 ff.; *De Filippi/Wright*, Blockchain and the law, 2018, S. 47.

77 *Schmidt/Pruß*, in: Auer-Reinsdorff/Conrad, 3. Auflage 2019, § 3 Rn. 35.

78 *Schmidt/Pruß*, in: Auer-Reinsdorff/Conrad, 3. Auflage 2019, § 3 Rn. 55.

79 *Schmidt/Pruß*, in: Auer-Reinsdorff/Conrad, 3. Auflage 2019, § 3 Rn. 65 f.

80 Vgl. *Schmidt/Pruß*, in: Auer-Reinsdorff/Conrad, 3. Auflage 2019, § 3 Rn. 69.

81 Das File Transfer Protocol (FTP), vgl. *Schmidt/Pruß*, in: Auer-Reinsdorff/Conrad, 3. Auflage 2019, § 3 Rn. 69; *Leupold/Wiebe/Glossner*, in: IT-Recht, 4. Auflage 2021, Begriffserklärungen.

82 *Leupold/Wiebe/Glossner*, in: IT-Recht, 4. Auflage 2021, Begriffserklärungen.

83 *Leupold/Wiebe/Glossner*, in: IT-Recht, 4. Auflage 2021, Begriffserklärungen.

Server entsprechende Programme ausführt und Anfragen von Clients beantwortet, wird als Host bezeichnet.[84]

Das Client-Server-Modell basiert auf einem zentralistischen Netzwerk.[85] Ein Server stellt den von ihm angebotenen Dienst zentral für die anfragenden Clients zur Verfügung. Die Clients haben keinen Zugriff auf den Server oder die vom Server genutzten Daten und sind somit von diesem abhängig.[86] Fällt ein Server aus, kann der Dienst nicht automatisch von einem anderen Client angeboten werden.[87]

bb) Peer-to-Peer-Netzwerk (Netzwerktopologie)

Ein Peer-to-Peer-Netzwerk ist im Gegensatz zu einem Client-Server-Netzwerk dezentral.[88] Die Ausführung des Servers erfolgt nicht von einem Rechner oder Host, sondern von jedem Teilnehmer des Netzwerkes. Die Teilnehmer eines Peer-to-Peer-Netzwerkes werden Nodes genannt.[89] Jeder Node eines Peer-to-Peer-Netzwerkes speichert, übermittelt und synchronisiert die Daten und ist somit sowohl Client als auch Server.[90] Auf diese Weise entsteht ein dezentrales System, da anders als beim zentralistischen Client-Server-Modell nicht ein Host die Dienste als Server anbietet. Bildlich lässt sich der Unterschied wie folgt darstellen:

---

84 *Leupold/Wiebe/Glossner*, in: IT-Recht, 4. Auflage 2021, Begriffserklärungen.

85 Vgl. von „klassisch-zentralen Datenbankstrukturen" sprechend: *Omlor*, DNotZ 2021, S. 855, 856.

86 Vgl. *Rauchs u. a.*, Distributed Ledger Technology Systems: A Conceptual Framework S. 92, Fußnote 47.

87 *Vos*, BLOCKCHAIN-BASED LAND REGISTRY: PANACEA, ILLUSION OR SOMETHING IN BETWEEN ?, 2017, S. 3.

88 *Glatz*, in: Breidenbach/Glatz HdB Legal Tech, 2. Auflage 2021, Kapitel 4.1 Rn. 12.

89 *Nakamoto*, Bitcoin: A Peer-to-Peer Electronic Cash System, https://bitcoin.org/bitcoin.pdf, S. 3, zuletzt abgerufen am 04.08.2022.

90 Vgl. *Nakamoto*, Bitcoin: A Peer-to-Peer Electronic Cash System, https://bitcoin.org/bitcoin.pdf, S. 3, zuletzt abgerufen am 04.08.2022; *Kannengiesser/Lins/Dehling/Sunyaev*, What Does Not Fit Can be Made to Fit! Trade-Offs in Distributed Ledger Technology Designs, SSRN Electronic Journal 2019, S. 2.

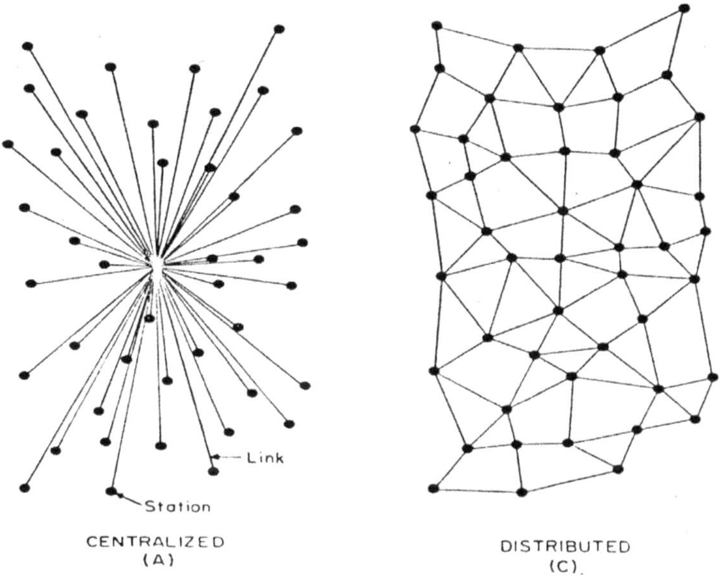

Abbildung 1: Netzwerktopologie, zentralisiert (A) und dezentral (C)[91]

b) *Distributed Ledger*

Die Datenbank in einem dezentralen Peer-to-Peer-Netzwerk wird „Ledger" genannt. Das im Peer-to-Peer-Netzwerk dezentral („distributed") verteilte Ledger ist Hauptbestandteil der Blockchain-Technologie.[92] Das Ledger beinhaltet die im Peer-to-Peer-Netzwerk zu speichernden Daten. Bei der Bitcoin-Blockchain bestehen diese Daten in Transaktionsdaten zwischen den Nodes des Peer-to-Peer-Netzwerkes.[93] Es können aber auch andere Daten oder Programme, wie zum Beispiel Smart Contracts, über das Ledger gespeichert und ausgeführt werden, wie dies bei Ethereum der Fall ist.[94]

Da eine Blockchain Daten im Wirtschaftsverkehr für einen bestimmten Zweck speichert und übermittelt, bieten sich für die rechtliche Einordnung die Begrifflichkeiten der Handelsbücher an. Wie auch eine Blockchain dient ein

91 *Baran*, On Distributed Communications Networks, 1962, S. 4.
92 *Hecht*, MittBayNot 2020, S. 314, 315.
93 *Fromberger/Zimmermann*, in: Maume/Maute Kryptowerte-HdB, 2020, § 1 Rn. 13.
94 *De Filippi/Wright*, Blockchain and the law, 2018, S. 27.

Handelsbuch zur Überprüfung und Nachverfolgung von Transaktionen oder Geschäftsvorfällen. Nach den Grundsätzen ordnungsgemäßer Buchführung wäre das Ledger einer Blockchain mit dem Grundbuch im Sinne der Handelsbücher nach § 238 HGB vergleichbar, da es alle Geschäftsvorfälle oder Transaktionen in zeitlicher Reihenfolge aufzeichnet.[95] Gleichzeitig kann es auch als Hauptbuch beschrieben werden, welches bei einer doppelten Buchführung alle Geschäftsvorfälle sachlich gegliedert aufschreibt.[96] Obwohl ein Distributed Ledger nach den Begrifflichkeiten der Buchführung als Handelsbuch eher einem Grundbuch entspricht, wird in dieser Arbeit der Begriff Hauptbuch verwendet, um eine sprachliche Verwirrung mit dem Grundbuch im Sinne des Liegenschaftsrechts zu vermeiden.

c) Vor- und Nachteile eines Distributed Ledger

aa) Single-Point-of-Failure

Beim Client-Server-Modell besteht die Gefahr, dass durch die Ausschaltung eines Punktes im Netzwerk, also eines Servers, ein kompletter Dienst nicht mehr angeboten werden kann.[97] Diese Eigenschaft wird als „Single-Point-of-Failure" bezeichnet.[98] Ein solcher Ausfall kann zufällig oder aber aufgrund eines Angriffes böswilliger Dritter stattfinden. Ein Angriff erfolgt meist in Form einer „Denial of Service"-Attacke.[99] Dabei wird an einen Server in kurzer Zeit eine extrem hohe Anzahl an Anfragen von Clients gesendet, sodass der Server diese nicht mehr bewältigen kann.[100] Durch diese Überforderung können sodann auch Anfragen legitimer Clients nicht mehr bewältigt werden und der Server fällt insgesamt aus. Eine noch umfangreichere Möglichkeit ist eine sogenannte „Distributed Denial of Service"-Attacke. Im Unterschied zu einer einfachen „Denial of Service"-Attacke wird der Angriff nicht von einem Rechner ausgeführt, sondern von mehreren verteilten Rechnern.[101] Dadurch wird die Anzahl der Anfragen und somit der Umfang der Attacke erhöht.

---

95 *Zwirner/Heyd*, in: Beck'sches Steuerberater-HdB 2019/2020, 17. Auflage 2019, Kapitel A Rn. 81a.

96 *Zwirner/Heyd*, in: Beck'sches Steuerberater-HdB 2019/2020, 17. Auflage 2019, Kapitel A Rn. 81d.

97 *De Filippi/Wright*, Blockchain and the law, 2018, S. 17.

98 *Böhme/Pesch*, DuD 2017, 473, 473.

99 *Schmidt/Pruß*, in: Auer-Reinsdorff/Conrad, 3. Auflage 2019, § 3 Rn. 271.

100 *Schmidt/Pruß*, in: Auer-Reinsdorff/Conrad, 3. Auflage 2019, § 3 Rn. 271.

101 *Schmidt/Pruß*, in: Auer-Reinsdorff/Conrad, 3. Auflage 2019, § 3 Rn. 271.

Bei einem Peer-to-Peer-Netzwerk besteht kein „Single-Point-of-Failure".[102] Indem jeder Node im Netzwerk das Hauptbuch des Netzwerkes gespeichert hat und jeder Node als Client und Server fungiert, wird bei Ausfall eines Nodes nicht das ganze Netzwerk gestört.[103] Es muss nur ein funktionierender Node im gesamten Peer-to-Peer-Netzwerk noch das vollständige Ledger zur Verfügung haben, damit das Netzwerk funktioniert. Somit hängt die Sicherheit einer Blockchain von dem Ausmaß der Dezentralität des Netzwerkes, also von der Anzahl der Nodes, ab. Die Redundanz der Datenspeicherung schützt somit das gesamte Netzwerk.[104]

bb) Manipulationssicherheit durch Dezentralität

Neben der Vermeidung eines Single-Point-of-Failure besteht ein weiterer Vorteil der Blockchain-Technologie in der Möglichkeit, eine höhere Manipulationssicherheit zu erreichen.[105] Das Hauptbuch der Blockchain kann von jedem Node heruntergeladen und gespeichert werden. Möchte ein Angreifer die Daten des Hauptbuchs, zum Beispiel erfolgte Transaktionen, ändern, muss er dies bei der Mehrzahl der Nodes tun, da jeder nicht manipulierte Node weiterhin das valide Ledger gespeichert hat.[106]

Nur so würde das Hauptbuch mit den veränderten, also manipulierten Daten von den anderen Nodes anerkannt werden. Auch hier wird durch die Redundanz der Datenspeicherung die Integrität des Netzwerkes geschützt.[107]

cc) 50%+1-Attacke

Bei den genannten Vorteilen eines Peer-to-Peer-Netzwerkes einer Blockchain bestehen trotzdem potenzielle Gefahren für die Sicherheit des Netzwerkes und die Integrität der Daten. Während die Blockchain-Technologie oftmals als generell manipulationssicher dargestellt wird, ist dies unter bestimmten Voraussetzungen nicht mehr gegeben.[108] Ein Peer-to-Peer-Netzwerk ist so lange sicher,

---

102 *Simmchen*, Grundbuch „ex machina", 2020, S. 69.
103 Vgl. *Vos*, BLOCKCHAIN-BASED LAND REGISTRY: PANACEA, ILLUSION OR SOMETHING IN BETWEEN?, 2017, S. 3.
104 *Omlor*, DNotZ 2021, S. 855, 856.
105 Vgl. *Prinz/Rose/Osterland/Putschli*, in: Digitalisierung, 2018, S. 311, 313 f.
106 Vgl. *Vos*, BLOCKCHAIN-BASED LAND REGISTRY: PANACEA, ILLUSION OR SOMETHING IN BETWEEN?, 2017, S. 7.
107 *Omlor*, DNotZ 2021, S. 855, 856.
108 Vgl. *Johnson/Jain/Martinez*, in: Blockchain for business lawyers, 2018, S. 117.

wie die Mehrheit der Nodes des Netzwerkes ohne böse Absicht handelt. Ein Node ist gutgläubig, wenn er die Integrität der Daten auf der Blockchain nicht verletzen will, also Daten nicht nachträglich zu seinem Vorteil ändern oder falsche Daten neu hinzufügen will.[109]

Die Nodes einer Blockchain sehen die längste Kette von Datenblöcken als die richtige an.[110] Gleichzeitig ist aber diejenige Blockchain die „richtige", die von der Mehrheit des Netzwerkes genutzt wird. Wenn mehr als 50% der Nodes sich zusammentun, können sie somit das Netzwerk kontrollieren.[111] Bei einer Blockchain kann somit das Ledger, also die Daten, manipuliert werden. Dies wird als „50%+1"-Attacke bezeichnet.[112] Die Sicherheit und Integrität einer Blockchain hängt somit elementar von der Größe des Netzwerkes und der Anzahl der Netzwerkteilnehmer ohne böse Absichten ab. Stellt man sich ein Peer-to-Peer-Netzwerk mit nur einigen wenigen Nodes vor, ist der Vorteil der Dezentralität gegenüber dem Client-Server-Modell nur noch geringfügig, da die tatsächliche Anzahl der Nodes zur Absicherung des Netzwerkes gering ist.

Es bedarf somit einer ausreichenden Anzahl an vertrauenswürdigen Nodes, damit ein Peer-to-Peer-Netzwerk einer Blockchain auch wirklich sicher im Sinne der Datenintegrität ist. Unter diesen Umständen ist auch die Änderung des Protokolls einer Blockchain durch die Mehrheit der Nodes möglich. Auf diese Weise kann sich die Mehrheit der Nodes auch einvernehmlich auf eine Änderung des Protokolls einigen.[113]

d) Rechtsnatur

Es ist zu unterscheiden zwischen dem Protokoll des Peer-to-Peer-Netzwerkes und der Rechtsbeziehung der einzelnen Nodes untereinander. Das Protokoll eines Peer-to-Peer-Netzwerkes, welches die Regeln der Blockchain vorgibt, ist ein Computerprogramm im Sinne des § 2 Abs. 1 Nr. 1 in Verbindung mit § 69a

---

109 Vgl. *Johnson/Jain/Martinez*, in: Blockchain for business lawyers, 2018, S. 117.

110 *Nakamoto*, Bitcoin: A Peer-to-Peer Electronic Cash System, https://bitcoin.org/bitcoin.pdf, S. 3, zuletzt abgerufen am 04.08.2022.

111 *Johnson/Jain/Martinez*, in: Blockchain for business lawyers, 2018, S. 117.

112 *Leupold/Wiebe/Glossner*, in: IT-Recht, 4. Auflage 2021, Begriffserklärungen.

113 Bei der Bitcoin-Blockchain gibt es dagegen einen Kern an Programmierern, die alleine Änderungen am Protokoll vornehmen können, siehe: *Simmchen*, Grundbuch „ex machina", 2020, S. 72.

UrhG und als solches geschützt.[114] Die Rechtsbeziehung der einzelnen Nodes untereinander gestaltet sich schwieriger.

Einerseits könnte man die Nodes in ihrer Gesamtheit als BGB-Gesellschaft ansehen. Dies fußt auf der Annahme, dass jeder Teilnehmer einer Blockchain, der nicht mit bösen Absichten handelt, zumindest das gemeinsame Ziel des Bestandes und der Weiterführung der Blockchain hat.[115] Die Beiträge der einzelnen Nodes könnten in der jeweils geleisteten Rechenleistung für den Erhalt des Netzwerkes gesehen werden, indem jeder Teilnehmer die Datensätze der Blockchain auf seinem Rechner speichert und somit zum Bestand beiträgt.

Andererseits kann das Protokoll als Allgemeine Geschäftsbedingungen (AGB) zwischen den Teilnehmern verstanden werden, welche die Grundlage für die einzelnen Rechtsbeziehungen bilden.[116] Bei der Qualifizierung des jeweiligen Blockchain-Protokolls als AGB stellt sich die Frage, wer als Verwender der AGB gilt, da es bei einer Blockchain in der Regel keine zentrale Instanz gibt, die für das Protokoll, also die potenziellen AGB, verantwortlich ist.

Bei der Frage der Rechtsbeziehung der Nodes untereinander ist ein Vergleich zur Netzwerkstruktur des Internets möglich. Bei der Nutzung des Internets ist eine Rechtsbeziehung zwischen den Netzwerkknoten allein aufgrund der Teilnahme am Netzwerk Internet nicht zwingend gegeben, da ein ausreichend gemeinsamer konkreter Zweck der einzelnen Netzwerkteilnehmer nicht vorliegt. Das Internet kann mit einem öffentlichen Gut verglichen werden, das von Personen genutzt wird, ohne einen gemeinsamen Zweck zu verfolgen.[117] Die Netzwerkteilnehmer nutzen vielmehr das Internet als gegebene Infrastruktur zur digitalen Kommunikation und zum Datenaustausch.

Ein Distributed Ledger in einem Peer-to-Peer-Netzwerk bildet die Plattform für individuelle Rechtsbeziehungen der Nodes und baut auf dem Internet auf.[118] Bei einer Blockchain stellt sich die Frage, ob das Betreiben der Blockchain als Netzwerk für einen gemeinsamen Zweck im Sinne einer BGB-Gesellschaft ausreichend ist. Die Bitcoin-Blockchain als Beispiel hat neben dem Bestand des Netzwerkes zur Übertragung von Bitcoins weitere Zwecke. Die Bitcoin-Blockchain

---

114 *Möllenkamp/Shmatenko*, in: Hoeren/Sieber/Holznagel MultimediaR-Hdb, 2020, 54. EL. Rn. 25.

115 *Omlor*, ZRP 2018, S. 85, 86.

116 *Schwintowski/Klausmann/Kadgien*, NJOZ 2018, S. 1401, 1405.

117 Den Vergleich einer Blockchain mit einem „öffentliches Gut" ziehen *Schwintowski/Klausmann/Kadgien*, NJOZ 2018, S. 1401, 1405.

118 *De Filippi/Wright*, Blockchain and the law, 2018, S. 46 f.

wird von sogenannten Minern nach dem Anreizmodell zum Erlangen von Bitcoin genutzt, wodurch die Blockchain weitergeschrieben wird.[119]

Andere nutzen das Netzwerk zur Übertragung von Bitcoin, ohne sich an der Weiterführung des Netzwerkes durch Mining zu beteiligen. Bei der Ethereum-Blockchain sind die Zwecke der Nutzung noch weitreichender, da die Anwendungsmöglichkeiten größer sind.

Aufgrund der vielfältigen Anwendungs- und Nutzungsmöglichkeiten einer Blockchain kann nicht *per se* davon ausgegangen werden, dass bei jedem Blockchain-Design, wie zum Beispiel Bitcoin und Ethereum, die Teilnehmer einen gemeinsamen Zweck verfolgen, auch wenn dies bei einzelnen Blockchain-Designs möglich sein kann.[120] Zudem spricht die Dezentralität einer Blockchain gegen einen Rechtsbindungswillen der einzelnen Nodes, der auch für einen konkludent geschlossenen Gesellschaftsvertrag einer BGB-Gesellschaft notwendig ist.[121] Das Speichern und Fortschreiben, also Aktualisieren einer Blockchain, erfüllt somit nicht die Anforderungen an eine BGB-Gesellschaft.[122]

Bei einer Blockchain müssen vielmehr die einzelnen Rechtsbeziehungen der Nodes im Peer-to-Peer-Netzwerk, zum Beispiel durch die Übertragung eines Tokens, betrachtet werden, da auch bei einer Blockchain sich die Nodes, die keine Miner sind, lediglich der Infrastruktur der Blockchain bedienen.

Die Regeln des Netzwerkes, also das Blockchain-Protokoll, könnten sodann als Geschäftsgrundlage angesehen werden, auf die die Teilnehmer sich geeinigt haben, indem sie über das Peer-to-Peer-Netzwerk agieren. Die Heranziehung der Vorschriften über AGB ist dagegen vergeblich, da es an einer Person fehlt, die die AGB als Verwender stellt. Wie auch bei Verträgen über das Internet bedarf es einer erweiterten oder eigenständigen Plattform, die von einer eindeutig zuordenbaren Person geführt wird, die sodann als für die AGB Verantwortliche gelten kann.[123]

Somit ist für eine offene und zugangsfreie Blockchain die Anwendung der Regeln über die BGB-Gesellschaft wie derjenigen über AGB verfehlt.[124]

---

119 Ein Node, der neue Blöcke generiert, wird als „Miner" bezeichnet, und das Generieren eines neuen Blocks als „Mining", ausführlich dazu unten Kapitel 2:III.6.b)cc).

120 Vgl. *Schwintowski/Klausmann/Kadgien*, NJOZ 2018, S. 1401, 1404.

121 Das Problem benennend *Omlor*, ZRP 2018, S. 85, 86.

122 Bei einem kleinen Netzwerk, bei dem sich die Teilnehmer kennen, können die Anforderungen an eine BGB-Gesellschaft gegeben sein, zum Beispiel zur Einsammlung von Kapital bei einem ICO, vgl. *Teichmann*, ZfPW 2019, S. 247, 269 f.

123 Dies ist bei einer *permissioned* Blockchain, bei der der Zugang zum Netzwerk von einer oder mehreren Stellen kontrolliert wird, denkbar.

124 Im Ergebnis *Schwintowski/Klausmann/Kadgien*, NJOZ 2018, S. 1401, 1404 f.

Dies trifft auch auf Ethereum und Bitcoin zu. Bei anderweitig ausgestalteten Blockchain-Designs ist eine Anwendung der einzelnen Regelungen möglich. Es kommt auf den konkreten Einzelfall des Protokolls des Netzwerkes beziehungsweise Blockchain-Designs an.

Es ist somit bezüglich Rechtsbeziehungen von Nodes auf einer Blockchain untereinander auf die jeweilige Ausgestaltung des Blockchain-Protokolls abzustellen. Bei einem offenen und frei zugänglichen Netzwerk, wie dies bei Bitcoin und Ethereum der Fall ist, sind die Rechtsbeziehungen zwischen den interagierenden Nodes zu betrachten. Allein durch die Teilnahme als Node am Netzwerk erwachsen hierbei keine Rechtsbeziehungen zu anderen Nodes, weder in Form einer BGB-Gesellschaft noch durch Qualifikation als AGB.

3. Token

a) Begriffserklärung

Ein Token stellt, wie oben beschrieben, immer nur den Eintrag in einem Register oder einer Datenbank dar, sodass die Transaktion eines Tokens die Verschiebung der Verfügungsberechtigung des Datenbankeintrages bedeutet.[125]

Obwohl aus technischer Sicht ein Token „nur" die Verfügungsberechtigung über einen Datenbankeintrag repräsentiert, repräsentiert der Token das im Datenbankeintrag beschriebene Recht oder die dort gespeicherte Information. Ein Token wird daher auch als digitale Einheit beschrieben, die einen materiellen oder immateriellen Vermögenswert oder eine Information widerspiegelt oder repräsentiert.[126]

Der Begriff Token bedeutet übersetzt „Wertmarke", da der Token seinen Wert nur durch die Zuordnung oder Anerkennung eines Vermögenswertes oder einer Information erhält. Die Zuordnung erfolgt durch cyber-physische Systeme oder aber durch vertragliche Vereinbarungen zwischen den Beteiligten.[127] Ein einzelner Token hat dabei die Eigenschaft, dass er einzigartig ist, also von anderen Token unterschieden werden kann und darüber hinaus nicht vervielfältigbar ist.[128]

---

125 *Kaulartz/Matzke*, NJW 2018, S. 3278, 3278, *Teichmann*, ZfPW 2019, S. 247, 267.

126 *Fill/Meier*, Blockchain kompakt, 2020, S. 375 Glossar; *Kaulartz/Matzke*, NJW 2018, S. 3278, 3278.

127 *Glatz*, in: Breidenbach/Glatz HdB Legal Tech, 2. Auflage 2021, Kapitel 4.1 Rn. 44.

128 *Kaulartz/Matzke*, NJW 2018, S. 3278, 3278.

Die Übertragungskette eines Tokens kann vom Beginn seines Entstehens bis zum aktuellen Zeitpunkt auf der entsprechenden Blockchain zurückverfolgt werden. Eine Blockchain wird daher auch als Transaktionsregister bezeichnet, da es eine Aufzeichnung von Übertragungen von Token ist.[129]

Eine Blockchain speichert dabei immer die Übertragung der Verfügungsberechtigung am Token. Ein Token wird von einer digitalen Adresse an eine andere digitale Adresse „gesendet“, indem die erhaltene digitale Adresse nun über den Token verfügen darf. Diejenige Person, die Zugriff auf die digitale Adresse hat, hat Zugriff auf die Verfügung der an diese Adresse „gesendeten“ Token.[130]

Die Verfügungsberechtigung wird durch die Speicherung eines öffentlichen Schlüssels gekennzeichnet, der als digitale Adresse zur Zuordnung des Inhabers fungiert.[131] Für den Zugriff auf diesen öffentlichen Schlüssel wird ein korrespondierender privater Schlüssel benötigt. Die Verwaltung dieser Schlüssel wird durch ein sogenanntes Wallet vorgenommen, welches wiederum durch ein Passwort geschützt ist und die Übertragung von Token von der eigenen digitalen Adresse an eine andere digitale Adresse, also ein anderes Wallet, ermöglicht.[132]

Die Bezeichnung, jemand „besitze“ eine Anzahl an Token, zum Beispiel Bitcoin, bedeutet somit, dass ein Wallet, auf das man mittels Passwort Zugriff hat, die Verfügungsberechtigung über eine bestimmte Anzahl an Token erhalten hat und noch nicht übertragen hat, also die Token versenden darf. Eine Blockchain prüft also den sogenannten *Unspent Transaction Output* (UTXO) eines Wallets.[133] Ein Wallet stellt somit die elektronische Geldbörse dar. Damit unterschiedliche Token auf einer Blockchain übertragen werden können, müssen diese auf Basis einer einheitlichen Datenstruktur entworfen sein. Dabei können Token auf einer Blockchain unterschiedliche Inhalte aufweisen, wobei der Inhalt eines Tokens auch erst durch Rechtsbeziehungen außerhalb einer Blockchain definiert werden kann.[134]

---

129 *Wilsch*, DNotZ 2017, S. 761, 762.

130 Die meisten Blockchains nutzen eine *public key infrastructure*, mittels derer Token empfangen und gesendet werden können, siehe unten Kapitel 2:III.5.

131 Vgl. *Paulus/Matzke*, ZfPW 2018, S. 431, 447.

132 Vgl. *Paulus/Matzke*, ZfPW 2018, S. 431, 447.

133 *Kaulartz*, CR 2016, S. 474, 475; *Simmchen*, Grundbuch „ex machina“, 2020, S. 73.

134 *Paulus/Matzke*, ZfPW 2018, S. 431, 449.

b) Entstehung von Token

Ein Token entsteht immer digital, da es sich um keinen physischen Gegenstand handelt.[135] Bei einer Blockchain ist zwischen sogenannten Protokoll-Token, auch *native Token* genannt, und innerhalb der Blockchain neu geschaffenen Token zu unterscheiden.[136]

Protokoll-Token dienen zur Bezahlung von Services oder zum Abschluss von Transaktionen auf der Blockchain. Vornehmlich durch Mining werden neue native Token ausgegeben.

Bitcoin ist gleichzeitig der Name der Blockchain und der darauf verwendeten native Token. Ethereum nutzt Ether als nativen Token zur Bezahlung verschiedener Services, zum Beispiel zum Erstellen eines Smart Contracts.[137]

Die Ausgabe von Token im Wege des Mining ist jedoch nicht zwingend notwendig, sondern hängt von dem gewählten Konsensmechanismus der Blockchain ab.[138] So kann zum Beispiel bei einer *permissioned* Blockchain die Ausgabe neuer Protokoll-Token durch entsprechend berechtigte Nodes erfolgen.

Neben den Protokoll-Token einer Blockchain besteht, je nach Blockchain-Anwendung, die Möglichkeit, Token manuell für jeden beliebigen Zweck durch Smart Contracts zu erstellen, was als Prägen oder Minting bezeichnet wird.[139]

Auf Ethereum wird dafür ein Standardmodell zu Erschaffung solcher Token genutzt, der ERC-20-Token. Dieser entspricht einer Grundstruktur, damit die so erschaffenen Token auf der Blockchain Ethereum mit anderen Anwendungen interagieren können.[140]

Solche Token werden durch einen Smart Contract ausgegeben, welcher die Regeln für Ausgabe und Verwendung der Token bestimmen kann.[141] Es kommt somit für die Funktionsweise eines Tokens entscheidend auf den zugrundeliegenden Smart Contract und dessen Programmierung an. Die Komplexität der

---

135 *Kaulartz/Matzke*, NJW 2018, S. 3278, 3278.

136 Vgl. *Kaulartz*, in: Möslein/Omlor FinTech-HdB, 2. Auflage 2021, § 5 Rn. 19.

137 Vgl. *Wood*, ETHEREUM: A SECURE DECENTRALISED GENERALISED TRANSACTION LEDGER v. 2021, https://ethereum.github.io/yellowpaper/paper.pdf, S. 4, zuletzt abgerufen am 04.08.2022.

138 *Greenspan*, Ending the bitcoin vs blockchain debate, multichain.com v. 19.07.2015, https://www.multichain.com/blog/2015/07/bitcoin-vs-blockchain-debate/, zuletzt abgerufen am 04.08.2022.

139 *Kaulartz/Matzke*, NJW 2018, S. 3278, 3278.

140 *Kaulartz/Matzke*, NJW 2018, S. 3278, 3278.

141 *Paulus/Matzke*, ZfPW 2018, S. 431, 436 ff.

geplanten Anwendung durch die Blockchain wird somit auch durch die Programmierfähigkeit von Smart Contracts bedingt. Ein Smart Contract kann auch dergestalt programmiert werden, dass ein Token und dessen Übertragung an vorprogrammierte Bedingungen geknüpft werden, die der Smart Contract auf der Blockchain überprüfen kann.[142]

c) *Arten von Token*

Ein Token kann, je nach Nutzungszweck, unterschiedlich ausgestaltet sein. Es gibt Currency Token, die als Zahlungsmittel zwischen Teilnehmern einer Blockchain genutzt werden.[143] Zu den Currency Token werden auch sogenannte Asset Backed Token gezählt, welche ein Objekt oder Vermögensgut verkörpern und dem Inhaber des Tokens das Recht geben sollen, dieses Objekt oder Vermögensgut von einem Dritten heraus verlangen zu können.[144] Bei Asset Backed Token entsteht ihre Funktion erst mit der entsprechenden Zuordnung der Rechte an den Vermögenswerten durch Verträge zwischen den Parteien, welche nicht zwingend auf der Blockchain existieren müssen.

Als Utility Token werden Token bezeichnet, die den Zugang zu einer Plattform ermöglichen oder das Recht, eine Dienstleistung zu erhalten.[145] Investment Token sollen die Teilhabe samt Mitspracherecht an Gesellschaften oder Projekten verkörpern.[146]

Da ein Token mit einem beliebigen Inhalt beschrieben werden kann, kann er auch nur einen Informationsgehalt, zum Beispiel eine Aussage oder Ähnliches, widerspiegeln.[147] Dies ist der Fall bei einer Blockchain-Anwendung zur Speicherung und Aktualisierung von Informationen, bei der keine digitalen Werte geschaffen werden sollen.

Zudem gibt es sogenannte nicht-fungible Token („non-fungable token"), auch NFT genannt. Ein solcher Token ist nicht austauschbar und kann eindeutig

---

142 *Paulus/Matzke*, ZfPW 2018, S. 431, 436 f.

143 *Steinrötter*, in: Maume/Maute Kryptowerte-HdB, 2020, § 3 Rn. 13.

144 *Steinrötter*, in: Maume/Maute Kryptowerte-HdB, 2020, § 3 Rn. 13.

145 *Steinrötter*, in: Maume/Maute Kryptowerte-HdB, 2020, § 3 Rn. 22.

146 *Steinrötter*, in: Maume/Maute Kryptowerte-HdB, 2020, § 3 Rn. 18.

147 Vgl. auch „Zweites Hinweisschreiben zu Prospekt- und Erlaubnispflichten im Zusammenhang mit der Ausgabe sogenannter Krypto-Token" der BaFin, https://www.bafin.de/SharedDocs/Downloads/DE/Merkblatt/WA/dl_wa_merkblatt_ICOs.pdf%3Bjsessionid%3D4830F27234722B152712B8AC5A333BCA.1_cid372%3F_blob%3DpublicationFile%26v%3D1, zuletzt abgerufen am 04.08.2022.

zugeordnet werden, wodurch eine Singularität geschaffen wird.[148] Durch die Schaffung einer Singularität soll der NFT einen Grad an Einzigartigkeit erlangen, vergleichbar mit einem Kunstwerk.[149] Ein NFT soll ein genau benennbares Unikat darstellen.

Darüber hinaus kann ein NFT aber auch genutzt werden, um eindeutig identifizierbare Objekte auf einer Blockchain abzubilden, zum Beispiel ein Auto oder eine Immobilie.[150] Die Einzigartigkeit eines NFT wird durch die Erstellung einer sogenannten Token-ID sowie einzigartiger Metadaten erreicht.[151] Ein NFT ist daher mit dem Begriff der nicht vertretbaren Sachen im Sinne des BGB vergleichbar.[152] Im Gegensatz zu einem NFT ist bei der Bitcoin-Blockchain der Wert der Bitcoins untereinander immer gleich, sodass diese beliebig ausgetauscht werden können und es keinen Unterschied macht, welchen Bitcoin ein Wallet-Inhaber besitzt. Bitcoin ist daher ein Beispiel für einen fungiblen Token, der beliebig ausgetauscht werden kann. Ein solcher fungibler Token ist vergleichbar mit dem Begriff der vertretbaren Sache nach § 91 BGB.[153] Bitcoin ist daher auch vergleichbar mit Geld, wo es ebenfalls nicht darauf ankommt, welchen Geldschein eine Person besitzt.

d) Rechtsnatur

Die Rechtsnatur eines Tokens ist nicht gesetzlich geregelt. Das KWG qualifiziert in § 1 Abs. 11 S. Nr. 10 KWG „Kryptowerte" als Finanzinstrumente. Dabei werden Kryptowerte gem. § 1 Abs. 11 S. 4 definiert als:

> *„digitale Darstellungen eines Wertes, der von keiner Zentralbank oder öffentlichen Stelle emittiert wurde oder garantiert wird und nicht den gesetzlichen Status einer Währung*

---

148 *Guntermann*, RDi 2022, S. 200, 201; *Spikowius/Rack*, MMR 2022, S. 256, 257.

149 NFT werden daher auch vorrangig für die Vermarktung digitaler Kunstwerke genutzt.

150 *Kaulartz/Hirzle*, Die Tokenisierung von Eigentum, https://www.cmshs-bloggt.de/gewerblicher-rechtsschutz/die-tokenisierung-von-eigentum/#, zuletzt abgerufen am 04.08.2022.

151 *Guntermann*, RDi 2022, S. 200, 201; *Kaulartz/Hirzle*, Die Tokenisierung von Eigentum, https://www.cmshs-bloggt.de/gewerblicher-rechtsschutz/die-tokenisierung-von-eigentum/#, zuletzt abgerufen am 04.08.2022.

152 *Kaulartz/Hirzle*, Die Tokenisierung von Eigentum, https://www.cmshs-bloggt.de/gewerblicher-rechtsschutz/die-tokenisierung-von-eigentum/#, zuletzt abgerufen am 04.08.2022.

153 *Kaulartz/Hirzle*, Die Tokenisierung von Eigentum, https://www.cmshs-bloggt.de/gewerblicher-rechtsschutz/die-tokenisierung-von-eigentum/#, zuletzt abgerufen am 04.08.2022.

oder von Geld besitzt, aber von natürlichen oder juristischen Personen aufgrund einer Vereinbarung oder tatsächlichen Übung als Tausch- oder Zahlungsmittel akzeptiert wird oder Anlagezwecken dient und der auf elektronischem Wege übertragen, gespeichert und gehandelt werden kann."

Es gibt darüber hinaus Bestrebungen, Token als Sache zu deklarieren. So fingiert § 2 Abs. 3 eWpG elektronische Wertpapiere, zu denen auch Kryptowertpapiere nach §§ 4 Abs. 1, 3 eWpG gehören, als Sache im Sinne des § 90 BGB. Token können ein Kryptowertpapier im Sinne des eWpG darstellen, wenn sie in einem Kryptowertpapierregister nach §§ 16 ff. eWpG eingetragen werden. Zusätzlich normiert § 26 eWpG den Inhalt eines elektronischen Wertpapierregisters als richtig, sodass ein gutgläubiger Erwerb elektronischer Wertpapiere, also auch von Kryptowertpapieren, möglich ist.[154]

Eine allgemeine rechtliche Einordnung von Token besteht dagegen noch nicht. Der Begriff des Kryptowertes nach dem KWG ist jedenfalls weitreichender als der Begriff des Kryptowertpapiers nach dem eWpG, da der Begriff des Kryptowertes nach dem KWG auch nicht in einem Kryptowertpapierregister eingetragene Kryptowerte im Sinne des eWpG umfasst.

Für die Nutzung von Token für die Führung von Grundbuch, Handelsregister und Aktienregister ist eine allgemeine rechtliche Einordnung von Token erforderlich, da diese Register nicht automatisch unter die bisherigen Regelungen von Kryptowerten und Kryptowertpapieren fallen. Nur dann kann untersucht werden, welche Art oder Klasse von Token für das jeweilige Register von Nutzen ist. Die bisherigen gesetzlichen Regelungen in KWG und eWpG konzentrieren sich auf die finanzmarktrechtliche Regulierung.

Es ist zu unterscheiden zwischen einer allgemeinen rechtlichen Einordnung eines Tokens als digitaler Einheit und der jeweiligen Besonderheit unterschiedlicher Token. Da ein Token allgemein eine Datei darstellt, die auf den Nodes der jeweiligen Blockchain gespeichert ist, ist eine Bezeichnung als Immaterialgut ohne Immaterialgüterschutz treffend. Erst der Inhalt des Tokens kann zu einer konkreten rechtlichen Einordnung führen.

Die rechtliche Einordnung eines Tokens richtet sich nach seiner intendierten Nutzung. Soll ein Token eine immaterielle Sache darstellen, kann eine gesetzliche Fiktion als Sache geboten sein. Soll ein Token dagegen ein Recht widerspiegeln, stellt er eben jenes Recht dar, eine allgemeine Fiktion als Sache ist nicht notwendig.

---

154 § 27 eWpG normiert zudem eine Eigentumsvermutung für den Inhaber eines elektronischen Wertpapieres.

Vertraglich steht es Parteien frei, bei einer Übertragung eines Tokens die sachenrechtlichen Vorschriften zur Anwendung kommen zu lassen. Diese gelten dann jedoch nur *inter partes* und nicht gegenüber Dritten, wodurch der Nutzen einer solchen Regelung beschränkt ist. Eine Fiktion von Token als Sache hat der Gesetzgeber, wie oben dargestellt, für Token eines elektronischen Wertpapierregisters nach § 2 Abs. 3 eWpG ermöglicht, wonach er elektronische Wertpapiere als Sache fingiert, welche als Token ausgestaltet werden können. Das Vorgehen des Gesetzgebers, einzelne Anwendungen von Token zu regeln, unterstreicht die Sinnhaftigkeit einer Differenzierung von Token nach der jeweiligen Ausgestaltung.

e) Orakel-Problem

In einer digitalen Welt können Programme miteinander kommunizieren und Daten austauschen oder überprüfen. Problematisch wird es dann, wenn eine Verbindung zwischen physischen Gegenständen oder Begebenheiten der realen Welt und einem Programm hergestellt werden soll. Bei einer Blockchain tritt dieses Problem auf, wenn ein Token physische Gegenstände darstellen soll oder ein Smart Contract für seine Ausführung auf Informationen angewiesen ist, auf die er nicht ohne weiteres zugreifen kann. Ein Smart Contract benötigt somit ein Programm oder eine Person, dass die notwendigen Informationen in eine computerlesbaren Datenstruktur überführt. Ein Programm oder eine natürliche Person, die als Schnittstelle fungieren und Daten in maschinenlesbarer Form in die Blockchain überführen, werden „Orakel" genannt.[155] Korrespondierend wird das Problem der Überführung von Informationen in einen Smart Contract als Orakel-Problem bezeichnet.[156]

Das Orakel-Problem entsteht schon beim Zugang zu einer Blockchain. Eine Person kann entweder als Node die Blockchain herunterladen oder über den jeweiligen Protokoll-Token an der Blockchain partizipieren. Für den Erwerb von Token in einem Wallet ist weder die Speicherung der kompletten Blockchain noch die Weiterführung der Blockchain notwendig.

So hat eine Person bei der Bitcoin-Blockchain zwei grundsätzliche Möglichkeiten, Bitcoins zu erwerben. Sie kann als Miner die Blockchain fortschreiben und durch das Protokoll Bitcoin ausgeschüttet bekommen oder sie kauft Bitcoins im Austausch gegen Fiat-Währung. Bei einem solchen Kauf wird das Fiat-Geld

---

155 *De Filippi/Wright*, Blockchain and the law, 2018, S. 75.
156 *Möslein/Omlor/Urbach*, ZIP 2020, S. 2149, 2151.

auf ein Bankkonto überwiesen, wofür die Person im Gegenzug auf der Blockchain die entsprechenden Bitcoins von einem Dritten an ihr Wallet gesendet bekommt.

Ein erstmaliger Erwerb von Bitcoins mit zum Beispiel Euro als Fiat-Geld ist auf der Bitcoin-Blockchain nicht möglich.[157] Es bedarf somit einer Schnittstelle, die durch eine natürliche Person oder ein Programm dargestellt werden kann.

Für automatisierte Vorgänge innerhalb einer Blockchain können die Lösung für das Orakel-Problem entweder Maschinen sein, die Daten und Informationen aus der realen Welt überprüfen können, zum Beispiel Smart Devices im Internet of Things, oder es bedarf einer Überführung von sogenannten Echtweltdaten durch Dritte in die Blockchain oder einen Smart Contract.[158]

Das Orakel-Problem ist somit eine Schnittstellenproblematik, welche auftritt, wenn nicht alle notwendigen Informationen durch eine Blockchain oder einen Smart Contract auf einer Blockchain zuverlässig abgerufen werden können. Es bedarf sodann einer vertrauenswürdigen dritten Stelle, die die Überführung von Echtweltdaten auf die Blockchain übernimmt oder diese Daten dort bestätigt.

4. Chain of Blocks

Die Speicherung und Fortschreibung von Daten im Ledger erfolgt bei einer Blockchain in Datenblöcken.[159] Die Datenblöcke sind mittels einer Verschlüsselungstechnik, sogenannter kryptografischer Hashfunktionen, verbunden.[160] So entsteht eine Kette von Blöcken – eine Blockchain. Dabei hat jeder Datenblock genau einen Vorgängerblock und einer Nachfolgerblock.[161]

---

157 Notwendig für den Einsatz auf jeglicher Blockchain ist die Schaffung eines entsprechenden digitalen Euro als Token. Die EZB hat im Jahr 2021 ein Projekt zur Untersuchung eines digitalen Euro geschaffen, wobei auch der Einsatz der Distributed-Ledger-Technologie untersucht wird, siehe EZB, Report on a digital euro, https://www.ecb.europa.eu/pub/pdf/other/Report_on_a_digital_euro~4d7268b458.en.pdf#page=27, S. 29, zuletzt abgerufen am 04.08.2022.

158 *Möslein/Omlor/Urbach*, ZIP 2020, S. 2149, 2151.

159 *Schrey/Thalhofer*, NJW 2017, S. 1431, 1431; *Omlor*, DNotZ 2021, S. 855, 856.

160 *Nakamoto*, Bitcoin: A Peer-to-Peer Electronic Cash System, https://bitcoin.org/bitcoin.pdf, S. 3, zuletzt abgerufen am 04.08.2022.

161 *Schrey/Thalhofer*, NJW 2017, S. 1431, 1431.

a) *Kryptografische Hashfunktion*

Kryptografische Hashfunktionen sind eine besondere Art der Verschlüsselung im Rahmen der Informationssicherheit, deren Methoden als Kryptografie bezeichnet werden.[162]

aa) *Hashfunktion*

Hashfunktionen werden in der Informatik genutzt, um auf möglichst schnelle und einfache Art und Weise die Vollständigkeit und Integrität von Daten überprüfen zu können.[163]

Eine Hashfunktion ist eine Streuwertfunktion, bei der aus einem beliebig großen Eingabewert ein Zielwert mit einer festen Länge generiert werden kann. Ein Ziel- oder Ausgabewert einer Hashfunktion wird als Hashwert bezeichnet. Dabei hat eine Hashfunktion die Eigenschaft, dass der Hashwert stets eine feste Länge hat, egal, wie lang oder kurz der Eingabewert ist.[164]

Eine Hashfunktion gilt als sicher, wenn von dem Zielwert aus kein Rückschluss auf den Eingabewert möglich ist. Es ist eine sogenannte Einwegfunktion.[165] Wird die Rückführung einer Hashfunktion bewiesen, gilt diese als unsicher.[166]

bb) *Kryptografische Hashfunktion*

Eine besondere Art von Hashfunktionen sind kryptografische Hashfunktionen. Eine kryptografische Hashfunktion ist kollisionsresistent.[167] Eine Kollision bezeichnet den Fall, dass eine Hashfunktion für zwei oder mehrere unterschiedliche Eingabewerte denselben Hashwert, also Ausgabewert, generiert.[168] Bei einer kollisionsresistenten Hashfunktion ist es nahezu unmöglich, für denselben Hashwert zwei unterschiedliche Eingabewerte zu finden.[169] Zusätzlich zu der

---

162 *Sohr/Kemmerich*, in: Kipker Cybersecurity, 1. Auflage 2020, Kapitel 2, Rn. 21.

163 *Fill/Meier*, Blockchain kompakt, 2020, S. 6.

164 Vgl. *Simmchen*, Grundbuch „ex machina", 2020, S. 58.

165 *Simmchen*, Grundbuch „ex machina", 2020, S. 60.

166 Die Anforderungen an Hashfunktionen wachsen mit den Möglichkeiten von Rechenkapazität, welche stetig steigen. Steigt die Möglichkeit eines Rechners, komplexe Aufgaben, zum Beispiel Hashfunktionen, in absehbarer Zeit zu lösen, muss die Komplexität der Aufgabe erhöht werden.

167 Vgl. *Prinz/Rose/Osterland/Putschli*, in: Digitalisierung, 2018, S. 311, 312.

168 *Simmchen*, Grundbuch „ex machina", 2020, S. 59.

169 Eine perfekte, also kollisionsfreie Hashfunktion ist nur möglich, wenn die Eingabemenge bekannt und beschränkt ist: https://de.wikipedia.org/wiki/Hashfunktion,

Kollisionsresistenz hat eine kryptografische Hashfunktion die Eigenschaft, dass sich der Hashwert bei nur geringfügiger Änderung des Eingabewertes komplett ändert.[170]

Der Hashwert einer kryptografischen Hashfunktion, zum Beispiel der SHA-256-Funktion, wird meistens als alphanumerischer Wert dargestellt. Die kryptografische Hashfunktion SHA-256 ist Teil der Hashfunktionsfamilie SHA-2, die vom National Institute of Standards and Technology aus den USA standardisiert wurde.[171] SHA steht für „secure hash algorithm". Zu der Familie der SHA-2 gehören neben SHA-256 zum Beispiel die Hashfunktionen SHA-384 oder SHA-512, wobei die Zahl jeweils die Größe des Hashwertes in Bits angibt. Die Bitcoin-Blockchain nutzt SHA-256 als Hashfunktion zur Verschlüsselung.

So ergibt das Wort „Affe" als Eingabewert mittels SHA-256 den Hashwert „63669810c995d3daf05e109f6dd4d7c9a441b7532be9ac9d96ff-4bb994de1211".[172]

Ändert man nun einen Buchstaben, zum Beispiel einen kleingeschriebenen Anfangsbuchstaben, so wird aus dem Eingabewert „affe" über die Funktion SHA-256 der Hashwert „886d16beb934b006c140d43423ce4710272fc86148bbffb72311616fa6f9dd66" generiert.[173] Die Hashwerte von „Affe" und „affe" haben beide dieselbe Länge und sind komplett unterschiedlich.

Mittels SHA-256 wird immer ein 256 Bit langer Hashwert generiert. Dieser Hashwert wird in Form des Hexadezimalsystems dargestellt und besteht aus 64 Ziffern.[174] Das Hexadezimalsystem ist ein Stellenwertsystem, das in der Datenverarbeitung, zum Beispiel bei Programmiersprachen, verwendet wird. Es hat die Basis 16 und besteht aus den Ziffern 0–9 sowie den Buchstaben A–F. Eine vierstellige Binärzahl kann als eine einstellige Hexadezimalzahl dargestellt

---

zuletzt abgerufen am 04.08.2022. SHA-256 gilt jedoch im Moment als sicher. Für den Vorgänger, SHA-1, wurde mittlerweile eine Kollision gefunden. Mit der Weiterentwicklung der Computertechnik steigen auch die Anforderungen an die Komplexität von kryptografischen Hashfunktionen, vgl. *Simmchen*, Grundbuch „ex machina", 2020, S. 60.

170 Vgl. *Simmchen*, Grundbuch „ex machina", 2020, S. 58.

171 *Simmchen*, Grundbuch „ex machina", 2020, S. 60.

172 SHA-256 mittels https://www.passwort-generator.org/hashgenerator.html durchgeführt, zuletzt abgerufen am 04.08.2022.

173 HA-256 mittels https://www.passwort-generator.org/hashgenerator.html durchgeführt, zuletzt abgerufen am 04.08.2022.

174 Eine Ziffer im Hexadezimalsystem entspricht 4 Stellen einer Bitfolge.

werden. Somit entsprechen 256 Bit, also eine 256-stellige Binärzahl, einer 64 Ziffer langen Hexadezimalzahl.[175]

Kryptografische Hashfunktionen, wie zum Beispiel SHA-256, eignen sich zur Verschlüsselung von Daten, wenn im Nachhinein die Richtigkeit der Daten verifiziert werden soll.[176] Wenn die Hashfunktion und der Hashwert bekannt sind, kann zwar nicht auf den Eingabewert zurückgeschlossen werden. Es kann aber im Nachhinein derjenige, der den richtigen Eingabewert kennt, beweisen, dass dieser zum Hashwert gehört.

Hierzu muss die Hashfunktion einfach nochmals ausgeführt werden und müssen sodann die Hashwerte verglichen werden. In der Praxis eignen sich Hashfunktionen zum Beispiel zur Abfrage von Passwörtern. Bei der Erstellung des Passworts wird mittels einer Hashfunktion ein Hashwert generiert. Dieser Hashwert wird sodann hinterlegt, zum Beispiel in der Datenbank des Anbieters eines Onlineportals. Der in der Datenbank hinterlegte Hashwert lässt keine Rückschlüsse auf das richtige Passwort zu. Ein Angreifer oder sonstiger Dritter kann somit mit dem Hashwert keinen Login durchführen. Denn beim Login muss der Eingabewert, also das Passwort in Klarschrift, eingegeben werden. Die Login-Abfrage durch das Onlineportal erfolgt dann nicht im Abgleich mit dem hinterlegten Hashwert. Es wird zuerst das eingegebene Passwort mittels derselben Hashfunktion „gehasht" und so der Hashwert generiert. Der auf diese Weise generierte Hashwert wird mit dem hinterlegten Hashwert in der Datenbank verglichen. Stimmen die Hashwerte überein, ist das eingegebene Passwort das richtige.

Die Entschlüsselung eines Hashwertes muss für die Funktion als kryptografische Hashfunktion weiterhin unmöglich sein. Das bedeutet, dass ein Rückschluss auf den Eingabewert eines Hashwertes trotz Kenntnis der benutzten Hashfunktion logisch nicht möglich ist. Die einzige Möglichkeit, bei einer kryptografischen Hashfunktion den richtigen Eingabewert zu finden, ist das „Ausprobieren" verschiedener Eingabewerte, bis der ermittelte Hashwert mit dem bekannten Hashwert übereinstimmt. Bei einer Passwort-Abfrage ist es somit weiterhin möglich, einfache Passwörter wie zum Beispiel „1234" zu ermitteln.

Der Versuch, einen richtigen Eingabewert für einen bekannten Hashwert zu finden, wird als „brute-force attack" bezeichnet, also der Angriff mit brachialer Gewalt, da der Angreifer so lange Eingabewerte oder Passwörter ausprobiert, bis

---

175 Instruktiv https://de.wikipedia.org/wiki/Hexadezimalsystem, zuletzt abgerufen am 04.08.2022.

176 Vgl. *Simmchen*, Grundbuch „ex machina", 2020, S. 58 f.

er ein richtiges Ergebnis hat, ohne dabei logische Verknüpfungen zu nutzen.[177] Ein solcher Angriff ist abhängig von der Rechenleistung des Angreifers, da diese bestimmt, wie schnell er verschiedene Eingabewerte ausprobieren kann.

Während die „Entschlüsselung“ eines Hashwertes einer sicheren kryptografischen Hashfunktion nur mit großem Aufwand in Form einer „brute-force attack“ möglich ist, ist die Kontrolle weiterhin einfach. Die Berechnung eines Hashwertes für einen Eingabewert ist ohne größere Rechenleistung möglich. Dies ist für eine einfache und schnelle Verifizierung von Daten oder Eingabewerten notwendig.

b) Merkle Tree und Merkle Proof

Hashfunktionen werden neben der Verschlüsselung von Daten oder Dokumenten zusätzlich zum Aufbau einer Datenstruktur genutzt. Der Hashwert der Transaktionsdaten einer Blockchain wird durch einen sogenannten Hashbaum berechnet.[178] Ein Hashbaum, auch Merkle Tree genannt, ist eine Möglichkeit, Daten in einem Hashwert zusammenzufassen. Aufgrund der mehrfachen, aufeinanderfolgenden Anwendung einer Hashfunktion wird insgesamt die Verschlüsselung sicherer.[179]

Wenn man vier Transaktionen T1, T2, T3 und T4 nimmt, werden zuerst für jede Transaktion die Hashwerte H1, H2, H3 und H4 gebildet. Auf der nächsten Ebene werden der Hashwert H12 aus den Hashwerten H1 und H2 sowie der Hashwert H34 aus den Hashwerten H3 und H4 gebildet. Am Schluss wird aus den Hashwerten H12 und H34 der Wurzelhash oder die Merkle Root HR1234 (Hashroot) gebildet.

Auf diese Weise entsteht ein Hashbaum. Wird eine einzige Transaktion geändert, ändert sich zwangsläufig die Merkle Root.[180] Auf diese Weise muss für die Überprüfung einer Summe von Transaktionen nur die Merkle Root überprüft werden.

Zudem lassen sich mittels des sogenannten Merkle Proof Transaktionen und Dokumente leicht überprüfen, ohne dass diese in der Blockchain in Klarschrift

177 *Miller/LaViola*, Byzantine Consensus from Moderately-Hard Puzzles, 2014, https://www.semanticscholar.org/paper/Byzantine-Consensus-from-Moderately-Hard-Puzzles-%3A-Miller-LaViola/849d40c02f549bfd01c7daabc1d167f1ecd2c57f, S. 2, zuletzt abgerufen am 04.08.2022.

178 *Prinz/Rose/Osterland/Putschli*, in: Digitalisierung, 2018, S. 311, 313.

179 Vgl. *Prinz/Rose/Osterland/Putschli*, in: Digitalisierung, 2018, S. 311, 313.

180 *Fill/Meier*, Blockchain kompakt, 2020, S. 10 f.

zu erkennen sein müssen. Bildet man den Hashwert der zu überprüfenden Transaktion und findet sich dieser Hashwert auf der untersten Ebene des Merkle Tree wieder und ist somit Teil des Merkle Tree bis zur Merkle Root, ist bewiesen, dass die Transaktion Teil der Blockchain ist.[181]

c) Verkettung der Datenblöcke

Die Daten auf einer Blockchain werden in Blöcken gespeichert.[182] Mit Generierung des entsprechenden Blocks werden die darin gespeicherten Transaktionen von Token durchgeführt, da somit die Änderung der Verfügungsberechtigung über die jeweiligen Token im Ledger gespeichert ist.

Das Ledger einer Blockchain besteht somit aus den Transaktionsdaten der Token in den einzelnen Blöcken. Ein Block besteht wiederum aus einem Header, einer Art Kopfzeile und einem Body, dem Hauptteil des Blocks.[183] Darüber hinaus kann eine Blockchain auch noch weitere Inhalte in den einzelnen Blöcken aufweisen.[184]

aa) Header eines Blocks

Der Header eines Blocks beinhaltet die notwendigen Informationen für die Funktionsweise einer Blockchain. Der Inhalt des Headers ist somit auch von der individuellen Funktionsweise der betreffenden Blockchain, unter anderem dem Konsensmechanismus, abhängig. Trotzdem bestehen einige Wesensmerkmale der Blockchain-Technologie, die in jedem Header eines Blockchain-Designs zu finden sind. Diese Wesensmerkmale sind die Versionsnummer des Blocks in der Kette, ein Hashwert der Transaktionsdaten und der Zeitstempel über das Entstehen des Blocks.[185] Handelt es sich um eine Proof-of-Work-basierte

---

181 *Fill/Meier*, Blockchain kompakt, 2020, S. 11.

182 *Fromberger/Zimmermann*, in: Maume/Maute Kryptowerte-HdB, 2020, § 1 Rn. 13; *Omlor*, DNotZ 2021, S. 855, 856.

183 *Wood*, ETHEREUM: A SECURE DECENTRALISED GENERALISED TRANSACTION LEDGER, https://ethereum.github.io/yellowpaper/paper.pdf, S. 5, zuletzt abgerufen am 04.08.2022.

184 So beinhaltet die Ethereum-Blockchain noch Informationen über sogenannte Ommer-Blöcke. Ein Ommer-Block ist bei Ethereum ein Block, der denselben Vorgängerblock hat wie der richtige Block, aber trotzdem nicht die Kette weiterführt, siehe *Wood*, ETHEREUM: A SECURE DECENTRALISED GENERALISED TRANSACTION LEDGER, https://ethereum.github.io/yellowpaper/paper.pdf, S. 5, zuletzt abgerufen am 04.08.2022.

185 *Fill/Meier*, Blockchain kompakt, 2020, S. 8.

Blockchain, beinhaltet der Header zudem die für den Proof-of-Work spezifischen Informationen.[186]

Der Hashwert des Vorgängerblocks entsteht durch das Hashen der Daten des Vorgängerblocks. Indem jeder Block auch den Hashwert des Headers des vorangegangenen Blocks zum Inhalt hat, kann eindeutig die Verkettung der Blöcke nachvollzogen werden.[187] Wenn dann nachträglich die Daten in einem einzelnen Block verändert werden, stimmen die Hashwerte der nachfolgenden Blöcke nicht überein.[188] Es müssen für die Richtigstellung der Blockchain die Header der nachfolgenden Blöcke neu berechnet werden, was je nach Konsensmechanismus einen extrem hohen Rechenaufwand bedeutet. Zudem wird währenddessen die Blockchain weitergeführt, sodass man zur aktuellen, also längsten Blockchain aufholen muss.[189] Auf diese Weise sind die Daten auf einer sicheren Blockchain nachträglich nahezu unveränderbar.[190]

Die Versionsnummer gibt die Anzahl der Vorgängerblöcke wieder. An ihr kann die Länge der Blockchain ermittelt und der Block in der Kette zugeordnet werden. Der Zeitstempel beschreibt die genaue Uhrzeit, zu der der Block generiert wurde. Über den Zeitstempel kann genau nachverfolgt werden, zu welchem Zeitpunkt die in einem Block gespeicherten Transaktionen durchgeführt wurden.

Bei der Bitcoin-Blockchain beinhaltet der Header den Hashwert des vorangegangenen Blocks und einen Hashwert, der die im Block zusammengefassten Transaktionen widerspiegelt.[191]

Daneben beinhaltet der Header den Zeitstempel des Blocks, die Version des Blocks, den für den Proof-of-Work aktuellen Schwellenwert sowie die Nonce. Die Nonce („number only used once") ist eine willkürliche Ziffer, die für den Proof-of-Work-Konsensalgorithmus notwendig ist.[192]

---

186 Zum Beispiel die sogenannte Nonce, siehe unten Kapitel 2:III.6.b).

187 *Schrey/Thalhofer*, NJW 2017, S. 1431, 1431.

188 *Cox*, in: Blockchain for business lawyers, 2018, S. 8 f.

189 *Cox*, in: Blockchain for business lawyers, 2018, S. 8 f.

190 Vgl. *Omlor*, DNotZ 2021, S. 855, 856.

191 Die in einem neuen Block beinhalteten Daten und Transaktionen werden in einem sogenannten Merkle-Root-Hashwert abgebildet.

192 Siehe unten Kapitel 2:III.6.b).

bb) Hauptteil eines Blocks

Der Hauptteil eines Datenblocks beinhaltet die in der Blockchain gespeicherten Daten. Dies können Transaktionsdaten von Token sein oder lediglich Informationen.

Eine Transaktion wird zwischen Teilnehmern der Blockchain durchgeführt. Es muss eine eindeutige Zuordnung möglich sein, um die Verfügungsberechtigung nachvollziehen zu können. Dies wird durch digitale öffentliche Adressen, an die ein Token „gesendet“ wird, dargestellt.

Eine Blockchain prüft bei der Übertragung von einem Token, ob der sendende Teilnehmer ausreichend Token „erhalten“ hat, also darüber verfügen darf.[193] Die Überprüfung erfolgt anhand der Daten auf der jeweiligen Blockchain. Indem jede Transaktion und somit jede Tokenübertragung zurückverfolgt werden kann, kann überprüft werden, ob eine Transaktion valide ist oder nicht.

5. *Public key infrastructure*

Das Senden und Empfangen von Token erfolgt auf einer Blockchain mittels einer sogenannten *public key infrastructure* (PKI).[194] Diese besteht aus einem öffentlichen und einem privaten Schlüssel. Der öffentliche Schlüssel ist die digitale Adresse, an die Token gesendet werden.[195] Mit dem privaten Schlüssel wird eine Transaktion signiert und somit ausgeführt. In einem technischen Sinne wird dies auch digitale Signatur genannt.[196] Beide Schlüssel werden in einem Wallet verwaltet, welches somit die elektronische Geldbörse darstellt und durch ein Passwort insgesamt geschützt ist.

Eine PKI basiert auf asymmetrischer Kryptografie im Gegensatz zu symmetrischer Kryptografie.[197] Ein öffentlicher Schlüssel hat immer genau einen korrespondierenden privaten Schlüssel. Wenn man lediglich den öffentlichen Schlüssel kennt, ist ein Rückschluss auf den privaten Schlüssel nicht möglich. Der private und der öffentliche Schlüssel sind miteinander verknüpfte Verschlüsselungsalgorithmen.[198]

---

193 Vgl. *Kaulartz/Matzke*, NJW 2018, S. 3278, 3279.

194 Vgl. *Kaulartz/Matzke*, NJW 2018, S. 3278, 3282.

195 *Paulus/Matzke*, ZfPW 2018, S. 431, 463.

196 Ohne dass der technische Begriff der digitalen Signatur zwingend eine digitale Signatur im Sinne der eIDAS-VO (EU) 910/2014 darstellt.

197 *Simmchen*, Grundbuch „ex machina“, 2020, S. 63 ff.

198 *Simmchen*, Grundbuch „ex machina“, 2020, S. 63 f.

a) Asymmetrische Verschlüsselung

Es handelt sich bei einer PKI um eine asymmetrische Verschlüsselungstechnik, welche auch asymmetrisches Kryptosystem genannt wird. Die Verschlüsselungstechnik PKI ist dabei nicht blockchainspezifisch, sondern ursprünglich in der Nachrichtenverschlüsselung entwickelt worden und wird auch außerhalb von Blockchain-Anwendungen genutzt.

Im Gegensatz zu einer asymmetrischen Verschlüsselungstechnik nutzt ein symmetrisches Schlüsselsystem zur Ver- und Entschlüsselung denselben Schlüssel.[199] Möchte man eine verschlüsselte Nachricht senden, muss der Empfänger den Schlüssel kennen, um die Nachricht lesen zu können. Hierbei besteht die Gefahr, dass bei Übertragung des Schlüssels dieser Dritten bekannt wird.

Bei der asymmetrischen Verschlüsselung muss kein Schlüssel übertragen werden. Möchte eine Person eine Nachricht an eine andere Person schicken, verschlüsselt Person A diese mit dem ihr bekannten öffentlichen Schlüssel von Person B. Der mit dem öffentlichen Schlüssel verschlüsselte Text kann nur von einer Person in den Klartext umgewandelt werden, die den zum öffentlichen Schlüssel korrespondierenden privaten Schlüssel, hier von Person B, besitzt.[200] Die Gefahr eines solchen asymmetrischen Kryptosystems besteht darin, dass ein Nutzer seinen privaten Schlüssel verlieren oder dieser Dritten bekannt werden kann.

Möchte ein Sender im Rahmen einer PKI über ein Netzwerk eine Nachricht übermitteln, benötigt er ein eigenes Schlüsselpaar bestehend aus einem privaten und einem öffentlichen Schlüssel. Wird eine Nachricht mit dem öffentlichen Schlüssel verschlüsselt, kann diese nur mit dem korrespondierenden privaten Schlüssel entschlüsselt werden. Wird dagegen eine Nachricht mit dem privaten Schlüssel verschlüsselt, kann diese nur mit dem korrespondierenden öffentlichen Schlüssel entschlüsselt werden. Der private Schlüssel ist dabei geheim und nur seinem Verwender bekannt.

Der öffentliche Schlüssel ist nicht geheim und jedem bekannt, damit eine Person Nachrichten erhalten und der Empfänger von Nachrichten den Absender überprüfen kann.

Zwingende Voraussetzung für eine funktionierende PKI ist, dass es unmöglich ist, vom öffentlichen Schlüssel auf den privaten Schlüssel zu schließen.[201] Ist dies möglich, ist der Verschlüsselungsalgorithmus des PKI nicht mehr sicher.

---

199 *Simmchen*, Grundbuch „ex machina", 2020, S. 63.

200 *Simmchen*, Grundbuch „ex machina", 2020, S. 64.

201 *Buchmann u. a.*, Introduction to Public Key Infrastructures, 2013, S. 12.

b) *Versendung von Token mittels einer PKI*

Die Übertragung von Token mittels eines Wallet folgt den gleichen Regeln wie das Versenden einer Nachricht mittels einer PKI.

Indem eine Person A ihren öffentlichen Schlüssel bekannt gibt, kann jede andere Person B dieser Person A Token transferieren. Nur die Person mit dem zum öffentlichen Schlüssel gehörenden privaten Schlüssel kann die erhaltenen Token weitersenden, hat also Zugriff auf die Token über das Wallet.

Ist die Person zu einem öffentlichen Schlüssel verifiziert, kann jeder Dritte eine Transaktion dieser Person zuordnen.

6. Konsensmechanismus

a) *Begriffserklärung*

Ein Konsensmechanismus dient zur Validierung der zu speichernden Transaktionsdaten für das gesamte Netzwerk und gibt letztendlich vor, wann Transaktionen in das Ledger geschrieben und somit durchgeführt werden dürfen.[202]

Eine Grundidee der Blockchain-Technologie ist die Nutzung eines Konsensmechanismus, um Transaktionen ohne Intermediäre validieren zu können. Dabei sind, je nach Anwendungsfall einer Blockchain, unterschiedlich ausgestaltete Konsensmechanismen möglich und sinnvoll. Somit stellt der Konsensmechanismus diejenige Funktion der Blockchain-Technologie dar, durch welche eine Disintermediation möglich, jedoch nicht zwingend ist.[203]

Im herkömmlichen Wirtschaftsleben verifizieren staatliche oder anderweitig vertrauenswürdige Stellen Daten. Bei einer Geldtransaktion beinhaltet das vor allem die Identität einer Person sowie die Garantie, dass diese Person den entsprechenden Geldbetrag auch zur Verfügung hat. Der vertrauenswürdige Intermediär ist hier die Bank. Bei einer Grundstücksübertragung sind neben der Bank auch der Notar als Teil der vorsorgenden Rechtspflege sowie das Grundbuchamt involviert.[204] Je komplizierter die Transaktion, umso wichtiger ist das Vertrauen in den Intermediär durch die beteiligten Parteien. Damit verbunden ist regelmäßig auch die Haftung der Intermediäre, sollte ein Fehler bei der Transaktion

---

202 *Prinz/Rose/Osterland/Putschli*, in: Digitalisierung, 2018, S. 311, 314. Ausführlich zur Konsensfindung bei Blockchains siehe *Omlor*, JZ 2022, S. 649, 652.

203 Vgl. *Omlor*, DNotZ 2021, S. 855, 856 ff.

204 Siehe unten Kapitel 3:I.4.c).

im Nachhinein festgestellt werden und in den Verantwortungsbereich des Intermediärs fallen.[205]

Dieses Vertrauen wird bei einer Blockchain durch einen Konsensmechanismus erreicht, der auf einem Algorithmus basiert.[206] Wenn sich alle Nutzer des Netzwerkes über den Konsensmechanismus auf die Richtigkeit der Daten einigen, bedarf es keiner Überprüfung durch Dritte. Der Algorithmus ist die automatische Durchführung des Konsenses anhand festgelegter Kriterien.[207] Der Konsensmechanismus wird bei jeder Blockchain durch das Blockchain-Protokoll festgelegt. Dabei wird bei jedem Block geprüft, ob die neu geschriebenen Transaktionen valide sind, eine Person also nur über so viele Token verfügt, wie ihr auch tatsächlich zur Verfügung stehen.[208]

Es gibt keinen vorgeschriebenen Konsensalgorithmus für eine Blockchain. Der oftmals als revolutionär oder disruptiv beschriebene Aspekt der Blockchain-Technologie liegt allerdings in der Möglichkeit, mittels eines Konsensalgorithmus Transaktionen zwischen Nodes ohne Intermediäre durchzuführen, sodass eine Disintermediation stattfindet.[209]

Eine Disintermediation ist jedoch nicht zwingend erforderlich für die Ausgestaltung eines Konsensmechanismus und somit auch nicht für ein Blockchain-Design. Es muss für jeden Anwendungsfall der richtige Konsensalgorithmus gefunden oder entwickelt werden. Die Disintermediation eines Systems durch eine Blockchain-Anwendung muss für jeden Einzelfall genau untersucht werden.

Teilweise eignen sich auch hybride Modelle, bei denen ein System eine Blockchain mit einem Konsensmechanismus nutzt, wobei nicht komplett auf den Einsatz von Intermediären bei der Blockchain-Anwendung verzichtet wird.[210]

Im Folgenden werden unterschiedliche Konsensalgorithmen beschrieben. Die Aufzählung orientiert sich an den bekanntesten Modellen, den Proof-of-Work- und Proof-of-Stake-Konsensalgorithmen. Da der Konsensalgorithmus die Validität nach dem Protokoll von im Ledger neu geschriebenen Transaktionen beweist, werden diese im Englischen oftmals als „Proof" bezeichnet. Inwieweit eine Blockchain-Anwendung einen der folgenden Konsensalgorithmen nutzt und weiterhin Intermediäre involviert, ist von der jeweiligen Anwendung

---

205 § 19 BNotO statuiert beispielsweise eine besondere Amtshaftung für Notare.
206 *Prinz/Rose/Osterland/Putschli*, in: Digitalisierung, 2018, S. 311, 312.
207 Vgl. *Prinz/Rose/Osterland/Putschli*, in: Digitalisierung, 2018, S. 311, 314.
208 Siehe oben Kapitel 2:III.5.b).
209 Vgl. *Simmchen*, Grundbuch „ex machina", 2020, S. 110; *Omlor*, DNotZ 2021, S. 855.
210 *Omlor*, DNotZ 2021, S. 855, 859.

abhängig und wird bei der Untersuchung des Grundbuchs, des Handelsregisters und des Aktienregisters besprochen.

b) Proof-of-Work

Bei dem Konsensmechanismus „Proof-of-Work“ handelt es sich um eine Methode aus der Informatik, nach der für die Nutzung eines Dienstes zuerst eine Aufgabe gelöst werden muss.[211] Die Idee des Proof-of-Work wurde erstmals 1992 vorgestellt, um den Versand von Spam-E-Mails einzudämmen.[212] Vor dem Versenden einer E-Mail musste zuerst ein mathematisches Problem gelöst werden, wodurch sich der Versand der E-Mail verzögerte. Für das Absenden einer einzigen E-Mail ist die Verzögerung jedoch hinnehmbar. Eine Person, die dagegen massenhaft Spam-E-Mails verschicken will, muss ebenfalls für jede dieser E-Mails den Proof-of-Work erbringen und somit eine hohe Computerrechenleistung aufbringen. Ist diese hoch genug, lohnt sich der Spam-Angriff nicht, da die Kosten für die Rechenleistung erst gar nicht erbracht werden können oder unwirtschaftlich sind. Ein Proof-of-Work kann auch „Denial of Service“-Attacken, bei denen der Dienst eines Servers extrem häufig in sehr kurzer Zeit angefragt und überlastet wird, erschweren oder verhindern.[213]

aa) Die Idee von Nakamoto

Basierend auf der Idee, einen Dienst erst in Anspruch nehmen zu können, nachdem eine Leistung in Form der Lösung einer Rechenaufgabe erbracht worden ist, beschrieb Nakamoto den Proof-of-Work-Konsensalgorithmus für Bitcoin.[214] Der Proof-of-Work-Konsensalgorithmus für Bitcoin wurde dabei nicht komplett von Nakamoto selbst entworfen, sondern basiert auf dem Proof-of-Work von Hashcash von Adam Back.[215]

Vereinfacht gesagt muss auch bei einem Proof-of-Work einer Blockchain für die Validierung von Transaktionen in einem Block eine Aufgabe gelöst werden, also Arbeit in Form von Rechenkapazität erbracht werden.

---

211 *Prinz/Rose/Osterland/Putschli*, in: Digitalisierung, 2018, S. 311, 314.

212 *Dwork/Naor*, in: Advances in Cryptology – CRYPTO’ 92, 1993. S. 139.

213 Siehe oben Kapitel 2:III.2.c)aa).

214 *Nakamoto*, Bitcoin: A Peer-to-Peer Electronic Cash System, https://bitcoin.org/bitcoin.pdf, S. 3, zuletzt abgerufen am 04.08.2022.

215 *Back*, Hashcash – A Denial of Service Counter-Measure, http://ww.hashcash.org/papers/hashcash.pdf, zuletzt abgerufen am 04.08.2022.

Diese Arbeit erfolgt bei Bitcoin durch das Finden einer stimmigen Zahl für den Header des Blocks, sodass der Hashwert des Blocks unter einem festgelegten Schwellenwert liegt.[216] Die zu errechnende Zahl wird „Nonce" genannt, was für „number used once" steht, da diese Zahl im Kontext der Berechnung eines neuen Blocks nur einmal genutzt wird.[217] Der jeweils aktuelle Schwellenwert ist ebenfalls im Header angegeben.

Beim Proof-of-Work von Bitcoin muss für die Schaffung eines neuen Blocks die Nonce gefunden werden, die den Wurzel-Hashwert des gesamten Blocks so verändert, dass eine Hexadezimalzahl mit einer nach dem Schwellenwert vorgegebenen Anzahl an Nullen entsteht. Das Finden einer passenden Nonce erfolgt durch Ausprobieren verschiedener Zahlenwerte im Wege einer „brute-force attack".[218] Da eine Hashfunktion nicht rückwärts gerechnet werden kann, kann man nur so lange die Hashfunktion mit verschiedenen Eingabewerten ausführen, bis man ein Ergebnis erhält, das dem vorgegebenen Schwellenwert entspricht, also der Anzahl der Nullen des Wurzel-Hashwertes.[219]

Die Anzahl der Nullen legt den sogenannten Schwellenwert fest, der unterboten werden muss. Der Schwellenwert beschreibt die Schwierigkeit des Proof-of-Work bei Bitcoin. Mit steigender Rechenkapazität lässt sich der Proof-of-Work schneller errechnen. Damit die Dauer, bis ein Block generiert wird, immer ungefähr gleichbleibt, muss die Schwierigkeit des Proof-of-Work bei Bitcoin stetig angepasst werden.[220]

Es wird ein neuer Block erst dann zur Bitcoin-Blockchain hinzugefügt, wenn er den Vorgaben des Protokolls entspricht, also eine passende Nonce gefunden wurde. Bei Bitcoin kann es auf diese Weise auch immer mehrere mögliche Blöcke geben, da es nicht ein einziges richtiges Ergebnis des Proof-of-Work gibt, sondern nur ein passendes Ergebnis für den vorgegebenen Schwellenwert gefunden muss.

---

216 *Welzel u. a.*, Mythos Blockchain, 2017, S. 12.

217 *Prinz/Rose/Osterland/Putschli*, in: Digitalisierung, 2018, S. 311, 314.

218 *Welzel u. a.*, Mythos Blockchain, 2017, S. 12; siehe oben Kapitel 2:III.4.a)bb).

219 Vgl. *Dölle*, Runde Sache, https://www.heise.de/select/ct/2019/2/1546924642860309, zuletzt abgerufen am 04.08.2022.

220 Nach dem aktuellen Bitcoin-Protokoll wird der Schwellenwert alle 2.016 Blöcke angepasst, sodass die Generierung eines Blocks im Schnitt immer zehn Minuten dauert. Ein neuer Block erforderte im Jahr 2017 einen Hashwert mit achtzehn führenden Nullen. Es musste also eine Nonce gefunden werden, sodass der Wurzel-Hashwert des Block-Headers mit achtzehn Nullen beginnt.

bb) Beispielrechnung eines Proof-of-Work

Angenommen, ein Datensatz an Transaktionen, also die sich im Header und Hauptteil befindlichen Daten eines neuen Blocks, würde aus den Zeichen „Affe“ bestehen.[221]

Übertragen auf SHA-256 und Bitcoin müsste das Wort „Affe“ durch Hinzufügen einer Nonce anstatt des Hashwertes

„63669810c995d3daf05e109f6dd4d7c9a441b7532be9ac9d96ff-4bb994de1211“[222]

einen Hashwert ergeben, der mit einer Null anfängt. Ein Rechner würde an das Wort „Affe“ so lange eine Nonce anhängen, bis daraus ein Hashwert generiert wird, der mit einer Null anfängt, zum Beispiel „Affe12“ mit dem Hashwert

„0dce028d7997e58163a3c7d0d2e4e35a43560fe7bd7f-9205cd350f6bef62d6b4“.[223]

cc) Spieltheoretische Incentivierung

Bei der Bitcoin-Blockchain zum Beispiel kann jeder Node, also jeder Teilnehmer des Netzwerkes, mit einem Rechner den Proof-of-Work erbringen, also eine Nonce für einen passenden Hashwert finden. Als Belohnung bekommt derjenige, der den Proof-of-Work als Erstes löst und somit einen neuen Block generiert, Bitcoins ausgegeben. Es gibt somit einen Anreiz, damit Blöcke generiert werden, in denen Transaktionen geschrieben sind, und die Bitcoin-Blockchain weitergeführt wird.

Ein Node, der neue Blöcke generiert, wird als „Miner“ bezeichnet, und das Generieren eines neuen Blocks als „Mining“.[224] Die Begriffe stammen vom Goldschürfen und zielen darauf ab, dass die Lösung des Proof-of-Work und die Generierung eines richtigen Blocks durch Zufall erreicht werden.

Auf diese Weise besteht ein weiteres Element, das eine Blockchain manipulationssicher macht. Nimmt ein böswilliger Angreifer auch nur eine Änderung in einem Block vor, zum Beispiel indem er eine nicht stattgefundene Transaktion hinzufügt, stimmt die kryptografische Verkettung der Blöcke nicht mehr.

---

221 Siehe oben zum Inhalt und zur Verkettung von Blöcken bei einer Blockchain Kapitel 2:III.4.c).

222 SHA-256 mittels https://hashgenerator.de/ durchgeführt, zuletzt abgerufen am 04.08.2022.

223 SHA-256 mittels https://hashgenerator.de/ durchgeführt, zuletzt abgerufen am 04.08.2022.

224 *De Filippi/Wright*, Blockchain and the law, 2018, S. 39 ff.

Möchte man eine auf Proof-of-Work basierende Blockchain im Nachhinein ändern, muss man den geleisteten Rechenaufwand für jeden nachfolgenden Block ab der Änderung erneut erbringen. Diese Leistung ist für eine Manipulation nicht unmöglich, allerdings muss eine Person zur Manipulation eines Blocks schneller als die Weiterführung der entsprechenden Blockchain sein, also aufholen. Aus diesem Grund wird nur die längste Kette von Blöcken als die richtige Blockchain von den Netzwerkteilnehmern anerkannt.[225] Man müsste also extrem viel Rechenleistung aufwenden, um zu der längsten Kette aufzuholen. Aus wirtschaftlicher Sicht der einzelnen Nodes ist es dagegen interessanter, diese Rechenleistung für das Generieren von neuen Blöcken zu nutzen.[226]

Da die längste Blockchain diejenige ist, die von der Mehrzahl der Nodes akzeptiert wird, wird allgemein davon ausgegangen, dass ein Block dann als sicher zur Bitcoin-Blockchain hinzugefügt gilt, wenn eine Stunde vergangen ist, also insgesamt sechs Blöcke hinzugefügt wurden. Nach dieser Zeit ist es unwirtschaftlich, eine neue Blockchain von dem Punkt des Blocks zu führen, da man zu der fortgeschrittenen Blockchain nicht aufholen wird, außer ein Angreifer hat gegenüber den anderen Nodes eine entsprechend deutlich größere Rechenkapazität.

Da eine Blockchain zudem dezentral gespeichert wird, muss die Nachrechnung von der Mehrheit der Nodes durchgeführt werden.[227]

Das Erfordernis eines Proof-of-Work zur Generierung neuer Blöcke führt im Ergebnis zugleich zu der nachträglichen Unveränderbarkeit einer Blockchain.[228]

dd) Nachteile des Proof-of-Work

Die für den Proof-of-Work zu erbringende Rechenleistung ist bei der Bitcoin-Blockchain kontinuierlich gestiegen. Die Bitcoin-Blockchain verbrauchte im Jahr 2019 73,1 Terawattstunden an Strom.[229] Das entspricht ungefähr dem Stromverbrauch von Österreich für 2018.[230]

---

225 *Nakamoto*, Bitcoin: A Peer-to-Peer Electronic Cash System, https://bitcoin.org/bitcoin.pdf, S. 3, zuletzt abgerufen am 04.08.2022.

226 *Voshmgir*, Blockchains, Smart Contracts und das Dezentrale Web, Technologiestiftung Berlin 2016, S. 14.

227 Siehe oben 50%+1-Attacke Kapitel 2:III.2.c)cc).

228 *Cox*, in: Blockchain for business lawyers, 2018, S. 8 ff.

229 Siehe https://www.wiwo.de/technologie/digitale-welt/infografik-wie-viel-strom-der-bitcoin-aktuell-verbraucht/25241360.html, zuletzt abgerufen am 04.08.2022.

230 Siehe https://de.statista.com/statistik/daten/studie/325788/umfrage/stromverbrauch-in-oesterreich/#:~:text=Diese%20Statistik%20veranschaulicht%20den%20Inlandsstr

Zu beachten ist beim Proof-of-Work-Konsensalgorithmus außerdem, dass dieser keine Korrektheit von Informationen überprüfen kann, die nicht in einem Block auf der Blockchain bestehen. Die Validierung von Transaktionen funktioniert, indem anhand der entsprechenden Blockchain überprüft wird, ob der zu transferierende Token tatsächlich beim Versender vorhanden ist.[231] Es wird die Übertragungskette des Tokens bis zu der Entstehung zurückverfolgt. Es kann somit immer nur verifiziert werden, dass einmal auf einer Blockchain entstandene Token im Nachhinein übertragen wurden. Ob diese Token nun aber mit in der Wirklichkeit vorliegenden Gegebenheiten übereinstimmen, wird durch den Proof-of-Work-Konsensalgorithmus nicht überprüft.[232]

c) Proof of Stake

Beim Proof-of-Stake-Konsensalgorithmus erfolgt die Einigung und somit die Generierung eines Blocks nicht aufgrund des Nachweises von ausgeführter Rechenleistung, wie dies bei Proof-of-Work der Fall ist. Stattdessen wird anhand verschiedener Kriterien ein Node ausgewählt, der das Recht hat, den nächsten Block zu generieren. Diese Nodes werden „*Stakeholder*" genannt.[233] Diese Kriterien variieren je nach spezifischem Proof-of-Stake-Konsensmechanismus.

Ein Konsensmechanismus, nach dem allein die Anzahl der von einer Person gehaltenen Token dieser das Recht geben, den nächsten Block zu generieren, könnte zu einem unfairen Monopol führen. Daher haben viele Blockchain-Designs, die auf einem Proof-of-Stake beruhen, mehrere Kriterien für die Generierung eines neuen Blocks festgelegt.[234]

Ethereum hat im Jahr 2021 begonnen, von einem Proof-of-Work- auf einen Proof-of-Stake-Konsensalgorithmus umzustellen, um unter anderem die Kosten

omverbrauch,71%2C8%20Terawattstunden%20Strom%20verbraucht, zuletzt abgerufen am 04.08.2022.

231 Siehe oben Kapitel 2:III.5.b).

232 Siehe Orakel-Problem Kapitel 2:III.3.e).

233 *Völkle*, MMR 2021, S. 539, 540.

234 Die Blockchain „Peercoin" nutzt neben einer zufälligen Auswahl der Nodes ein System, wonach das Halten von Token die Wahrscheinlichkeit erhöht, dass ein Node zur Validierung des nächsten Blocks ausgewählt wird. Nachdem man einmal ausgewählt wurde, dauert es dreißig Tage, bis ein Node frühestens wieder einen Block validieren darf. Auf diese Weise soll unter anderem die Kontrolle eines einzelnen Nodes verhindert werden.

für die Fortführung der Ethereum-Blockchain zu senken.[235] Möchte ein Node als Validator auf der Ethereum-Blockchain agieren, muss er 32 Ether dafür einsetzen, sogenanntes „staking".[236] Unter den Validatoren wird dann zum Bestätigen eines Blocks ein Node nach dem Zufallsprinzip ausgesucht. Dieser Node führt, wie auch beim Proof-of-Work, die Überprüfung des neuen Blocks durch, also ob ein Versender bei einer Transaktion auch tatsächlich die zu versendenden Token innehat.[237] Sollte ein Node einen eigentlich nicht validen Block trotzdem validieren, verliert er seinen Einsatz.[238] Auf diese Weise werden Validatoren dazu bewegt, die Blockchain nicht zu manipulieren. Indem ein Node zufällig ausgewählt wird, hat er zudem keinen Einfluss auf eine einzelne Transaktion.

Die Gefahr besteht auch hier, dass eine Person oder eine Gruppe eine Vielzahl an Nodes als Validatoren nutzt, und somit die Wahrscheinlichkeit steigt, einen bestimmten Block validieren zu können.

Der Vorteil eines Proof-of-Stake-Konsensalgorithmus liegt neben der geringeren benötigten Rechenkapazität[239] auch in der Möglichkeit, Blöcke schneller an die Blockchain hinzuzufügen und somit die Anzahl möglicher Transaktionen oder Anwendungen in Form von Smart Contracts auf einer Blockchain zu steigern, da kein zeitaufwendiger Proof-of-Work durchgeführt werden muss.

Eine abgewandelte Form des Proof-of-Stake-Verfahrens ist der sogenannte delegated Proof-of-Stake-Konsensmechanismus.[240] Dabei wird derjenige Node, der einen neuen Block validieren darf, von der Gesamtheit oder einem Teil der Nodes gewählt. Ein aktives Wahlrecht hat jeder Node des Netzwerkes, jedoch kann nicht jeder Node gewählt werden. Die Teilnehmer werden auch in *„Delegierte"*, Nodes die gewählt werden können, und *„Witnesses"*, Nodes die nur wählen können, eingeteilt.[241] Diejenigen, die gewählt werden und somit einen neuen

---

235 Der Übergang auf einen Proof-of-Stake-Konsensmechanismus der Ethereum-Blockchain erfolgt in mehreren Phasen, vgl. https://www.blockchaincenter.net/ethereum/staking/#:~:text=Mit%20dem%20%C3%9Cbergang%20zu%20Proof,sie%20sonst%20verloren%20gehen%20k%C3%B6nnen, zuletzt abgerufen am 04.08.2022.

236 https://ethereum.org/en/developers/docs/consensus-mechanisms/pos/, zuletzt abgerufen am 04.08.2022.

237 https://ethereum.org/en/developers/docs/consensus-mechanisms/pos/, zuletzt abgerufen am 04.08.2022.

238 https://ethereum.org/en/developers/docs/consensus-mechanisms/pos/, zuletzt abgerufen am 04.08.2022.

239 Vgl. *Mollik*, DuD 2022, S. 201, 202.

240 Vgl. https://www.gemini.com/cryptopedia/proof-of-stake-delegated-pos-dpos, zuletzt abgerufen am 04.08.2022.

241 Vgl. *Omlor*, JZ 2022, S. 649, 652.

Block generieren, erhalten sodann eine Bezahlung. Somit besteht auch hier ein Anreiz, neue Blöcke zu validieren.

d) Proof-of-Burn

Bei einem Proof-of-Burn-Konsensmechanismus muss für das Validieren und Generieren eines neuen Blocks eine Anzahl an Token „verbrannt" werden.[242] Dafür muss in der Regel eine bestimmte Anzahl von Token an eine digitale Adresse, also ein Wallet, geschickt werden, das niemandem gehört und auf das niemand Zugriff hat. Dies ist im Grunde ein vergleichbarer Ansatz wie bei Proof-of-Work, da zuerst eine Leistung erbracht werden muss, bevor ein Block generiert werden kann. Anders als bei der bei Proof-of-Work einzusetzenden Rechenleistung wird bei Proof-of-Burn jedoch die jeweilige interne Kryptowährung als Leistung eingesetzt.

7. Netzwerkberechtigungen von Nodes

a) Begriffserklärung

Man kann bei einer Blockchain unter den Berechtigungen einzelner Nodes unterscheiden, je nachdem, welche Art von Blockchain programmiert wurde.

Es kann zwischen der Validierungsberechtigung, Funktions- oder Schreibberechtigung und Zugangs- oder Leseberechtigung unterschieden werden.

Ein Node kann nur den Zugang zu einer Blockchain erhalten und somit die Inhalte in den einzelnen Blöcken auslesen (Zugangs- oder Leseberechtigung). Zudem kann ein Node eine Funktionsberechtigung bekommen, wodurch er Transaktionen schreiben kann, also zur Validierung durch Dritte in einem neuen Block vorgeben oder „anmelden" kann (Funktions- oder Schreibberechtigung). Darüber hinaus kann ein Node auch eine Validierungsberechtigung besitzen, wonach er am Konsensmechanismus teilnehmen kann, also Transaktionen in einem neuen Block validieren darf.

Nachfolgend werden die möglichen Eigenschaften und Ausgestaltungen der Netzwerkberechtigungen einer Blockchain näher beschrieben. Denkbar ist jede Kombination aus Berechtigungen von Nodes.

---

242 Vgl. Satozhi Coin: https://de.cointelegraph.com/press-releases/satozhi-the-world-s-first-proof-of-burn-token-concept-on-binance-smart-chain, zuletzt abgerufen am 04.08.2022.

Bei der Funktions- oder Schreibberechtigung wird zwischen *permissioned* und *permissionless*, bei der Zugangs- oder Leseberechtigung zwischen *public* und *private* unterschieden.[243]

In der umfangreichen Literatur werden teilweise jeweils die Begriffe *permissioned/private* und *permissionless/public* synonym verwendet.[244] Es wird dann nicht zwischen der Funktions- oder Schreibberechtigung und der Zugangs- oder Leseberechtigung unterschieden, sondern es wird von einer Zugangsbeschränkung zur Blockchain, also zum Peer-to-Peer-Netzwerk, gesprochen.[245] Dies ist jedoch ungenau, da eine Blockchain einerseits nur bestimmte Nodes berechtigen kann, Blöcke zu generieren und somit Transaktionen zu validieren, trotzdem aber öffentlich im Sinne einer Zugangs- oder Leseberechtigung sein kann.

Zudem besteht ein Unterschied in der Validierungsberechtigung neuer Blöcke und in der Funktions- oder Schreibberechtigung, da die Validierungsberechtigung das Recht zum Fortschreiben der Blockchain in Form der Generierung eines neuen Blocks darstellt, während die Funktions- oder Schreibberechtigung nur das Recht zum Bestimmen der zu validierenden Transaktionen darstellt.

Die verschiedenen Berechtigungen können sich überschneiden und jedem Node zugänglich sein oder aber nach den Vorgaben des jeweiligen Protokolls ausdifferenziert geregelt sein. Zudem können sich die Nodes auch außerhalb des Netzwerkes und somit außerhalb des Protokolls entsprechend privatrechtlich binden. Die Netzwerkberechtigungen stellen lediglich die technischen Gestaltungsmöglichkeiten dar.

b) Validierungsberechtigung

Die Validierungsberechtigung kann sowohl bei einem Proof-of-Work- als auch bei einem Proof-of-Stake-Konsensalgorithmus beschränkt werden. Die Bitcoin-Blockchain ist eine sogenannte öffentliche Blockchain-Anwendung, bei der jeder Node die Berechtigung zur Durchführung des Proof-of-Work und zum Finden eines neuen Blocks hat, also das Mining durchführen kann.

Denkbar wäre auch, die Nodes, die den Proof-of-Work durchführen dürfen, zu beschränken. Ebenso kann bei Ethereum jeder Node einen Einsatz erbringen, um am Proof-of-Stake-Konsensalgorithmus mitzuwirken.

---

243 Vgl. *Welzel u. a.*, Mythos Blockchain, 2017, S. 15.

244 So *Hoffer/Mirtchev*, NZKart 2019, S. 239, 240.

245 So *Hoffer/Mirtchev*, NZKart 2019, S. 239, 240.

c) Funktions- oder Schreibberechtigung

Bei der Funktions- oder Schreibberechtigung einer Blockchain ist zwischen „*permissioned*" und „*permissionless*" zu unterschieden.

aa) Permissioned

Eine „*permissioned*" Blockchain beschränkt die Berechtigung, Transaktionen zur Validierung in einem neuen Block zu schreiben. Durch die Beschränkung kann kontrolliert werden, dass nur bestimmte, zum Beispiel verifizierte Nodes Transaktionen zum Schreiben in einen neuen Block vorgeben dürfen. Es kann hierbei die Berechtigung zum Schreiben und zum Validieren innerhalb des Peer-to-Peer-Netzwerkes zusammenfallen.

bb) Permissionless

Bei einer „*permissionless*" Blockchain kann dagegen jeder Node Transaktionen zum Validieren in einem neuen Block vorgeben, damit sie in das Ledger aufgenommen werden.

d) Zugangs- oder Leseberechtigung

Die Funktions- oder Schreibberechtigung muss von der Zugangs- oder Leseberechtigung einer Blockchain unterschieden werden. Die Zugangs- oder Leseberechtigung beschreibt die Fähigkeit, Daten auf einer Blockchain zu lesen und nachzuvollziehen.

aa) Public

Bei einer öffentlichen, also „*public*" Blockchain, kann jede Person mit einem Rechner und einer Internetverbindung ein Node der Blockchain werden und die auf der Blockchain gespeicherten Daten lesen, indem er die Blockchain herunterlädt. Dies bedeutet jedoch nicht, dass ein Node den Inhalt jeder Transaktion als Klardaten nachvollziehen kann. So kann bei Bitcoin oder Ethereum die gesamte Blockchain, also das Ledger, heruntergeladen werden, die Transaktionsdaten sind aber durch die als digitale Adresse genutzten öffentlichen Schlüssel pseudonymisiert.[246]

---

246 Siehe oben Kapitel 2:III.5.b).

bb) Private

Eine *private* Blockchain-Anwendung beschränkt schon den Zugang zum Peer-to-Peer-Netzwerk, sodass eine Person die auf der entsprechenden Blockchain befindlichen Daten nur auslesen kann, wenn sie von einer anderen Person innerhalb des Netzwerkes die Berechtigung dazu erhält. *Private* Blockchains werden dazu genutzt, um nichtöffentliche Transaktionen durchzuführen. Bei einer *private* Blockchain muss innerhalb des Netzwerkes zudem bestimmt sein, wer und wie der Zugang zum Netzwerk ermöglicht wird.

e) Beispielhafte Ausgestaltungen

Je nach Anwendungsfall muss somit bei der Konzipierung des Blockchain-Protokolls entschieden werden, ob diese *permissioned* oder *permissionless* sein soll und ob diese *private* oder *public* sein soll.[247] Außerdem ist festzulegen, welche Nodes am Konsensalgorithmus teilnehmen dürfen. So ist das Bitcoin-Netzwerk *permissionless* und *public* und jeder Node hat die Möglichkeit, den Proof-of-Work durchzuführen und einen neuen Block zu generieren. Ebenso ist Ethereum *permissionless* und *public* und jeder Node kann einen Einsatz leisten, um am Proof-of-Stake teilzunehmen.

Dagegen gibt es Anwendungen wie die Corda-Blockchain des Konsortiums R3, welche *permissioned* und *private* ist.[248]

Der Vorteil einer solchen Blockchain ist ein einfacherer Konsensalgorithmus, wodurch Kosten gespart werden. Zudem können Banken oder andere Unternehmen untereinander Transaktionen durchführen, die nicht jedermann einsehen können soll.

Eine weitere Möglichkeit besteht darin, innerhalb einer Blockchain private Kanäle zu haben, sodass zwei oder mehrere Teilnehmer Transaktionen durchführen können, die andere Teilnehmer auf der Blockchain nicht einsehen können, wobei die Daten trotzdem Teil der Blockchain sind und somit gespeichert werden.[249] Auf dieser Art des Datenaustausches basiert die Machbarkeitsstudie zu einem Gültigkeitsregister von notariellen Vollmachten und Erbscheinen,

---

247 Beispielhaft *Rauchs u. a.*, Distributed Ledger Technology Systems: A Conceptual Framework S. 72 ff.

248 Siehe zum Corda-Netzwerk: https://www.corda.net/, zuletzt abgerufen am 04.08.2022.

249 Diese Möglichkeit bietet Hyperledger Fabric, https://www.hyperLedger.org/use/fabric, zuletzt abgerufen am 04.08.2022.

deren Ziel die Digitalisierung von Dokumenten aus der Rechtspflege unter Beibehaltung von Validität der Daten ist.[250]

IV. Smart Contract

Als Smart Contract, zu Deutsch schlaue Verträge, werden Programme zur automatischen Durchführung von Rechtsbeziehungen auf einer Blockchain bezeichnet.[251] Der Begriff „Smart Contract" ist dahingehend irreführend, da ein Smart Contract weder „smart" im Sinne von selbstdenkend ist noch es sich bei dem Smart Contract um einen Vertrag handelt.[252] Der Smart Contract gibt den Rechtswillen der Parteien wieder und muss nach dem Willen der Parteien ausgelegt werden, wie dies auch bei einem in Papierform festgehaltenen Vertrag der Fall ist.[253] Die Programmierung eines Smart Contracts stellt nicht automatisch den Rechtswillen der Parteien dar. Die Programmierung folgt dem Rechtswillen, nicht andersherum.

Man kann einen Smart Contract mit einem Warenautomaten vergleichen, bei dem durch die Auswahl eines Produktes und den Einwurf des Geldes geprüft wird, ob das Geld ausreichend für das gewählte Produkt ist, woraufhin das Produkt freigegeben wird.[254]

Ein Smart Contract wird auf Basis von Wenn-dann-Beziehungen programmiert. Als Programm muss ein Smart Contract somit entwickelt und von einer Person oder einem anderen Programm ausgelöst werden. Ein Smart Contract ist nicht mit einem Vertrag im Rechtssinne gleichzusetzen. Die Rechtsbeziehungen der Parteien, die sich auf die Nutzung eines Smart Contracts einigen, ist grundsätzlich losgelöst von dem Smart Contract zu betrachten. Der Smart Contract stellt oftmals die automatische Rechtsdurchsetzung dar. Inwieweit die dem Smart Contract zugrundeliegende Programmierung einen Teil der Willenserklärungen der Parteien darstellt oder als Auslegung hinzuzuziehen ist, hängt vom Einzelfall ab. Die Qualität eines Smart Contracts hängt somit von seiner Programmierung ab.

---

250 *Danninger u. a.*, Das Blockchain-basierte Gültigkeitsregister, 2020.

251 Ausführlich zu Smart Contracts *Möslein*, ZHR 2019, S. 254; *Fries*, AnwBl 2018, S. 86, 86; *Paulus/Matzke*, ZfPW 2018, S. 431, 436 ff.

252 Vgl. *Scherer*, Blockchain im Wertpapierbereich, 2020, S. 129, der von „digitalen Verträgen" spricht, was einem Smart Contract entspricht.

253 *Scherer*, Blockchain im Wertpapierbereich, 2020, S. 129.

254 Vgl. Introduction to smart contracts, ethereum.org, https://ethereum.org, zuletzt abgerufen am 04.08.2022.

Smart Contracts können auf Ethereum genutzt werden, nicht jedoch auf der Bitcoin-Blockchain.[255] Ein Vorteil eines Smart Contracts ist neben der automatisierten Durchführung, dass ein Smart Contract auch die in einem Vertrag auszutauschenden Leistungen wie ein Treuhänder verwahrt.

Bei einem Smart Contract besteht ebenfalls das Orakel-Problem, da ein Smart Contract nur diejenigen Tatsachen prüfen kann, auf die er Zugriff hat.[256] Damit ein Smart Contract als selbstausführendes Programm über vertraglich vereinbarte Leistungen verfügen kann, muss er auf die vertraglich vereinbarten Leistungen, die er durchführen soll, Zugriff haben, sie also kontrollieren können. Am einfachsten ist dies, wenn beide Leistungen auf der entsprechenden Blockchain abgebildet sind, zum Beispiel bei einem Token als Bezahlmittel im Tausch gegen einen Security Token. Beide Token können dann in den Smart Contract eingezahlt werden und dieser überträgt die Token entsprechend seiner Programmierung an die Teilnehmer.

V. Zwischenergebnis

Die Blockchain-Technologie ermöglicht viele verschiedene praktische Anwendungen, je nach konkreter Ausgestaltung.

Bei ausreichender Größe des Netzwerkes und entsprechender Ausgestaltung des Konsensmechanismus kann ein Blockchain-Design eine manipulationssichere und nachträglich unveränderbare Datenbank darstellen, die Transaktionen speichert.

Eine wesentliche Funktionsmöglichkeit liegt in der Tokenisierung von Rechtspositionen, damit diese als digitale Werte eindeutig identifiziert und somit übertragen werden können. Ein Token stellt die Berechtigung zur Verfügung über den entsprechenden Datenbankeintrag auf dem Ledger der Blockchain dar. Neben der Tokenisierung von Rechtspositionen kann eine Blockchain auch lediglich zur Speicherung von Informationen genutzt werden, welche jedoch stets als Transaktion abgebildet werden müssen.

Darüber hinaus kann durch einen Konsensmechanismus einer Blockchain das Erfordernis von Intermediären bei der Übertragung von Token entfallen.

255 Die sogenannte „Ethereum Virtual Machine" (EVM) ermöglicht die Nutzung von Smart Contracts bei Ethereum, vgl. Introduction to smart contracts, ethereum.org, https://ethereum.org, zuletzt abgerufen am 04.08.2022.

256 Siehe oben Kapitel 2:III.3.e).

Eine Disintermediation ist indes nicht zwingend im Rahmen der Nutzung einer Blockchain.

Bei einer entsprechend programmierten Blockchain können zudem Smart Contracts zur automatisierten Rechtsdurchsetzung vertraglicher Beziehungen von Nodes genutzt werden.

Kapitel 3: Grundbuch

Das Grundbuch bildet die Rechtsbeziehungen von Grundstückeigentümern und den an Grundstücken dinglich Berechtigten ab.[257] Die Vorschriften für die materiellen Änderungen dieser Rechte finden sich im BGB. Daneben existieren Verfahrensvorschriften für das Grundbuch, die GBO und die GBV sowie das BeurkG und die BNotO, die unter anderem Vorschriften über die notarielle Beurkundung enthalten.

Nach § 873 Abs. 1 BGB ist neben der Einigung die Eintragung im Grundbuch zum Rechtserwerb von Grundstücken, zur Belastung von Grundstücken mit einem Recht sowie zur Übertragung oder Belastung eines solchen Rechts notwendig. Das Grundbuch bildet die zur Verfügung über dingliche Rechte notwendige Eintragung ab.

Zwei wesentliche Punkte für den dinglichen Rechtsverkehr sind Sicherheit und Schnelligkeit. Aufgrund der dargestellten Manipulationssicherheit im Zusammenhang mit der zeitsparenden digitalen Übertragung von Datenbankeinträgen als Token bietet sich die Blockchain-Technologie als mögliche Trägertechnologie für die Grundbuchführung an.[258] Der Koalitionsvertrag der Regierungskoalition aus SPD, Grünen und FDP für die Jahre 2021 bis 2025 plant demgemäß die Durchführung einer Machbarkeitsstudie zu der Frage, „*ob ein Grundbuch auf der Blockchain möglich und vorteilhaft ist*".[259] Diese Frage soll aus einem juristischen Blickwinkel untersucht werden.

In diesem Kapitel wird zuerst (I.) ein kurzer Überblick über die aktuelle Rechtslage des Grundbuchwesens gegeben, wobei insbesondere die übergeordneten Prinzipien des Grundbuchs herausgearbeitet werden, um sodann (unter II.) eine Nutzung der Blockchain-Technologie für das Grundbuch zu prüfen. Die Prüfung wird unter der Prämisse durchgeführt, dass die übergeordneten Prinzipien und somit die grundsätzliche Systematik des Grundbuchwesens nicht

---

257 *Bohnert*, JZ 2011, S. 775, 775; *Schöner/Stöber*, GrundbuchR, 16. Auflage 2020, Rn. 2.

258 *Welzel u. a.*, Mythos Blockchain, 2017, S. 18; *Schrey/Thalhofer*, NJW 2017, S. 1431, 1431; *Paal*, ZGR 2017, S. 590, 608; *Thiel/Nazari-Khanachayi*, RDi 2021, S. 134, 136; die theoretische Möglichkeit bejahend *Paulus*, JuS 2019, S. 1049, 1049; im Ergebnis ablehnend *Wilsch*, DNotZ 2017, S. 761, 761 ff; *Vig*, BKR 2022, S. 442, 445.

259 Koalitionsvertrag 2021–2025 zwischen SPD, Bündnis 90/Die Grünen und FDP, S. 94 Zeile 3073.

durch die Nutzung der Blockchain-Technologie aufgegeben oder wesentlich verändert werden.

In einem nächsten Schritt (III.) wird eine Nutzung der Blockchain-Technologie für das Grundbuch untersucht, bei der nicht notwendigerweise von den übergeordneten Prinzipien ausgegangen wird, sondern vor allem die Vorteile einer Disintermediation im Rahmen der Blockchain-Technologie für den Grundstücksverkehr Anwendung finden sollen. Unter IV. werden die Ergebnisse verglichen und zusammengefasst.

I. Bestehende Rechtslage des Grundbuchs

1. Historischer Überblick

Der Ursprung des Grundbuchs liegt in der Archivierung und Vermessung der Welt durch den Menschen.[260] Der Mensch hat ein Bedürfnis entwickelt, die physische Welt durch unterschiedliche natürliche oder künstliche Grenzziehungen zuordenbar zu machen.

Im mittelalterlichen deutschen Raum entwickelten sich mit zunehmendem Grundstücksverkehr und der Schreibkunst unterschiedliche Bücher in den Städten, in denen Übertragungen und Rechte festgehalten wurden.[261] Das Bedürfnis der Publizität einer Grundstücksübertragung wurde vor der schriftlichen Dokumentation durch die Abwicklung des Rechtsgeschäfts vor der versammelten Gemeinde bezweckt.[262]

Neben der Übertragung eines Grundstücks entstand auch das Bedürfnis der Absicherung von Krediten durch Grundstücke und damit einhergehend einer entsprechenden Dokumentation.

Bis 1900 entstanden letztendlich unterschiedliche Grundbuchsysteme in den verschiedenen Städten und Ländern, welche teilweise den Schwerpunkt auf der Nutzung des Grundstücks für Realkredite hatten.[263]

---

260 *Wilsch*, GBO, 2. Auflage 2017, S. 1.

261 Motive zu dem Entwurfe eines Bürgerlichen Gesetzbuches für das Deutsche Reich, Bd. III: Sachenrecht, Amtliche Ausgabe, 1888, S. 9; *Schöner/Stöber*, GrundbuchR, 16. Auflage 2020, Rn. 8.

262 Motive zu dem Entwurfe eines Bürgerlichen Gesetzbuches für das Deutsche Reich, Bd. III: Sachenrecht, Amtliche Ausgabe, 1888, S. 9; *Schöner/Stöber*, GrundbuchR, 16. Auflage 2020, Rn. 8.

263 Motive zu dem Entwurfe eines Bürgerlichen Gesetzbuches für das Deutsche Reich, Bd. III: Sachenrecht, Amtliche Ausgabe, 1888, S. 9 ff.; *Schöner/Stöber*, GrundbuchR, 16. Auflage 2020, Rn. 8.

Die unterschiedlichen historischen Ausgestaltungen von Registern zeigen ein frühes Bedürfnis an einer Dokumentation der Übertragung von Grundstücken und damit verbundenen Rechten. Grund hierfür war und ist unter anderem die Wichtigkeit von Grund und Boden als begrenzte Ressource für den Einzelnen sowie die Gesellschaft insgesamt. Mit der Nutzung von Grundstücken als Realkredit stieg die wirtschaftliche Bedeutung von Grund und Boden nochmals, wodurch auch das Bedürfnis nach einem Register bestehen blieb. Hieraus lassen sich auch die nachfolgenden übergeordneten Prinzipien des deutschen Grundbuchwesens herausarbeiten.

2. Übergeordnete Prinzipien des Grundbuchwesens

Das Grundbuch soll als Register verschiedene übergeordnete Prinzipien verwirklichen, welche für einen funktionierenden Grundstücksrechtsverkehr von Vorteil oder sogar notwendig sind. Es schafft die Grundlage für einen zuverlässigen Immobiliarrechtsverkehr und gibt die Rechtsverhältnisse an unbeweglichen Sachen und dinglichen Rechten sicher wieder.[264] Es ist im deutschen Rechtssystem Rechtsgrundlage für die materiell-rechtlichen Änderungen nach dem Sachenrecht des BGB über ein Grundstück und somit zwingend für den funktionierenden Rechtsverkehr von Grundstücken und dinglichen Rechten.[265] Es dient der Klarstellung der Eigentumsverhältnisse, der dinglichen Belastungen sowie deren Rangverhältnissen, sodass die beteiligten Parteien an einer Transaktion betreffend ein Grundstück Gewissheit über die bestehenden Rechtspositionen haben.[266]

Es besteht ein Interesse des Rechtsverkehrs an der Richtigkeit des Grundbuchinhalts sowie ein Interesse des Staates an der Einhaltung öffentlich-rechtlicher Vorgaben im Bodenrecht, da Grund und Boden eine begrenzte Ressource sind. Nach Art. 14 Abs. 2 GG verpflichtet Eigentum und sein Gebrauch soll zugleich dem Wohle der Gemeinschaft dienen. Der Aspekt der Begrenztheit von Grund und Boden als natürliche Ressource wird auch in der Möglichkeit der Vergesellschaftung nach Art. 15 GG deutlich.[267]

---

264 *Schöner/Stöber*, GrundbuchR, 16. Auflage 2020, Rn. 2.

265 *Schöner/Stöber*, GrundbuchR, 16. Auflage 2020, Rn. 2.

266 *Schöner/Stöber*, GrundbuchR, 16. Auflage 2020, Rn. 2.

267 Auch wenn Art. 15 GG ein Abwehrrecht gegen die Sozialisierung ist und bislang noch keine praktische Bedeutung hatte, zeigt der verfassungsrechtliche Rang die Wichtigkeit von Grund und Boden; vgl. *Durner*, in: Dürig/Herzog/Scholz GG, 95. EL 07.2021, Art. 15 Rn. 1 ff.

Hieraus ergeben sich drei wesentliche Gebote des formellen Grundbuchrechts, die die wirtschaftliche Funktionalität des materiellen Grundstücksrechts sicherstellen.

Nach dem Vollständigkeitsgebot sind alle bestehenden Grundstücke samt den an ihnen bestehenden Rechtspositionen sowie den Rechten an diesen Rechtspositionen im Grundbuch anzugeben.[268] Die angegebenen Rechtspositionen sollen der aktuellen materiellen Rechtslage entsprechen, sogenanntes Richtigkeitsgebot, und diese Rechtslage soll dem öffentlichen Rechtsverkehr als richtig gelten, sogenanntes materielles Publizitätsgebot.[269]

In Vertrauen auf diese verfahrensrechtlichen Gebote wurden im materiellen Recht die Konstitutivfunktion, Vermutungsfunktion und die Gutglaubensfunktion geschaffen.[270]

Nach dem materiellen Konsens- und Eintragungsprinzip des Grundstücksrechts, normiert im dritten Teil des BGB, bedarf jede Verfügung über ein Grundstück der Einigung und Eintragung im Grundbuch, sodass die Eintragung rechtsbegründende (konstitutive) Wirkung hat.[271] Gem. § 891 BGB wird vermutet, dass der Inhalt des Grundbuchs bezüglich des Bestehens- oder Nichtbestehens eines Rechts der materiellen Rechtslage entspricht. Diese Vermutung für Rechte an Grundstücken entspricht der Eigentumsvermutung des § 1006 BGB für den Besitzer beweglicher Sachen. An die Vermutungswirkung des § 891 BGB schließt sich die Gutglaubensfunktion des Grundbuchs nach den §§ 892, 893 BGB an. Der Erwerber eines Rechts an einem Grundstück darf aufgrund des Inhalts des Grundbuchs von der Verfügungsberechtigung des dort eingetragenen Verfügenden ausgehen.

Durch die Einsichtnahme in das entsprechende Grundbuchblatt kann sich der Rechtsverkehr über bestehende Rechtspositionen an einem Grundstück vergewissern. Dabei schützt die Gutglaubensfunktion den Rechtsverkehr vor der Ungewissheit über materiell-rechtliche Änderungen, die noch nicht im Grundbuchblatt vermerkt worden sind.

Neben den verfahrensrechtlichen Geboten müssen zudem die sachenrechtlichen Grundsätze beachtet werden. So muss eine Eintragung dem *numerus clausus* des Sachenrechts genügen.[272]

---

268 *Bauer*, in: Bauer/Schaub GBO, 4. Auflage 2018, AT A Rn. 9.

269 *Bauer*, in: Bauer/Schaub GBO, 4. Auflage 2018, AT A Rn. 9.

270 *Bauer*, in: Bauer/Schaub GBO, 4. Auflage 2018, AT A Rn. 33.

271 *Schöner/Stöber*, GrundbuchR, 16. Auflage 2020, Rn. 10.

272 *Schöner/Stöber*, GrundbuchR, 16. Auflage 2020, Rn. 19; *Wilsch*, DNotZ 2017, S. 761, 768.

Somit entsteht durch die Gebote des Verfahrensrechts im Zusammenspiel mit den Funktionen des materiellen Rechts ein für den Rechtsverkehr nützliches öffentliches Register über die Rechtsverhältnisse an Grundstücken, Rechten an Grundstücken sowie Rechten an solchen Rechten.

3. Struktur des Grundbuchs

a) Zuständigkeit

Die Grundbücher werden gem. § 1 Abs. 1 S. GBO von den Amtsgerichten in der Funktion als Grundbuchämter geführt. Die Grundbuchführung ist Teil der freiwilligen Gerichtsbarkeit, wonach gem. § 23a Abs. 2 Nr. 8, Abs. 1 Nr. 2 GVG die Amtsgerichte sachlich zuständig sind. Die funktionelle Zuständigkeit innerhalb des Grundbuchamts richtet sich nach dem RPflG und der GBO. Es werden beim Grundbuchamt der Rechtspfleger und ausnahmsweise der Grundbuchrichter tätig.[273]

Darüber hinaus sind den Urkundsbeamten der Geschäftsstelle sowie weiteren Beamten der Geschäftsstelle oder Justizangestellten Aufgaben im Rahmen der Grundbuchführung übertragen.[274]

Ein Grundbuchamt ist gem. § 1 Abs. 1 S. 2 GBO für die in seinem Bezirk, also dem Amtsgerichtsbezirk, liegenden Grundstücke örtlich zuständig.[275] Eine Ausnahme stellt seit 2018 Baden-Württemberg dar, wo im Rahmen einer Grundbuchamtsreform 13 zentralen Amtsgerichten die Grundbuchführung zugewiesen wurde.[276] Die Handlung eines örtlich unzuständigen Grundbuchamts ist gem. § 2 FamFG nicht unwirksam.[277]

Beurkundungen sowie Beglaubigung von Unterschriften in Grundbuchsachen sollen grundsätzlich durch einen Notar vorgenommen werden.[278]

---

273 Vgl. *Schöner/Stöber*, GrundbuchR, 16. Auflage 2020, Rn. 44. Gem. § 3 Nr. 1 h RPflG sind Grundbuchsachen dem Rechtspfleger in vollem Umfang zugeordnet. Der Rechtspfleger leitet somit das gesamte Grundbuchverfahren und trifft alle notwendigen Maßnahmen. Er ist gem. § 9 RPflG sachlich unabhängig und nur an Recht und Gesetz gebunden. Eine Vorlagepflicht an den Grundbuchrichter besteht gem. § 5 Abs. 1 Nr. 1 RPflG, wenn der Rechtspfleger ein entscheidungserhebliches Gesetz für verfassungswidrig hält, siehe *Wilsch*, GBO, 2. Auflage 2017, Rn. 34 f.

274 *Schöner/Stöber*, GrundbuchR, 16. Auflage 2020, Rn. 44.

275 *Wilsch*, GBO, 2. Auflage 2017, Rn. 34.

276 *Schöner/Stöber*, GrundbuchR, 16. Auflage 2020, Rn. 43.

277 *Schöner/Stöber*, GrundbuchR, 16. Auflage 2020, Rn. 51.

278 *Schöner/Stöber*, GrundbuchR, 16. Auflage 2020, Rn. 42.

b) Einrichtung des Grundbuchs

aa) Papiergrundbuch, maschinelles Grundbuch und Datenbankgrundbuch

Bis zur Einführung des Registerverfahrensbeschleunigungsgesetzes[279] im Jahr 1994 wurden die Grundbücher der einzelnen Grundbuchämter in Papierform geführt. Mit dem Registerverfahrensbeschleunigungsgesetz wurde § 126 Abs. 1 S. 1 HS. 1 GBO eingeführt, wonach die Landesregierungen durch Rechtsverordnung bestimmen können, dass die Grundbücher maschinell als automatisiertes Dateisystem zu führen sind.[280] Im Zuge der Umstellung auf eine maschinelle Führung wurden die einzelnen Grundbuchblätter abfotografiert und eingescannt und waren somit elektronisch vorhanden. Die so geführten maschinellen Grundbücher sind zwar elektronisch vorhanden, können jedoch nicht von einem Computerprogramm gelesen werden, da die Dokumente als eingescannte Fotokopien gespeichert sind. Es stellt eine Speicherung in nicht codierter Form dar, bei der auch eine Verknüpfung von Informationen nicht möglich ist.[281]

Im Jahr 2013 wurde durch das „Gesetz zur Einführung eines Datenbankgrundbuchs“[282] in § 126 Abs. 1 S. 1 HS. 2 GBO den Landesregierungen die Möglichkeit eröffnet, die Grundbücher als Datenbankgrundbuch in strukturierter Form mit logischer Verknüpfung zu führen. Teilweise wurde dies von den Ländern schon umgesetzt, sodass ein textbasiertes Grundbuch existiert.[283] Dies hat dazu geführt, dass in unterschiedlichen Ländern und somit Grundbuchämtern unterschiedliche Software für die Führung des Grundbuchs genutzt wird.[284] Einige Grundbuchämter arbeiten zudem noch mit einem maschinell geführten Grundbuch, sodass zwischen verschiedenen Grundbuchämtern teilweise stark unterschiedliche Speicherformate bestehen.

---

279 Gesetz zur Vereinfachung und Beschleunigung registerrechtlicher und anderer Verfahren (Registerverfahrensbeschleunigungsgesetz) v. 20.12.1994, BGBl. I, S. 2182.

280 *Wilsch*, GBO, 2. Auflage 2017, Rn. 310.

281 *Wilsch*, Elektronisches Grundbuch, elektronischer Rechtsverkehr und Datenbankgrundbuch in Deutschland im Lichte der Informationsfunktion des Grundbuchs, in: Wudarski (Hrsg.): Das Grundbuch im Europa des 21. Jahrhunderts, S. 705, 706.

282 Gesetz zur Einführung eines Datenbankgrundbuchs (DaBaGG), G. v. 01.10.2013, BGBl. I, S. 3719.

283 Vgl. *Schöner/Stöber*, GrundbuchR, 16. Auflage 2020, Rn. 84 f.

284 *Demharter*, GBO, 32. Auflage 2021, § 126 Rn. 5 ff.

Die unterschiedliche Art der Speicherung hat Auswirkung auf die Anforderungen des Rechtsverkehrs, insbesondere für Notare, die sich auf die unterschiedlichen Anforderungen von Grundbuchämtern in unterschiedlichen Bundesländern einstellen müssen.

Um diese Probleme zu beheben, ist ein bundeseinheitliches System zur Speicherung der Grundbücher geplant, welches bereits im Jahr 2004 im Projekt „Entwicklung eines bundeseinheitlichen Datenbank-Grundbuches“ von der Bundesregierung gestartet wurde, in dessen Zuge auch im Jahr 2013 die entsprechende Änderung des § 126 Abs. 1 S. 1 HS. 2 GBO beschlossen wurde.[285]

Der Vorteil eines Datenbankgrundbuchs ist die Verknüpfung logischer Inhalte, so dass Suchfunktionen verbessert werden können und auch die Darstellung der Grundbuchinformationen übersichtlicher erscheint. Zudem können Anträge und Dokumente besser elektronisch versendet werden, wodurch das Grundbuchverfahren vereinfacht wird. Außerdem wird bei der Zu- und Abschreibung von Grundstücken die Übernahme der Angaben des Bestandsverzeichnisses und etwa bestehender Belastungen vereinfacht. Die Umstellung auf ein solches Datenbankgrundbuch ist gesetzlich somit möglich, jedoch von den Ländern bisher in sehr begrenztem Umfang umgesetzt worden.[286] Im Vergleich zur Umstellung auf das maschinell geführte Grundbuch liegt der Aufwand nicht im bloßen Einscannen der Dokumente, sondern in der Programmierung einer funktionierenden Software für das gesamte Grundbuch. Wenn eine Landesregierung durch Rechtsverordnung gem. § 126 Abs. 1 S. 1 HS. 2 GBO die Einführung eines Datenbankgrundbuches bestimmt, gelten die Sonderregelungen der §§ 71a, 76a GBV für die Anlegung des Datenbankgrundbuches und bezüglich Eintragungen im Datenbankgrundbuch.[287]

bb) Aufteilung des Grundbuchblatts

Ein Grundbuch besteht aus den einzelnen Grundbuchblättern. Jedes Grundbuchblatt ist grundsätzlich nur für ein Grundstück bestimmt und stellt das Grundbuch im Sinne des BGB dar, § 3 Abs. 1 GBO.[288] Das Grundbuchblatt

---

285 Siehe https://www.grundbuch.eu/beschreibung/, zuletzt abgerufen am 04.08.2022.

286 In Sachsen und Schleswig-Holstein wird bereits ein Datenbankgrundbuch betrieben.

287 *Wilsch*, in: BeckOK GBO, 01.06.2022, § 126 Rn. 1.

288 *Schöner/Stöber*, GrundbuchR, 16. Auflage 2020, Rn. 80; *Demharter*, GBO, 32. Auflage 2021, § 3 Rn. 2.

richtet sich nach dem Grundstück und nicht nach dem Eigentümer, sodass ein Realfolium im Gegensatz zu einem Personalfolium besteht.[289]

Wenn einer Person mehrere Grundstücke in räumlicher Nähe zueinander gehören, werden diese bei Bedarf auf einem Grundbuchblatt mit jeweils eigener fortlaufender Nummer dargestellt. Dabei hat weiterhin jedes Grundstück, das unter einer eigenen laufenden Nummer auf einem Grundbuchblatt eingetragen ist, ein Grundbuchblatt im Sinne der GBO, welches alle das Grundstück betreffenden Eintragungen enthält. Die optische Darstellung ist davon unabhängig. In Fällen der Teilung eines Grundstücks können ebenfalls die aus der Teilung entstehenden Grundstücke im Sinne des BGB auf einem Grundbuchblatt gebucht werden.

Ein Grundbuchblatt besteht gem. §§ 4, 22 GBV aus der Aufschrift, dem Bestandsverzeichnis und drei Abteilungen.[290] Die Aufschrift beinhaltet das Amtsgericht, den Grundbuchbezirk, die Nummer des Grundbuchblatts und relevante Hinweis- und Kennzeichnungsvermerke, § 5 GBV.[291] Das Bestandsverzeichnis gibt einen Überblick über den Bestand der Grundstücke des jeweiligen Grundbuchblatts samt Veränderungen und Herkunft der Grundstücke, § 6 GBV.[292] In der ersten Abteilung werden Eigentümer und Eigentumswechsel eingetragen, § 9 Abs. 1 GBV.[293] In der zweiten Abteilung werden dingliche Belastungen, Verfügungsbeschränkungen, Auflassungsvormerkungen oder Widersprüche eingetragen, § 10 Abs. 1 GBV.[294] Gem. § 11 Abs. 1 GBV werden in der dritten Abteilung Hypotheken, Grundschulden, Rentenschulden und die sich auf diese Rechte beziehenden Vormerkungen und Widersprüche eingetragen.[295] Die Aufteilung eines Grundbuchblatts in die verschiedenen Abteilungen sowie die Aufschrift und das Bestandsverzeichnis sorgen für eine schnelle Übersicht beim Einblick in das Grundbuch und tragen somit zur Transparenz bei.

---

289 *Schöner/Stöber*, GrundbuchR, 16. Auflage 2020, Rn. 80; *Holzer*, in: BeckOK GBO, 01.06.2022, § 3 Rn. 1.

290 *Wilsch*, GBO, 2. Auflage 2017, Rn. 57.

291 *Wilsch*, in: BeckNotar-HdB, 7. Auflage 2019, § 11 Rn. 1.

292 *Schöner/Stöber*, GrundbuchR, 16. Auflage 2020, Rn. 580 ff.; *Wilsch*, GBO, 2. Auflage 2017, Rn. 59.

293 *Schöner/Stöber*, GrundbuchR, 16. Auflage 2020, Rn. 701; *Wilsch*, GBO, 2. Auflage 2017, Rn. 66.

294 *Schöner/Stöber*, GrundbuchR, 16. Auflage 2020, Rn. 1106 ff.; *Wilsch*, in: BeckNotar-HdB, 7. Auflage 2019, § 11 Rn. 21–25.

295 *Schöner/Stöber*, GrundbuchR, 16. Auflage 2020, Rn. 1900; *Wilsch*, GBO, 2. Auflage 2017, Rn. 86.

c) Eintragung

aa) Wesen der Eintragung

Der Begriff der Grundbucheintragung hat zwei Bedeutungen. Einerseits wird darunter die Eintragungstätigkeit des Grundbuchamts als formeller Akt verstanden, andererseits der Eintragungszustand im Grundbuch. Die Normen der GBO beziehen sich dabei mit Ausnahme des § 53 Abs. 1 S. 2 GBO auf die Eintragungstätigkeit, während die Normen des BGB, zum Beispiel §§ 873, 875, 877 BGB, sich auf den Inhalt des Grundbuchs beziehen.

Es handelt sich bei der Eintragung im Grundbuch um einen hoheitlichen Akt durch das Grundbuchamt, den keine an einer Übertragung oder Änderung von dinglichen Rechten beteiligte Partei selbst vornehmen kann.[296] Der Staat übernimmt somit im Rahmen seines Prüfungsumfangs die Verantwortung für die Richtigkeit der im Grundbuch stehenden Informationen.[297]

bb) Eintragungsarten

In einem Grundbuch können je nach Abteilung unterschiedliche Eintragungen erfolgen. Für die Umsetzung eines Grundbuchs auf einer Blockchain ist es notwendig, die verschiedenen Arten von Eintragungen herauszuarbeiten, damit diese auf ihre Umsetzbarkeit hin überprüft werden können.

d) Das Grundbuch als Title Register

Es lassen sich grundsätzlich zwei Arten von Grundbuchsystemen unterscheiden, die in verschiedenen Rechtsordnungen in der Welt bestehen: ein sogenanntes *deeds register* wie zum Beispiel in Frankreich, Belgien oder den USA und ein *title register* wie zum Beispiel in Deutschland oder Spanien.[298]

aa) Title Register

Ein „*title register*“ ist ein Register dinglicher Rechte.[299] Ein solches System sammelt nicht lediglich die einzelnen Urkunden, woraus die jeweils in Frage stehende dingliche Rechtsposition ermittelt werden kann, sondern führt die existierende Rechtsposition auf.

---

296 Vgl. *Demharter*, GBO, 32. Auflage 2021, § 1 Rn. 1; *Holzer*, in: BeckOK GBO, 01.06.2022, § 1 Rn. 6.

297 *Bauer*, in: Bauer/Schaub GBO, 4. Auflage 2018, AT A Rn. 34.

298 *Wilsch*, DNotZ 2017, S. 761, 762.

299 *Wilsch*, DNotZ 2017, S. 761, 762.

In der deutschen Rechtssprache wird ein solches Register auch als „Realfolium“ bezeichnet, da Rechte und Rechtspositionen in Bezug auf das dingliche Recht dargestellt werden. Eine andere Möglichkeit ist die Darstellung anhand der Inhaber der Rechte, ein sogenanntes „Personalfolium“.[300]

bb) Deeds Register

Anstelle eines Grundbuchs wird zum Beispiel in den USA ein *„register of deeds“* geführt.[301] Bei einem *„register of deeds“* werden die einzelnen Übertragungsvorgänge an einem Grundstück gesammelt, zum Beispiel durch die Sammlung entsprechender Kaufverträge oder anderer Urkunden.

e) Verknüpfung von Grundbuch und Liegenschaftskataster

Jedes Land hat nach § 2 Abs. 2 GBO ein Liegenschaftskataster eingerichtet. Die Kataster spiegeln im Gegensatz zum materiellen (intensionalen) Grundstücksrecht das extensionale Grundstücksrecht wider.[302] Das extensionale Grundstücksrecht beschreibt die äußere Lage eines Grundstücks zur Erdoberfläche, also wo das Grundstück real liegt und welche Grenzverläufe es hat.[303] Die so abgemessenen Grundstücke werden in den einzelnen Katastern als Flurstücke oder Parzellen bezeichnet.[304] Die Grenzen eines Grundstücks können, wie auch die dinglichen Rechtsänderungen eines Grundstücks, durch Willenserklärung der Parteien verändert werden.[305] Das Liegenschaftskataster beurkundet, dass die Grenzverläufe mit dem Willen der Beteiligten übereinstimmen und verbucht jede eintretende Änderung. Wie auch das Grundbuch dient es dem materiellen Grundstücksrecht.[306] Ein Grundstück im Sinne des Grundbuchs, also ein Grundbuchblatt, kann dabei aus mehreren Parzellen des Katasters bestehen. Umgekehrt ist es dagegen nicht möglich, dass eine Parzelle im Kataster getrennt oder zusammengefügt wird. Allein der Grenzverlauf von angrenzenden Parzellen kann übereinstimmend geändert oder erst festgelegt werden. Das Kataster

---

300 Vgl. *Wilsch*, DNotZ 2017, S. 761, 787 Fn. 31.

301 *Fehrenbacher*, Registerpublizität und Haftung im Zivilrecht, 2004, S. 235.

302 *Bohnert*, JZ 2011, S. 775, 775.

303 *Bohnert*, JZ 2011, S. 775, 775.

304 Vgl. *Holzer*, in: BeckOK GBO, 01.06.2022, § 2 Rn. 15; *Schöner/Stöber*, GrundbuchR, 16. Auflage 2020, Rn 574; *Bohnert*, JZ 2011, S. 775, 778.

305 Eine Ausnahme ist eine Änderung im Kataster aufgrund einer gerichtlichen Zwangsvollstreckung.

306 *Bohnert*, JZ 2011, S. 775, 778.

soll die durch Willenserklärung geänderten Grenzverläufe amtlich darstellen. Diese Darstellungen werden vor Ort durch Zäune, Grenzsteine oder andere Markierungen anschaulich gemacht.[307]

Die Vermessung eines Grundstücks zur Eintragung in das entsprechende Kataster wird durch das öffentliche Vermessungsamt vorgenommen. Dabei kann das Vermessungsamt die zur Änderung eines Grenzverlaufes benötigten Willenserklärungen nicht beurkunden, dies muss ein Notar vornehmen.

4. Registerverfahren

a) Verfahrensablauf

Eine Eintragung im Grundbuch erfordert einen Antrag des Berechtigten oder ein Ersuchen einer Behörde auf Eintragung nach § 38 GBO. Nach Stellung eines Antrags oder eines Behördenersuchens beim Grundbuchamt prüft dieses die Eintragungsvoraussetzungen und trifft daraufhin eine Entscheidung, welche entweder die entsprechende Eintragung vorsieht oder eine Zurückweisung des Antrags unter der Angabe der Gründe, § 18 Abs. 1 S. 1 GBO. Wenn der Eintragung Hindernisse im Weg stehen, kann das Grundbuchamt gem. § 18 Abs. 1 S. 1 GBO auch eine Frist zum Ausräumen der Hindernisse gewähren, zum Beispiel zum Nachreichen von notwendigen Dokumenten, und erst bei Verstreichen der Frist den Antrag oder das Ersuchen zurückweisen. In diesen Fällen ergeht eine Zwischenverfügung durch das Grundbuchamt.[308]

b) Eintragungsvoraussetzungen

Die drei Gebote der Vollständigkeit, Richtigkeit und der damit einhergehenden Publizität des Grundbuchs sollen durch folgende Grundsätze des Registerverfahrens gewährleistet werden:

aa) Buchungsgrundsatz

Der Buchungsgrundsatz ist Teil des Vollständigkeitsgebots. Gem. § 3 Abs. 1 GBO erhält jedes Grundstück eine besondere Stelle im Grundbuch, das Grundbuchblatt. Jedes Grundstück muss zwingend im Grundbuch dokumentiert sein.[309] Umgesetzt wird dieser Grundsatz, indem das Grundbuchamt von Amts

---

307 *Bohnert*, JZ 2011, S. 775, 778.

308 *Zeiser*, in: BeckOK GBO, 01.06.2022, § 18 Rn. 10; *Schöner/Stöber*, GrundbuchR, 16. Auflage 2020, Rn. 433.

309 *Bauer*, in: Bauer/Schaub GBO, 4. Auflage 2018, AT A Rn. 11.

wegen die Grundstücke aus dem Liegenschaftskataster übernimmt.[310] Aus dem Buchungsgrundsatz geht außerdem das Verbot der Doppelbuchung hervor, wonach ein Grundstück oder Teile eines Grundstücks nur einmal und nur einem Grundbuchblatt im Grundbuch zugeordnet werden dürfen.[311]

bb) Bestimmtheitsgrundsatz

Der Bestimmtheitsgrundsatz bezieht sich sowohl auf das Grundstück an sich wie auch auf die sonstigen Eintragungen bezüglich eines Grundstücks.[312] Eintragungen müssen die Rechtslage nach Inhalt und Umfang unverwechselbar und klar festschreiben sowie eindeutig zwischen Rechtspositionen an einem Grundstück abgrenzen. Auch muss die jeweilige Rechtsposition einem Rechtsträger eindeutig zugeordnet werden können.[313] Es wird somit sichergestellt, dass das Grundbuch möglichst übersichtlich bleibt und ein Einblick schnelle und zuverlässige Auskunft über ein Grundstück gibt.[314]

cc) Antragsgrundsatz

(1) Eintragungsantrag gem. § 13 Abs. 1 S. 1 GBO

Gem. § 13 Abs. 1 S. 1 GBO erfolgt eine Eintragung durch das Grundbuchamt nur auf Antrag. Der Inhalt des Antrags bezieht sich auf die Bewilligung des Berechtigten. Der Antrag muss also inhaltsgleich mit der Bewilligung sein und dabei den Bestimmtheitsgrundsatz wahren.[315] Indem eine Eintragung grundsätzlich nur auf Antrag der Parteien erfolgt, ist der gesetzgeberische Wille verwirklicht, dass der jeweils betroffene Rechtsinhaber selbst tätig werden muss.[316] Der Antragsgrundsatz stellt die Regel des Grundbuchverfahrens dar.[317] Im Antragsverfahren besteht ein Beibringungsgrundsatz.[318] Die erforderlichen Urkunden und Beweise müssen von dem Antragsteller vorgelegt werden und nicht durch

---

310 *Bauer*, in: Bauer/Schaub GBO, 4. Auflage 2018, AT A Rn. 11.

311 Vgl. BGH Rpfleger 2013 S. 260 Rn. 6; *Bauer*, in: Bauer/Schaub GBO, 4. Auflage 2018, AT A Rn. 11.

312 *Bauer*, in: Bauer/Schaub GBO, 4. Auflage 2018, AT A Rn. 13–16.

313 *Bauer*, in: Bauer/Schaub GBO, 4. Auflage 2018, AT A Rn. 12.

314 *Schöner/Stöber*, GrundbuchR, 16. Auflage 2020, Rn. 2.

315 *Bauer*, in: Bauer/Schaub GBO, 4. Auflage 2018, AT A Rn. 29.

316 Vgl. *Demharter*, GBO, 32. Auflage 2021, § 13 Rn. 1.

317 *Demharter*, GBO, 32. Auflage 2021, § 13 Rn. 1.

318 Vgl. zum Unterschied zwischen Antragsverfahren und Amtsverfahren *Demharter*, GBO, 32. Auflage 2021, § 13 Rn. 1.

das Grundbuchamt ermittelt werden. Das Gegenteil vom Antragsgrundsatz ist das Amtsverfahren, welches nur in vorgeschriebenen Fällen wie zum Beispiel im Berichtigungszwangsverfahren gem. § 82a GBO gilt. Im Amtsverfahren gilt der Ermittlungsgrundsatz, sodass das Grundbuchamt eigenständig ermitteln muss.

Ebenfalls ausgenommen vom Antragsgrundsatz sind Schreibversehen, Angaben tatsächlicher Art und die Beziehung eines Berechtigten, zum Beispiel nach der Eheschließung, sodass eine Berichtigung in diesen Fällen von Amts wegen erfolgt.

Wenn mehrere Anträge einer oder mehrerer Personen dasselbe Recht betreffen, darf gem. § 17 GBO eine zeitlich später eingegangene Eintragung nicht vor der Erledigung eines früher gestellten Antrags erfolgen. Ein Grundbuchamt muss somit die zeitliche Reihenfolge, in der Anträge eingehen, dokumentieren. Die Priorität der Anträge ist zwingend notwendig im Zusammenspiel mit § 879 BGB, wonach bei mehreren Rechten das zuerst eingetragene den höheren Rang hat. Nach § 45 GBO richtet sich das Rangverhältnis von Eintragungen nach den Anträgen.

Antragsberechtigt ist gem. §§ 13 Abs. 1 S. 2, 14 GBO jede Person, deren Recht von einer Eintragung betroffen ist, die von einer Eintragung profitiert oder die aufgrund eines vollstreckbaren Titels gegen den Berechtigten eine Eintragung verlangen kann. Die Antragsberechtigung muss dabei im Zeitpunkt der Eintragung vorliegen.[319]

(2) Die Antragsermächtigung des Notars

Sind die für die Eintragung erforderlichen Erklärungen von einem Notar beurkundet oder beglaubigt, gilt dieser zur Stellung des Antrags ermächtigt, § 15 Abs. 2 GBO.[320] Der Notar selbst ist dadurch nicht antragsberechtigt, er kann diesen nur stellvertretend einreichen. Da es sich um eine Vermutung handelt, kann diese durch entsprechende Willenserklärungen der Beteiligten widerlegt werden.[321] Die Rechtfertigung dieser gesetzlichen Vermutung ist in der besonderen Stellung des Notars im Verhältnis zu den Beteiligten sowie als Teil der öffentlichen Rechtspflege begründet. Der Notar soll regelmäßig die gesamte

---

319 *Schöner/Stöber*, GrundbuchR, 16. Auflage 2020, Rn. 88.

320 *Schöner/Stöber*, GrundbuchR, 16. Auflage 2020, Rn. 174; *Reetz*, in: BeckOK GBO, 01.06.2022, § 15 Rn. 12.

321 BayObLGZ 1985, 153, 156; BayObLG DNotZ 1987 217, 218; *Schöner/Stöber*, GrundbuchR, 16. Auflage 2020, Rn. 174.

Angelegenheit im Grundbuchverfahren für die beauftragenden Beteiligten erledigen und würde nicht ohne entsprechenden Auftrag tätig werden.[322]

(3) Die Eintragung aufgrund eines Behördenersuchens

Möchte eine Behörde eine Eintragung im Grundbuch erwirken, erfolgt dies auf Grundlage eines Ersuchens gem. § 38 GBO. In diesem Fall entfällt die Pflicht für einen Antrag nach § 13 Abs. 1 S. 1 GBO sowie der Bewilligung nach § 19 GBO oder des Unrichtigkeitsnachweises nach § 22 GBO.[323] Die weiteren Eintragungsvoraussetzungen müssen weiterhin vorliegen.[324] Die eine Eintragung ersuchende Behörde muss gem. § 38 GBO gesetzlich zum Ersuchen der Eintragung befugt sein. Beispiele hierfür sind die Eintragung einer einstweiligen Verfügung auf Ersuchen eines Gerichts oder die Fälle der Zwangsversteigerung oder -verwaltung.[325] Strukturell stellt ein Behördenersuchen eine besondere Form eines Antrags auf Eintragung dar.

dd) Der Grundsatz der Voreintragung

Gem. § 39 Abs. 1 GBO soll derjenige, dessen Recht durch eine Eintragung betroffen ist, auch als Berechtigter im Grundbuch eingetragen sein. In § 39 Abs. 2 GBO wird für Briefrechte eine Ausnahme hiervon gemacht. Es soll somit die Richtigkeit des Grundbuchs gewährleistet werden.[326] Zudem soll das Grundbuch nicht nur die materiell Berechtigten darstellen, sondern durch die Darstellung der Änderungen auch die Entwicklung des Grundbuchs wiedergeben.[327] Für den Eingetragenen entsteht durch die Voreintragung ein Registrierungsschutz und es wird der Einklang von formeller und materieller Rechtslage erreicht.[328]

ee) Bewilligungsgrundsatz

Nach dem in § 19 GBO festgeschriebenen Bewilligungsgrundsatz, auch formelles Konsensprinzip genannt[329], muss der durch die Eintragung in seinem Recht

---

322 BGH NJW 1959, 883, 884; *Schöner/Stöber*, GrundbuchR, 16. Auflage 2020, Rn. 175.

323 *Schöner/Stöber*, GrundbuchR, 16. Auflage 2020, Rn. 199; *Zeiser*, in: BeckOK GBO, 01.06.2022, § 38 Rn. 1.

324 *Schöner/Stöber*, GrundbuchR, 16. Auflage 2020, Rn. 199.

325 *Schöner/Stöber*, GrundbuchR, 16. Auflage 2020, Rn. 200; *Zeiser*, in: BeckOK GBO, 01.06.2022, § 38 Rn. 1.

326 *Bauer*, in: Bauer/Schaub GBO, 4. Auflage 2018, AT A Rn. 21.

327 *Demharter*, GBO, 32. Auflage 2021, § 39 Rn. 1.

328 *Wilsch*, GBO, 2. Auflage 2017, Rn. 238.

329 *Demharter*, GBO, 32. Auflage 2021, § 19 Rn. 1.

Betroffene die Eintragung bewilligen. Durch die lediglich einseitige Bewilligung des Berechtigten in Verbindung mit dem Grundsatz der Voreintragung besteht für das Grundbuchamt keine Pflicht zur Ermittlung des materiellen Konsenses.[330] Dadurch soll das Eintragungsverfahren vereinfacht werden.[331] Von der formellen Bewilligung ausgenommen sind gem. § 20 GBO die Auflassung über ein Grundstück sowie Bestellung, Inhaltsänderung oder Löschung eines Erbbaurechts. In diesen Fällen muss das Grundbuchamt die materielle Einigung feststellen. Grund hierfür ist die erhöhte Bedeutung solcher Eintragungen, vor allem in Bezug auf die grundsätzliche öffentlichrechtliche Verpflichtung, die ein Eigentümer hat.[332]

ff) Beweisgrundsatz

Nach dem Beweisgrundsatz gem. § 29 Abs. 1 GBO darf eine Grundbucheintragung aufgrund einer Grundbucherklärung nur dann vorgenommen werden, wenn die entsprechende Erklärung durch eine öffentliche oder öffentlich beglaubigte Urkunde nachgewiesen ist. Grundbucherklärungen sind alle zur Grundbucheintragung notwendigen Erklärungen seitens Behörden oder Beteiligten. Eine öffentliche Beglaubigung einer Erklärung erfordert gem. § 129 Abs. 1 S. 1 BGB die schriftliche Abfassung sowie die Beglaubigung der Unterschrift durch einen Notar. Gem. § 129 Abs. 2 BGB kann die öffentliche Beglaubigung durch die notarielle Beurkundung ersetzt werden. Nach § 40 Abs. 4 in Verbindung mit § 10 Abs. 1, 2 und 3 S. 1 BeurkG soll sich der Notar Gewissheit über die Beteiligten verschaffen und diese so bezeichnen, dass Verwechslungen und Zweifel ausgeschlossen werden können.

Der Notar prüft durch seine Beglaubigung oder Beurkundung die Identität der erklärenden Personen sowie die Echtheit der Erklärungen und wird somit maßgeblich in das Eintragungsverfahren eingebunden.[333] Durch die notarielle Beglaubigung oder Beurkundung der notwendigen Erklärungen wird gewährleistet, dass nur berechtigte Personen eine Eintragung im Grundbuch erwirken können.[334] Unter Einbindung des Notars rechtfertigt der Beweisgrundsatz, neben den weiteren Eintragungsvoraussetzungen, die materielle Publizität und daraus folgende Gutglaubensfunktion des Grundbuchs.[335] Die besondere Rolle

330 *Demharter*, GBO, 32. Auflage 2021, § 19 Rn. 1.
331 *Demharter*, GBO, 32. Auflage 2021, § 19 Rn. 1.
332 *Bauer*, in: Bauer/Schaub GBO, 4. Auflage 2018, AT A Rn. 23.
333 *Diehn/Rachlitz*, DNotZ 2017, S. 487, 488; *Eickelberg/Böttcher*, FGPrax 2017, S. 145, 145.
334 *Diehn/Rachlitz*, DNotZ 2017, S. 487, 489; *Eickelberg/Böttcher*, FGPrax 2017, S. 145, 145.
335 *Diehn/Rachlitz*, DNotZ 2017, S. 487, 489; vgl. *Winkler*, DStR 1991, S. 284, 270.

der Notare kann aufgrund der strengen Auswahlkriterien bei der Besetzung der Notarämter sowie der staatlichen Aufsicht gerechtfertigt werden, die eine Verlässlichkeit und Integrität von Notaren sicherstellen.[336]

Die erforderlichen Dokumente können auch elektronisch übermittelt werden, wenn der elektronische Rechtsverkehr nach § 135 GBO durch Rechtsverordnung der Landesregierungen ermöglicht worden ist.

gg) Legalitätsgrundsatz

Der Legalitätsgrundsatz beschreibt einerseits die Prüfungskompetenz des Grundbuchamts im Eintragungsverfahren nach den formellen Anforderungen.[337] Andererseits bewirkt der Legalitätsgrundsatz, dass das Grundbuchamt an die rechtlichen Eintragungsvoraussetzungen gebunden ist.[338] Eine Eintragung darf grundsätzlich nicht vom Grundbuchamt verweigert werden, sollten alle formellen Voraussetzungen erfüllt werden. Nach dem Legalitätsgrundsatz ist das Grundbuch gleichzeitig aber auch nicht auf eine formelle Prüfung beschränkt. Bei positivem Wissen über die Unrichtigkeit der Eintragung mit der materiellen Rechtslage darf das Grundbuchamt die Eintragung nicht vornehmen.[339] Führt eine Verletzung dieser Pflichten zu einer materiell unrichtigen Eintragung, muss das Grundbuchamt gem. § 53 Abs. 1 S. 1 GBO einen Widerspruch von Amts wegen eintragen.

Letztendlich ist der Legalitätsgrundsatz Ausdruck des Gebots der Richtigkeit des Grundbuchs. Grundsätzlich prüft das Grundbuchamt nur die formellen Voraussetzungen und soll den Beteiligten sodann auch bei der beantragten Eintragung nicht im Wege stehen.

c) Prüfung des Antrags

Eine im Grundbuch einzutragende Tatsache soll zum Vertrauen des Rechtsverkehrs möglichst der tatsächlichen Rechtslage entsprechen. Daher ist ein zuverlässiges System zur Überprüfung der im Eintragungsverfahren vorgelegten Tatsachen und Dokumente notwendig. Erst ein ausreichend zuverlässiges System rechtfertigt die Gutglaubens- und Publizitätsfunktion des Grundbuchs.[340] In

---

336 *Diehn/Rachlitz*, DNotZ 2017, S. 487, 489; ausführlich zu den staatlichen Rechtspflegeaufgaben des Notars *Preuß*, DNotZ 2008, S. 258.

337 *Schöner/Stöber*, GrundbuchR, 16. Auflage 2020, Rn. 20; *Holzer*, in: BeckOK GBO, 01.06.2022, § 1 Rn. 110 f.

338 *Bauer*, in: Bauer/Schaub GBO, 4. Auflage 2018, AT A Rn. 26.

339 *Bauer*, in: Bauer/Schaub GBO, 4. Auflage 2018, AT A Rn. 226 f.

340 *Diehn/Rachlitz*, DNotZ 2017, S. 487, 487.

Deutschland besteht ein solches verlässliches System durch die Zusammenarbeit der Grundbuchämter und der Notare.[341]

aa) Die Prüfungskompetenz des Grundbuchamts

Das Grundbuchamt prüft im Antragsverfahren seine Zuständigkeit, die Antragsberechtigung, den Antragsinhalt, die Beteiligtenfähigkeit sowie die Form. Hinzu kommen die Eintragungsbewilligung und die Eintragungsfähigkeit, die Voreintragung des Betroffenen und, falls erforderlich, die Einigung oder Zustimmung Dritter sowie behördliche Genehmigungen und Zeugnisse.[342]

Das Grundbuchamt prüft im Rahmen des formellen Konsensprinzips nur die einseitige Bewilligung des Betroffenen.[343] Es prüft in keinem Fall die der Eintragung zugrundeliegenden Kausalgeschäfte und darf eine Eintragung auch dann nicht zurückweisen, wenn es das Kausalgeschäft für nichtig hält.[344] Sollte eine Nichtigkeit des Grundgeschäfts dagegen auch die dingliche Einigung betreffen, kann das Grundbuchamt einen Antrag aufgrund dessen zurückweisen.[345]

Bei einem Antrag auf Auflassung eines Grundstücks oder einer Bestellung, Löschung oder Inhaltsänderung eines Erbbaurechts muss das Grundbuchamt gem. § 29 Abs. 1 GBO außerdem das Vorliegen der materiellen Einigung, nicht jedoch auch deren Wirksamkeit[346], überprüfen.[347]

Der Legalitätsgrundsatz[348], nach dem das Grundbuch der wirklichen Rechtslage entsprechen soll, steht im Spannungsverhältnis mit dem Bewilligungsgrundsatz und dem formellen Konsensprinzip im Grundbuchverfahren.[349]

Der Umfang der Prüfungskompetenz des Grundbuchamts ist nicht vollumfänglich, da eine finale Einschätzung der Rechtslage durch das Grundbuchamt wegen der begrenzten Erkenntnismöglichkeiten aufgrund der für eine Eintragung vorzulegenden Dokumente nicht möglich ist.[350]

---

341 *Diehn/Rachlitz*, DNotZ 2017, S. 487, 488.
342 *Schöner/Stöber*, GrundbuchR, 16. Auflage 2020, Rn. 206.
343 Zur Ausnahme nach § 20 GBO zur Auflassung siehe oben Kapitel 3:I.4.b)ee).
344 *Schöner/Stöber*, GrundbuchR, 16. Auflage 2020, Rn. 208.
345 *Schöner/Stöber*, GrundbuchR, 16. Auflage 2020, Rn. 208.
346 *Hügel*, in: BeckOK GBO, 01.06.2022, § 20 Rn. 63.
347 *Bauer*, in: Bauer/Schaub GBO, 4. Auflage 2018, AT A Rn. 23.
348 Siehe oben Kapitel 3:I.4.b)gg).
349 *Schöner/Stöber*, GrundbuchR, 16. Auflage 2020, Rn. 209.
350 *Schöner/Stöber*, GrundbuchR, 16. Auflage 2020, Rn. 210.

Dies dürfte nicht zuletzt auch Grund der Rechtsprechung[351] gewesen sein, das Prüfungsrecht nicht unverhältnismäßig auszuweiten, sondern auf Basis des formellen Konsensprinzips im Sinne von § 19 GBO zu beschränken.[352]

Ergeht eine Zwischenverfügung aufgrund bestehender Hindernisse für die Eintragung, müssen sämtliche Mängel durch das Grundbuchamt bekannt gegeben werden.[353] Auf diese Weise kann der Antragsberechtigte sämtliche beanstandeten Mängel ausräumen, ohne weitere Zwischenverfügungen erwarten zu müssen. Stehen nach Einreichung fehlender Dokumente weiterhin der Eintragung Hindernisse im Weg, kann entweder eine erneute Zwischenverfügung ergehen oder aber der Antrag endgültig zurückgewiesen werden.

Gegen eine Entscheidung des Grundbuchamts kann gem. § 71 Abs. 1 GBO Beschwerde eingelegt werden. Gem. § 71 Abs. 2 S. 1 GBO kann jedoch nicht die Eintragung als solche mit einer Beschwerde angegriffen werden. Die Beschwerde kann sich gegen alle Sachentscheidungen des Grundbuchamts richten, also die Zurückweisung oder Zwischenverfügung eines Antrags oder sonstige Entscheidungen.[354]

Gem. § 71 Abs. 2 S. 2 GBO kann zudem bei einer erfolgten Eintragung die Anweisung der Eintragung eines Widerspruchs nach § 53 GBO oder die Vornahme einer Löschung verlangt werden. Eine Zurückweisung oder Zwischenverfügung ist als abgeschlossene Entscheidung mit Bekanntgabe des Beschlusses durch das Grundbuchamt anfechtbar.[355]

bb) Die notarielle Vorprüfung und Funktion der Notare

(1) Die Filter- und Entlastungsfunktion und Identitätsfeststellung durch die notarielle Vorprüfung

Gem. § 15 Abs. 3 S. 1 GBO sind Anträge auf Eintragungen im Grundbuch vor ihrer Einreichung beim Grundbuchamt von einem Notar auf deren Eintragungsfähigkeit zu überprüfen. Nicht erfasst sind gem. § 15 Abs. 3 S. 2 GBO Behördenersuchen nach § 38 GBO.

Der Umfang der notariellen Vorprüfung beschränkt sich auf die Prüfung der dem Notar vorgelegten Erklärungen, um den Aufwand und somit die Kosten nicht ausufern zu lassen.[356]

---

351 Vgl. BayObLG MittBayNot 1978, S. 11.

352 *Schöner/Stöber*, GrundbuchR, 16. Auflage 2020, Rn. 210.

353 *Schöner/Stöber*, GrundbuchR, 16. Auflage 2020, Rn. 180e.

354 *Schöner/Stöber*, GrundbuchR, 16. Auflage 2020, Rn. 471.

355 *Schöner/Stöber*, GrundbuchR, 16. Auflage 2020, Rn. 471.

356 BT-Drs. 18/10607, S. 111.

Die notarielle Vorprüfung stellt eine öffentliche Amtspflicht und Zuständigkeit des Notars dar.[357] Der Gesetzgeber beabsichtigt mit der Vorabprüfung der Eintragungsfähigkeit eine Entlastung der Grundbuchämter durch Filterung der Anträge.[358] Diese Filter- und Entlastungsfunktion macht den Notar zu einem wichtigen Bindeglied zwischen Antragsberechtigten und dem Grundbuchamt.[359] Der Notar hat somit eine wichtige Rolle im Grundbuchverfahren. Er ist nicht mehr nur für die Überprüfung der Identität der erklärenden Personen und die Authentizität der Erklärungen zuständig, sondern steht auch dem Grundbuchamt als zuverlässiger Ansprechpartner im Grundbuchverfahren zur Seite und vermittelt somit zwischen den erklärenden Personen und dem Grundbuchamt.[360]

Durch die Filterung von Fehlern werden die Grundbuchämter entlastet und wird das gesamte Grundbuchverfahren somit beschleunigt. Folge der Entlastung des Grundbuchamts ist dabei zwangsläufig ein Mehraufwand für den Notar.

Dieser Mehraufwand ist beim Notar jedoch besser verortet, da dieser im direkten Kontakt mit den erklärenden Personen steht und ohnehin die Prüfung der Identität vornehmen muss. Die notarielle Vorprüfung stellt als Verfahrensvorschrift zudem eine formelle Eintragungsvoraussetzung im Grundbuchverfahren dar.[361]

Mit der notariellen Vorprüfung nach § 15 Abs. 3 S. 1 GBO erweiterte der Gesetzgeber im Jahr 2017[362] die bis dahin bereits bestehende inhaltliche Prüfung im Rahmen der notariellen Beglaubigung und Beurkundung. Bis dahin wurde eine umfassende inhaltliche Prüfungspflicht von der Rechtsprechung[363] aufgrund von § 17 BeurkG bei einer Unterschriftsbeglaubigung mit Entwurf auferlegt, bei einer Unterschriftsbeglaubigung ohne Entwurf reichte eine Evidenzkontrolle aus.[364] Die umfassendere Eingliederung der Notare in die vorsorgende Rechtspflege des Grundbuchs ist eine grundlegende Strukturentscheidung des Gesetzgebers und wurde auch von der europäischen Rechtsprechung im

357 BT-Drs. 18/10607, S. 110.
358 BT-Drs. 18/10607, S. 111.
359 OLG Celle FGPrax 2018, S. 5.
360 *Schöner/Stöber*, GrundbuchR, 16. Auflage 2020, Rn. 180e f.
361 BT-Drs. 18/10607, S. 111.
362 Gesetz zur Neuordnung der Aufbewahrung von Notariatsunterlagen und zur Einrichtung des Elektronischen Urkundenarchivs bei der Bundesnotarkammer sowie zur Änderung weiterer Gesetze vom 01.06.2017, BGBl. I, S. 1396 ff.
363 BGHZ, 21.03.1955 – III ZR 183/53, Rn. 6.
364 *Diehn/Rachlitz*, DNotZ 2017, S. 487, 489 f.

Verhältnis zu den Grundfreiheiten anerkannt, da sie „*zur Gewährleistung der Rechtssicherheit von Grundstückstransaktionen und zur Funktionsfähigkeit des Grundbuchs*" beiträgt.[365]

Der Umfang der inhaltlichen Vorprüfung bezieht sich nach dem Gesetzeswortlaut auf die für eine Eintragung erforderlichen Erklärungen. Was nicht mit der Anmeldung im Zusammenhang steht, soll daher auch nicht von der zwingenden Vorprüfung umfasst sein.[366] Ebenfalls nicht erfasst ist die Prüfung von Genehmigungen und Vollmachten.[367] Diese sind zwar Teil des Grundbuchverkehrs, aber stellen keine erforderliche Erklärung im Sinne einer Eintragung dar. Es ist zwischen der erforderlichen Erklärung des Bevollmächtigten und der Gültigkeit der Vollmacht zu unterscheiden.[368]

Dieses Ergebnis ist angemessen, da die notarielle Vorprüfung eine Amtspflicht[369] sowie formelle Eintragungsvoraussetzung darstellt und somit nicht ausufernd ausfallen sollte.

Umstritten ist dabei, inwieweit eine Mitteilung über das Ergebnis der Vorprüfung des Notars ebenfalls zwingende Voraussetzung für die Eintragung ist.[370] Der Gesetzgeber hat einen solchen Prüfungsvermerk als optional angesehen.[371] Für beurkundete Erklärungen werden ein zusätzlicher Vermerk und dessen Mitteilung zudem nicht gefordert, da sich aus dem Umstand der Beurkundung bereits die positiv ausgefallene Prüfung des Notars ergibt.[372] Die zwingende Dokumentation der notariellen Vorprüfung mittels eines Prüfungsvermerks[373] oder Ähnlichem ist nach der neuen Regelung des § 15 Abs. 3 GBO sachgerecht, damit das Grundbuchamt nachvollziehen kann, ob eine Prüfung überhaupt erfolgt ist,[374] durch welchen Notar und wie das Ergebnis ausgefallen

---

365 EuGH, Urt. v. 09.03.2017 – Rs. C-342/15, Rdn. 58 f., DNotZ 2017, 447; *Diehn/Rachlitz*, DNotZ 2017, S. 487, 493 f.

366 Stellungnahme des Bundesrates, BR-Drs. 602/16(B), S. 14.

367 Ausdrückliches Rundschreiben der BNotK Nr. 5/2017 vom 23.05.2017, S. 3 f.

368 *Diehn/Rachlitz*, DNotZ 2017, S. 487, 495.

369 Es handelt sich nicht um eine drittbezogene Pflicht des Notars gegenüber den Beteiligten, da dieser „für das Grundbuchamt" tätig wird, sodass keine Amtshaftung gegenüber den Beteiligten entstehen kann, vgl. *Diehn/Rachlitz*, DNotZ 2017, S. 487, 496.

370 Vgl. *Schöner/Stöber*, GrundbuchR, 16. Auflage 2020, Rn. 180a f.

371 BT-Drs. 18/10607, S. 111.

372 OLG Schleswig RNotZ 2017, 603, 604; *Diehn/Rachlitz*, DNotZ 2017, S. 487, 497.

373 Das Gesetz schreibt keine Art und Weise der Mitteilung vor, ein Prüfungsvermerk ist auf jeden Fall geeignet, vgl. *Diehn/Rachlitz*, DNotZ 2017, S. 487, 498.

374 OLG Celle FGPrax 2018, 5, 6 f.

ist.[375] Nur auf diese Weise kann die notarielle Vorprüfung die ihr zugedachten Erleichterungen für das Grundbuchamt und den Registerverkehr insgesamt erzielen.

Fraglich ist, welchen Mehrwert ein formaler Prüfungsvermerk im Rahmen eines digital geführten Grundbuchs tatsächlich hat, wenn schon heute Anträge von einem Notar digital mittels digitaler Signatur übermittelt werden können. Die digitale Signatur eines Notars könnte bereits heute auch als gleichzeitiger Prüfungsvermerk fingiert werden, wenn gesetzlich bestimmt werden würde, dass ein Antrag mittels digitaler Signatur eines Notars immer eine entsprechende notarielle Vorprüfung erfordern würde.

(2) Belehrungs- und Beratungsfunktion

Der Grundsatz der notariellen Beurkundung für Willenserklärungen erfordert nach § 17 Abs. 1 S. 1 BeurkG neben dem Erforschen des Willens der Parteien sowie des Sachverhalts auch die Belehrung der rechtlichen Tragweite des Handelns der betroffenen Personen.[376] Für den Grundstücksverkehr wird durch die notwendige notarielle Beurkundung des Kausalgeschäfts nach § 311b Abs. 1 BGB somit auch die Notwendigkeit einer Beratung oder Betreuung durch einen Notar als abstrakte Schutzvorschrift gesetzlich vorgegeben.[377] Außerdem soll durch die Beurkundungspflicht nach § 311b Abs. 1 BGB auch eine Warnfunktion gegenüber den am Grundstücksvertrag beteiligten Personen erfüllt werden, damit die Parteien die Reichweite ihrer Handlungen und deren Bedeutung verstehen können.[378]

d) Die Eintragung im Grundbuch

Als Eintragung im Grundbuch kommen entsprechend den unterschiedlichen Abteilungen verschiedene Rechte und Rechtspositionen an Rechten in Betracht. Es kann dabei nicht jede beliebige Tatsache eingetragen werden. Der

---

375 OLG Schleswig RNotZ 2017, 603, 604; OLG Celle FGPrax 2018, 5, 6 f.; *Diehn/Rachlitz*, DNotZ 2017, S. 487, 497; *Weber*, RNotZ 2017, S. 427, 433. *Schöner/Stöber*, GrundbuchR, 16. Auflage 2020, Rn. 180b schreibt fälschlicherweise, dass die herrschende Meinung eine Mitteilung des Prüfungsergebnisses an das Grundbuchamt nicht erfordere.

376 *Lerch*, Beurkundungsgesetz, 5. Auflage 2016, § 17 Rn. 1, 17.

377 *Gehrlein*, in: BeckOK BGB, 01.05.2022, § 311b Rn. 1.

378 *Gehrlein*, in: BeckOK BGB, 01.05.2022, § 311b Rn. 1; *Kindler*, in: BeckNotar-HdB, 7. Auflage 2019, § 31 Rn. 19.

Typenzwang des Sachenrechts gibt eine abschließende Beschränkung von eintragungsfähigen Rechten und Rechtspositionen vor.[379] Gleichwohl können diese Rechte, insbesondere die Rechte in Abteilung I und II, individuell ausgestaltet sein. Die Beschreibung der individuellen Ausgestaltung wird entsprechend in das Grundbuch unter Bezugnahme auf die entsprechende Bewilligung mitaufgenommen, damit das Recht oder die Rechtsposition sich vollumfänglich aus dem Grundbuch bestimmen lässt.

Auch als Eintragung im Grundbuch ausgestaltet ist die Grundbuchberichtigung. Eine Unrichtigkeit des Grundbuchs entsteht durch ein Auseinanderfallen der formellen Rechtslage, wie sie im Grundbuch eingetragen ist, und der tatsächlichen materiellen Rechtslage.[380] Dies kann entweder durch ein ursprüngliches Auseinanderfallen bestehen, wenn die eingetragene Rechtsänderung nie materiell stattgefunden hat, oder durch eine nachträgliche Unrichtigkeit, wenn bezüglich eines eingetragenen Rechts eine wirksame Änderung außerhalb des Grundbuchs erfolgt ist, zum Beispiel bei einer Abtretung einer Briefhypothek außerhalb des Grundbuchs.[381] Formelle Fehler alleine führen dabei nicht zu einer Grundbuchunrichtigkeit, sondern nur bei gleichzeitiger falscher Darstellung der tatsächlichen Rechtslage.[382] Das Berichtigungsverfahren läuft entsprechend dem Eintragungsverfahren ab.

5. Leseberechtigung

Eine Einsicht in das Grundbuch kann gem. § 12 Abs. 1 S. 1 GBO nur derjenige verlangen, der ein „berechtigtes Interesse" vorweist. Die Beschränkung der Einsicht schützt die im Grundbuch eingetragenen Personen in ihrem Persönlichkeitsrecht und führt zu einer Abwägung zwischen dem Interesse an der Einsichtnahme sowie dem Interesse, die persönlichen und wirtschaftlichen Daten geheim zu halten.

Die Einsicht wird nur so weit gewährt, wie das berechtigte Interesse dargelegt worden ist, und kann sich auch auf einzelne Eintragungen beschränken.[383] Die Tatsachen für ein berechtigtes Interesse muss der Antragsteller dem Grundbuchamt darlegen, welches sodann eine Prüfung vornimmt.[384]

---

379 *Herrler*, in: Grüneberg, 81. Auflage 2022, Einl v. § 854 Rn. 3.
380 *Schöner/Stöber*, GrundbuchR, 16. Auflage 2020Rn. 356.
381 *Schöner/Stöber*, GrundbuchR, 16. Auflage 2020, Rn. 356.
382 *Schöner/Stöber*, GrundbuchR, 16. Auflage 2020, Rn. 31.
383 *Demharter*, GBO, 32. Auflage 2021, § 12 Rn. 18.
384 *Demharter*, GBO, 32. Auflage 2021, § 12 Rn. 6.

Zweck der Erlaubnis der Einsicht ist es, dem materiellen Publizitätsgrundsatz Geltung zu verschaffen. Da der Inhalt des Grundbuchs nach dem materiellen Publizitätsgebot dem Rechtsverkehr gegenüber als richtig gelten soll, muss der Rechtsverkehr auch die Möglichkeit besitzen, den Inhalt zu erfahren.[385]

Inwieweit ein Interesse im Sinn des § 12 GBO berechtigt ist, ist nicht vom Gesetzgeber geregelt. Einerseits soll das formelle Publizitätsgebot nicht zu einer Einsichtsmöglichkeit für jedermann mit einem beliebigen Interesse führen.[386] Andererseits wäre ein rechtliches Interesse, wie es noch § 19 Abs. 1 Preuß-GBO vorsah[387], für den Rechtsverkehr zu konkret und würde eine Einsicht zu sehr erschweren. Der Antragsteller muss nach verbreiteter Formulierung ein zur „Überzeugung des Entscheidungsorgans verständiges, durch die Sachlage gerechtfertigtes Interesse" vorweisen.[388] Im Hinblick auf den Zweck der formellen Publizität, nämlich die Verwirklichung der materiellen Publizität für den Rechtsverkehr, ist eine Einsicht nur zu bejahen, wenn zwar kein konkretes rechtliches Interesse, aber zumindest eine rechtliche Handlungsabsicht auf Grundlage der angeforderten Grundbuchinformation besteht.[389]

Als oftmals widerstreitend besteht ein Interesse der eingetragenen Person an Geheimhaltung ihrer persönlichen und wirtschaftlichen Verhältnisse.[390] Dieses Interesse ist durch das Grundrecht auf informationelle Selbstbestimmung gem. Art. 2 Abs. 1 in Verbindung mit Art. 1 Abs. 1 GG nach der Rechtsprechung des Bundesverfassungsgerichts geschützt.[391]

Das vom Antragsteller dargelegte Interesse zum Zwecke der materiellen Publizität ist somit im Einzelfall mit dem Interesse der eingetragenen Person am Schutz ihrer Individualsphäre abzuwägen.[392] Die Abwägung und somit Entscheidung über das Einsichtsersuchen des Antragstellers nimmt das Grundbuchamt vor.[393]

Gem. § 43 Abs. 2 S. 1 GBV kann der Eigentümer als dinglich Berechtigter auch ohne ein berechtigtes Interesse Einsicht in das betreffende Grundstück verlangen. Gem. § 43 Abs. 2 S. 2 GBV kann mit Zustimmung des betreffenden

---

385 *Demharter*, GBO, 32. Auflage 2021, § 12 Rn. 1.
386 *Demharter*, GBO, 32. Auflage 2021, § 12 Rn. 6.
387 Preußische Grundbuchordnung vom 05.05.1872.
388 OLG München DNotZ 2019, S. 354 Rn. 12.
389 *Keller*, in: KEHE, 8. Auflage 2019, § 12 Rn. 1.
390 *Demharter*, GBO, 32. Auflage 2021, § 12 Rn. 6.
391 BVerfG NJW 1984, S. 419, 1.
392 OLG München DNotZ 2019 S. 354 Rn. 13.
393 *Demharter*, GBO, 32. Auflage 2021, § 12 Rn. 14.

Eigentümers auch ein Dritter im Einzelfall Einsicht in das Grundbuch entsprechend verlangen.[394] Von dem Erfordernis eines berechtigten Interesses gem. § 12 Abs. 1 S. 1 GBO nimmt § 43 GBV in Abs. 1 außerdem beauftragte inländische Behörden sowie in Abs. 2 S. 1 Notare, Rechtsanwälte im Auftrag eines Notars und öffentlich bestellte Vermessungsingenieure aus. Notare können dabei den Grundbuchinhalt auch dann, wenn dies nicht der Vorbereitung einer Beurkundung oder deren Vollzug dient, Dritten mitteilen; die Notare müssen aber hierüber ein Protokoll führen.[395]

II. Die Nutzung der Blockchain-Technologie für das Grundbuch

1. Die Umsetzung der Registereigenschaften auf einer Grundbuch-Blockchain

a) Struktur

aa) Zuständigkeit

Die Führung eines Grundbuchs auf einer Blockchain durch die Grundbuchämter kann technisch umgesetzt werden, indem jedes Grundbuchamt in Deutschland als Node des Peer-to-Peer-Netzwerkes mit voller Berechtigung fungiert.[396] Ein Amtsgericht als Grundbuchamt wäre dabei für die in seinem Bezirk anfallenden Arbeiten weiterhin örtlich zuständig im Sinne von § 1 Abs. 1 S. 1 GBO in Verbindung mit § 23a Abs. 2 Nr. 8, Abs. 1 Nr. 2 GVG. Die funktionelle Zuständigkeit für einzelne Arbeiten innerhalb eines Grundbuchamts ist von der technischen Ausgestaltung unabhängig und bedarf somit keiner Änderung.

bb) Einrichtung des Grundbuchs

(1) Eine Grundbuch-Blockchain als Datenbankgrundbuch

Ein blockchainbasiertes Grundbuch kann unterschiedlich programmiert werden. Es gibt jedoch einige Voraussetzungen, die für jede Art von Grundbuch-Blockchain notwendig sind. Die Informationen der einzelnen Grundbuchblätter

---

394 *Demharter*, GBO, 32. Auflage 2021, § 12 Rn. 6.

395 § 133a Gesetz zur Übertragung von Aufgaben im Bereich der freiwilligen Gerichtsbarkeit auf Notare vom 26.06.2013, BGBl. I, S. 1800. Vgl. *Demharter*, GBO, 32. Auflage 2021, § 12 Rn. 31 ff.

396 *Noll*, DLT im Grundbuchwesen 2019, S. 35.

müssen textbasiert digitalisiert sein.[397] Das bedeutet, dass keine gescannte Fotokopie eines Grundbuchblatts vorliegen darf, sondern die Informationen maschinenlesbar sein müssen.[398] Nur wenn die Informationen auf einer Grundbuch-Blockchain maschinenlesbar sind, können die Daten auf einer Blockchain ausgelesen und in der Kette zurückverfolgt werden.

§ 126 Abs. 1 S. 1 HS. 2 GBO ermächtigt die Landesregierungen das Grundbuch „*in strukturierter Form mit logischer Verknüpfung der Inhalte (Datenbankgrundbuch)*" unter bestimmten Voraussetzungen zu führen.[399]

Dazu gehören die Einhaltung einer ordnungsgemäßen Datenverarbeitung gem. § 126 Abs. 1 Nr. 1 GBO, die Aufnahme in einen Datenspeicher und die auf Dauer lesbare und unveränderbare Form gem. § 126 Abs. 1 Nr. 2 GBO sowie die Einhaltung der Art. 24, 25 und 32 DSGVO[400] gem. § 126 Abs. 1 Nr. 3 GBO.

Die Blockchain-Technologie ist auf den ersten Blick prädestiniert für die Umsetzung eines Datenbankgrundbuchs nach § 126 Abs. 1 GBO. Die Daten können auf einer Blockchain in strukturierter Form mit logischer Verknüpfung entsprechend den Vorgaben eines Blockchain-Protokolls gespeichert werden. Die Grundsätze einer ordnungsgemäßen Datenverarbeitung können ebenfalls über die entsprechende Programmierung des Blockchain-Protokolls eingehalten werden, § 126 Abs. 1 Nr. 1 GBO. Die dezentrale Speicherung und Verknüpfung der Blockkette mittels Hashwerten sichert die Daten auf einer Blockchain zudem gegen einen Datenverlust ab und speichert die Daten auf Dauer inhaltlich unverändert, § 126 Abs. 1 Nr. 1, 2 GBO. Die Lesbarkeit der Daten auf einer Blockchain wird durch Programme sichergestellt, die die Daten auslesen und für den Nutzer lesbar darstellen können.

Außerdem müssen gem. § 126 Abs. 1 Nr. 3 GBO die Anforderungen der Verantwortlichkeit nach Art. 25 DSGVO, der datenschutzfreundlichen Voreinstellungen nach Art. 24 DSGVO sowie der Sicherheit der Verarbeitung nach Art. 32 DSGVO erfüllt werden. Eine datenschutzfreundliche Voreinstellung kann durch eine Pseudonymisierung der Eintragungen dargestellt werden. Die Sicherheit der Verarbeitung erfordert technische und organisatorische Maßnahmen. Die

397 *Noll*, DLT im Grundbuchwesen 2019, S. 34.

398 Auch ein Foto-Scan, der von einem Programm gelesen werden kann, benötigt ein Programm zur logischen Verknüpfung und Verarbeitung der lesbaren Daten.

399 Siehe oben Kapitel 3:I.3.b)aa).

400 Verordnung (EU) 2016/679 des Europäischen Parlaments und des Rates vom 27.04.2016 zum Schutz natürlicher Personen bei der Verarbeitung personenbezogener Daten, zum freien Datenverkehr und zur Aufhebung der Richtlinie 95/46/EG.

Nutzung der Blockchaintechnologie stellt eine technische Maßnahme zu Sicherheit der Verarbeitung da, da die Daten durch das Blockchain-Protokoll gegenüber Manipulationsversuchen gesichert sind. Eine wichtige organisatorische Maßnahmen nach Art. 32 DSGVO ist die Anweisung der Verschwiegenheit der Mitarbeiter des Grundbuchamtes, die auch schon für die derzeitige Führung des Grundbuchs gegeben ist.

Es stellt sich die Frage, ob eine datenschutzrechtliche Verantwortlichkeit gem. § 126 Abs. 1 Nr. 3 GBO in Verbindung mit Art. 25 DSGVO technisch umgesetzt werden kann. Die Verantwortlichkeit einer Datenverarbeitung richtet sich gem. Art. 4 Nr. 7 DSGVO nach derjenigen natürlichen oder juristischen Person, die die Mittel und Zwecke der Verarbeitung festlegt. Es muss somit eine für die Grundbuch-Blockchain verantwortliche Stelle geben.[401] Die Grundbuchämter können als jeweiliger Node der Grundbuch-Blockchain gemeinsame Verantwortliche nach Art. 25, 26 DSGVO sein, indem sie gemeinsam die Mittel und Zwecke der Datenverarbeitung der Grundbuch-Blockchain festlegen.[402] Denkbar ist auch eine Struktur, bei der die jeweiligen Landesjustizverwaltungen als gemeinsame Verantwortliche nach Art. 26 DSGVO agieren. Die Grundbuchämter würden bei einer Verantwortlichkeit der jeweiligen Landesjustizverwaltungen als Auftragsverarbeiter nach Art. 28 DSGVO agieren. Vorzugswürdig ist eine direkte datenschutzrechtliche Verantwortlichkeit der Grundbuchämter, da diese als Nodes die Mittel und Zwecke der Datenverarbeitung direkt festlegen und umsetzten können, da die Grundbuchämter funktionell für die Führung des Grundbuchs zuständig sind. Eine Struktur, bei der die Grundbuchämter als zwischengeschaltete Auftragsverarbeiter der jeweiligen Landesjustizverwaltungen handeln, verspricht keine erkennbaren Vorteile und würde ein unbegründetes Auseinderanderfallen der Führung des Grundbuchs und der datenschutzrechtlichen Verantwortlichkeit bedeuten.

Die in § 126 Abs. 1 S. 1 HS. 2 GBO genannte Speicherung als Datenbankgrundbuch in strukturierter Form stellt letztendlich eine Grundvoraussetzung für die Führung eines Grundbuchs auf einer Blockchain dar, da eine Grundbuch-Blockchain ebenfalls anhand strukturierter Daten und logischer Verknüpfungen programmiert wird.[403]

---

401 *Schild*, in: BeckOK DatenschutzR, 01.05.2022, Art. 4 Rn. 87 f.

402 Vgl. *Martini*, in: Paal/Pauly, 3. Auflage 2021, Art. 26 Rn. 19.

403 *Noll*, DLT im Grundbuchwesen 2019, S. 34.

(2) Die Aufteilung des Grundbuchblatts

Es muss untersucht werden, ob die verschiedenen Abteilungen auf einer Grundbuch-Blockchain abgebildet werden können.

Denkbar ist es, jede Eintragung in einem Grundbuchblatt als einen Token darzustellen. Die Tokenisierung der gesamten Eintragungen im Grundbuch muss die Darstellung des gesamten Grundbuchblatts eines Grundstücks ermöglichen, dessen Aktualisierung bei einer neuen Eintragung jeweils auf der Grundbuch-Blockchain gespeichert wird.

Eine Eintragung im Grundbuch repräsentiert nicht nur Informationen, sondern, neben den Bestandsangaben zum Grundstück, auch weitere dingliche Rechtspositionen.

Die Führung eines Grundbuchblatts für jedes Grundstück gem. § 3 Abs. 1 GBO könnte durch die Darstellung eines Grundstücks mit den Bestandsangaben sowie den Eigentümerangaben nach Abteilung I als Token auf der Grundbuch-Blockchain erfüllt werden. Ein solcher Grundstück-Token müsste als Bezugseinheit für alle Eintragungen bezüglich dieses Grundstücks angesehen werden.[404] Die Eintragungen in Abteilung II und III eines Grundbuchblatts könnten als dingliche Rechtspositionen jeweils durch einen eigenen Token mit einem Referenzwert zum Grundstück-Token dargestellt werden.

Indem ein Grundstück eindeutig als Token identifizierbar ist, können alle Eintragungen zu diesem Grundstück auf der Grundbuch-Blockchain über einen Referenzwert zugeordnet werden. Teileigentum an einem Grundstück kann technisch durch die Teilung der Verfügungsberechtigung an einem Token dargestellt werden.[405]

Das initiale Ausgeben von Token pro Grundstück erfolgt bei der Aufsetzung der Grundbuch-Blockchain. Ein solcher Token könnte die Kennung des entsprechenden Grundbuchbezirks und eine Kennung des Grundstücks in dem Grundbuchbezirk enthalten. Ob dabei auf die bestehende Bezeichnung der Gemarkungen und Flure zurückgegriffen wird, ist für die Möglichkeit der technischen Umsetzung irrelevant, solange ein Grundstück-Token eindeutig identifiziert werden kann und die Bestandsangaben mit dem Liegenschaftskataster verknüpft werden.

Aus technischer Sicht müssen alle Token, die eine Eintragung für ein Grundbuchblatt darstellen, logisch verknüpft werden, um den Anforderungen nach § 126 Abs. 1 GBO zu entsprechen. Durch eine logische Verknüpfung der Token

404 *Noll*, DLT im Grundbuchwesen 2019, S. 29.

405 Vgl. *Noll*, DLT im Grundbuchwesen 2019, S. 29.

eines Grundbuchblatts über einen Referenzwert könnten alle Token für ein Grundbuchblatt auf der Blockchain entsprechend identifiziert werden und somit der Inhalt eines Grundbuchblatts samt den einzelnen Abteilungen abgebildet werden.

Auf diese Weise können alle Informationen eines Grundbuchblatts für ein Grundstück auf der Blockchain eindeutig zugeordnet und sodann durch Programme ausgelesenen werden.

Wenn die Auslesung aller Informationen möglich ist, könnten diese entsprechend als Grundbuchblatt so in herkömmlicher Form gem. § 128 Abs. 3 GBO lesbar dargestellt werden, dass die Wiedergabe mit den bisherigen Grundbuchblättern übereinstimmt.

cc) Eintragung

(1) Das Wesen der Eintragung

Eine Eintragung auf einer Grundbuch-Blockchain muss einen hoheitlichen Akt durch das Grundbuchamt darstellen. Dies bedeutet, dass eine Eintragung in einem neuen Block auf der Grundbuch-Blockchain nur durch das zuständige Grundbuchamt vorgenommen werden darf. Technisch kann dies dadurch umgesetzt werden, dass nur ein zuständiges Grundbuchamt eine Transaktion zum Schreiben in einem neuen Block freigeben darf. Dadurch kann eine Eintragung in der Blockchain als hoheitlicher Akt gelten, welcher durch ein Grundbuchamt als staatliche Autorität freigegeben wurde.

Der hoheitliche Akt kann in der Aufnahme einer Eintragung in einem neuen Block auf der Grundbuch-Blockchain gesehen werden. Sobald der Block an den vorherigen Block in der Grundbuch-Blockchain mittels Hashwerts hinzugefügt wird, gilt das im Block Geschriebene als im Grundbuch eingetragen.

(2) Eintragungsarten

Es muss untersucht werden, ob die unterschiedlichen Eintragungsarten des Grundbuchwesens auf einer Grundbuch-Blockchain abgebildet werden können.

Eine Eintragung im Sinne des Grundbuchverfahrens, egal welcher Art, muss textbasiert in einem Block auf der Blockchain vorgenommen werden. Wie bereits dargestellt, ist eine Unterteilung von Token nach der Struktur des Grundbuchblatts möglich. Es ist möglich, einen Grundstück-Token mit den Bestandsdaten und den Eintragungen in Abteilung I sowie jeweilige Token für Eintragungen in Abteilung II und III zu schaffen. So könnten dingliche Rechtspositionen an einem Grundstück ebenfalls als Token abgebildet werden.

Es muss ein Referenzwert für den Grundstück-Token bestehen, sodass alle aktuellen Eintragungen an einem Grundstück abgebildet werden können. Gleichzeitig muss jeder Token, der eine dingliche Rechtsposition widerspiegelt, in seiner Historie auf der Grundbuch-Blockchain über einen eigenen Referenzwert dargestellt werden können. Auf diese Weise könnte die gesamte Historie an einem Grundstück durch die Rückverfolgung der jeweiligen Token zu einem Grundstück dargestellt werden.

dd) Title Register

Eine Blockchain ist immer auch ein Transaktionsregister, bei dem die Historie von Token, also Eintragungen, auf der Blockchain zurückverfolgt werden kann. Hieraus könnte der Eindruck entstehen, dass ein Grundbuch, geführt auf Basis der Blockchain-Technologie, nunmehr nur die Chronologie der Eintragungen an einem Grundstück darstellen könnte und somit einem *register of deeds* wie in den USA ähneln würde, bei dem die einzelnen Übertragungsvorgänge gespeichert werden, nicht aber die aktuelle Rechtslage bezüglich dinglicher Rechte auf einen Blick angezeigt wird.[406]

Richtig ist, dass eine Grundbuch-Blockchain auch als *register of deeds* geführt werden könnte, indem die einzelnen Änderungen an einem Grundstück-Token nur chronologisch dargestellt werden.[407]

Gleichwohl kann eine Grundbuch-Blockchain auch als ein *title register* konzipiert werden. Auch wenn eine Grundbuch-Blockchain als Transaktionsregister aufgebaut ist, bedeutet dies nicht, dass sich das Grundbuch nicht als Darstellung dinglicher Rechte, also einem *title register*, abbilden ließe.[408] Wie bereits beschrieben, kann eine Tokenisierung des Grundstücks sowie der dinglichen Rechtspositionen in Abteilungen II und III die Abbildung des Inhalts als ein Grundbuchblatt in derzeitiger Form ermöglichen. Die Transaktionskette der jeweiligen Token würde entweder eine Änderung in der Verfügungsberechtigung eines Tokens, also einen Inhaberwechsel des betreffenden Rechts, oder anderweitige inhaltliche Änderungen an einem Token darstellen.

Es würde somit eine Kette an Transaktionen und Aktualisierungen an einem Token entstehen, die jeweils über einen Referenzwert einem Grundstück in Form eines Grundstück-Tokens eindeutig zugeordnet werden kann.

---

406 *Wilsch*, DNotZ 2017, S. 761, 762.
407 So *Wilsch*, DNotZ 2017, S. 761, 762.
408 A.A. wohl *Wilsch*, DNotZ 2017, S. 761, 762.

Auf diese Weise würde die Historie der Änderungen im Grundbuch ersichtlich bleiben, wie dies auch beim derzeitigen Grundbuch der Fall ist. Die aktuellen Eintragungen bezüglich eines Grundstück-Tokens würden jeweils die aktuellen dinglich Berechtigten und somit ein *title register* darstellen.

Das Grundbuch kann somit auch auf einer Blockchain weiterhin als *title register* in Form eines Realfoliums geführt werden. Indem jedes Grundstück als Token auf der Blockchain besteht und alle Eintragungen einem eindeutigen Grundstück-Token zugeordnet sein müssen, können die Rechte und Rechtsverhältnisse an diesem Grundstück-Token zum aktuellen Stand wiedergegeben werden.

ee) Die Verknüpfung von Grundbuch-Blockchain und Liegenschaftskataster

Ein Grundstück-Token muss auf Grundlage der Daten des entsprechenden Katasteramtes angelegt werden, um die vorgeschriebene Verknüpfung gem. § 2 Abs. 2 GBO zu gewährleisten.[409] Der Grundstück-Token muss die Informationen enthalten, welche im Liegenschaftskataster hinterlegten Parzellen zu dem Grundstück-Token gehören. Hierfür ist es nicht zwingend, dass das Liegenschaftskataster ebenfalls auf einer Blockchain geführt wird. Es ist ausreichend, wenn notwendige Änderungen im Bestandsverzeichnis, zum Beispiel aufgrund neuer Vermessungen im Liegenschaftskataster, entsprechend im Grundstück-Token geändert werden. Das Liegenschaftskataster muss somit nur die eindeutige Kennung eines Grundstück-Tokens zur Zuordnung enthalten. Die entsprechende Änderung im Grundbuch kann durch entsprechende Änderung des Tokens durch das Grundbuchamt auf der Grundbuch-Blockchain vorgenommen werden.

Im Rahmen der allgemeinen Digitalisierungsbestrebungen ist es gleichwohl von Vorteil, wenn auch das Liegenschaftskataster bundeseinheitlich textbasiert programmiert wird und das jeweilige Katasteramt als Teilnehmer auf der Grundbuch-Blockchain agieren kann. Auf diese Weise könnte es unkompliziert mit der Grundbuch-Blockchain verknüpft und der Datenaustausch zwischen Katasteramt und Grundbuchamt vereinfacht werden. Das Katasteramt könnte dann notwendige Änderungen im Bestandsverzeichnis aufgrund von Änderungen im Liegenschaftskataster ebenfalls als zu validierende Transaktion beantragen. Voraussetzung hierfür wäre die Standardisierung von Anträgen durch das Katasteramt und die damit verbundene automatisierte Änderung auf der

409 *Noll*, DLT im Grundbuchwesen 2019, S. 30.

Grundbuch-Blockchain. Hierfür müsste das Katasteramt kein vollberechtigter Node auf der Grundbuch-Blockchain sein, also neue Blöcke nicht validieren können müssen.

Eine Berechtigung zum Schreiben einer Änderung des Bestandsverzeichnisses als neue Transaktion auf der Grundbuch-Blockchain, die nach dem Konsensmechanismus von einem Grundbuchamt als Node validiert wird, ist ausreichend.

b) Registerverfahren

aa) Verfahrensablauf

Eine Eintragung darf bei einer Grundbuch-Blockchain nur auf Antrag des Berechtigten oder aufgrund eines Ersuchens einer Behörde vorgenommen werden. Der Antrag des Berechtigten könnte mit einem privaten Schlüssel im Rahmen einer *public key infrastructure* digital signiert werden.[410] Parallel könnte auch ein Notar einen Antrag mit seinem privaten Schlüssel digital signieren und damit die Prüfung des Willens des Berechtigten bestätigen. Es würden somit Anträge stets mittels digitaler Signatur an das Grundbuchamt übermittelt werden können, entweder durch Nutzung des privaten Schlüssels eines Berechtigten oder durch entsprechende Nutzung des privaten Schlüssels durch einen Notar.

Einträge aufgrund eines Behördenersuchens kann ein Grundbuchamt als Node ebenfalls durch Nutzung einer digitalen Signatur zur Speicherung auf der Grundbuch-Blockchain zur Validierung anmelden.

bb) Eintragungsvoraussetzungen

Es stellt sich die Frage, inwieweit die unterschiedlichen Eintragungsvoraussetzungen durch eine Grundbuch-Blockchain umgesetzt werden können.

(1) Buchungsgrundsatz

Die Zuordnung eines Grundstücks mittels eines Tokens bewirkt, dass jedes Grundstück eindeutig identifiziert werden kann und somit nur einmal auf der Grundbuch-Blockchain besteht. Durch die Zuordnung jeglicher Eintragungen zu einem dazugehörenden Grundstück-Token kann die Rechtslage für ein Grundstück entsprechend einem Grundbuchblatt eindeutig wiedergegeben werden, wodurch der Buchungsgrundsatz gem. § 3 Abs. 1 GBO erfüllt wird. Indem für jedes Grundstück nur ein Grundstück-Token mit einem einmaligen

---

410 Zur *public key infrastructure* siehe oben Kapitel 2:III.5.

Referenzwert geschaffen wird, wird auch das dem Buchungsgrundsatz innewohnende Verbot einer Doppelbuchung realisiert.

(2) Bestimmtheitsgrundsatz

Die Blockchain-Technologie kann die Anforderungen des Bestimmtheitsgrundsatzes erfüllen. Der Bestimmtheitsgrundsatz wird automatisch erfüllt, da eine Eintragung in einem neuen Block zwangsweise standardisiert erfolgen muss, damit die Historie in der Blockchain zurückverfolgt werden kann. Für die eindeutige Zuordnung eines Grundstücks zu einem Rechtsträger ist es notwendig, dass jeder Rechtsträger als Teilnehmer auf der Blockchain mittels einer Kennung, zum Beispiel seines Namen oder pseudonymisiert mit einem öffentlichen Schlüssel als digitaler Adresse, auf der Grundbuch-Blockchain eingetragen wird.

(3) Antragsgrundsatz

Der Antragsgrundsatz gem. § 13 Abs. 1 S. 1 GBO kann durch eine Grundbuch-Blockchain erfüllt werden, wenn das Grundbuchamt Einträge in einem neuen Block auf der Grundbuch-Blockchain nur nach vorherigem Antrag vornimmt.[411] Ein Antrag wird dabei mittels digitaler Signatur als zu validierende Transaktion an das Grundbuchamt geschickt. Die Antragsermächtigung eines Notars kann durch die Nutzung einer digitalen Signatur des Notars sichergestellt werden, wie dies auch heute schon im Rahmen des elektronischen Grundbuchs der Fall ist.

Anträge an das Grundbuchamt auf einer Grundbuch-Blockchain müssten in hohem Maße standardisiert sein. Möglich ist die Nutzung einheitlicher Smart Contracts jeweils für einen Typ von Antrag, der an das Grundbuchamt gestellt werden soll.

Der Prioritätsgrundsatz nach § 17 GBO kann durch eine Grundbuch-Blockchain erfüllt werden, bei der eingehende Anträge beim Grundbuchamt chronologisch durch dieses freigegeben werden und somit auch chronologisch in einem neuen Block auf der Grundbuch-Blockchain geschrieben werden.[412] Geht ein Antrag beim Grundbuchamt zur Validierung ein, muss dieser einen Zeitstempel erhalten. Das Grundbuchamt darf dann Anträge betreffend ein Grundstück-Token nur in der zeitlichen Reihenfolge prüfen und zur Validierung freigeben. Der Konsensmechanismus der Grundbuch-Blockchain muss zudem so konzipiert sein, dass eine Eintragung betreffend dasselbe Recht, also ein Token, nicht erfolgen kann, wenn bezüglich dieses Rechts noch ein zu

---

411 *Noll*, DLT im Grundbuchwesen 2019, S. 29.

412 *Noll*, DLT im Grundbuchwesen 2019, S. 30.

validierender Antrag existiert, der vorher beim Grundbuchamt eingegangen ist.[413] Diese Überprüfung kann ebenfalls durch einen Zeitstempel sichergestellt werden. Eine Grundbuch-Blockchain würde somit auch eine gesonderte Markentabelle zur Abarbeitung der eingegangenen Anträge beim Grundbuchamt obsolet machen.[414]

(4) Grundsatz der Voreintragung

Der Grundsatz der Voreintragung liegt der Blockchain-Technologie als inhärentes Element zugrunde. Eine Grundbuch-Blockchain würde stets auch die Voreintragung an einem Grundstück-Token sowie damit verknüpfte Token dinglicher Rechtspositionen abbilden.

Die Übertragung eines Tokens, also die Änderung der Verfügungsberechtigung, kann immer nur durch den auf der Grundbuch-Blockchain als Verfügungsberechtigten Eingetragenen beantragt werden. Die einer Blockchain immanente Kette der Transaktionen von Token setzt den Grundsatz der Voreintragung um.

(5) Bewilligungsgrundsatz

Die Bewilligung des von der Eintragung Betroffenen muss auch bei einer Grundbuch-Blockchain gem. § 19 GBO vorliegen. Die Art der Bewilligung wird in der GBO nicht festgeschrieben und kann somit auch elektronisch nachgewiesen werden. Die Bewilligung kann mittels der Signatur mit dem zur elektronischen Identität gehörenden privaten Schlüssel geschehen. Ein Antrag auf Eintragung in der Grundbuch-Blockchain könnte dann mittels des privaten Schlüssels des Betroffenen entsprechend signiert werden.

Es bleibt weiterhin möglich, die Bewilligung notariell beurkunden oder beglaubigen zu lassen, sodass nicht jeder Betroffene einen privaten Schlüssel benötigt. Die gegenüber einem Notar zum Beispiel in Papierform nachgewiesene Bewilligung kann durch den Notar mittels seines privaten Schlüssels an das Grundbuchamt übersendet werden. Notwendig ist somit, dass eine Bewilligung an das Grundbuchamt nur in elektronsicher Form gesendet werden kann. Die an das Grundbuchtamt übersendete Bewilligung muss textbasiert und somit maschinenlesbar sein, sodass diese direkt in die Eintragung eines neuen Blocks aufgenommen werden kann und keine Übertragungsprobleme aufgrund einer geschaffenen Schnittstelle bestehen. Auf diese Weise würden nur mit der Grundbuch-Blockchain kompatible Bewilligungen an das Grundbuchamt

---

413 *Noll*, DLT im Grundbuchwesen 2019, S. 30.
414 *Noll*, DLT im Grundbuchwesen 2019, S. 34.

gesendet werden, entweder durch den Antragsteller selbst oder mittels eines Notars.

(6) Beweisgrundsatz

Der Beweisgrundsatz erfordert öffentlich beglaubigte oder beurkundete Dokumente in schriftlicher Form, § 129 Abs. 1 S. 1 BGB. Für eine funktionierende Grundbuch-Blockchain ist die Möglichkeit des elektronischen Rechtsverkehrs nach § 135 GBO gegeben.

Die Übermittlung der notwendigen Urkunden und sonstigen Dokumente muss elektronisch in standardisierter Form möglich sein, damit das Grundbuchamt ohne weiteren Aufwand diese Dokumente prüfen und eine Entscheidung treffen kann.

(7) Legalitätsgrundsatz

Der Legalitätsgrundsatz beschreibt einerseits die formelle Prüfungskompetenz des Grundbuchamts und andererseits die Ausgestaltung dieser Prüfungskompetenz. Ein Grundbuchamt darf eine Eintragung beim Vorliegen aller Voraussetzungen nicht verweigern und nur bei positivem Wissen über materielle Fehler anders entscheiden. Eine Grundbuch-Blockchain müsste gewährleisten, dass eine Eintragung in einem neuen Block und somit im Grundbuch nur nach vorheriger Prüfung des Grundbuchamts vorgenommen werden kann.

cc) Prüfung des Antrags

(1) Die Prüfungskompetenz des Grundbuchamts

Die Prüfungskompetenz des Grundbuchamts könnte umgesetzt werden, indem nur das Grundbuchamt einen neuen Block nach durchgeführter Prüfung der Grundbuch-Blockchain hinzufügen darf. Auf diese Weise kann sichergestellt werden, dass die formelle Prüfung durch das Grundbuchamt weiterhin erfolgt.

(2) Die Notarielle Vorprüfung

Die notarielle Vorprüfung eines blockchainbasierten Grundbuchs kann durchgeführt werden, indem Anträge weiterhin einen entsprechenden Prüfungsvermerk eines Notars beinhalten müssen. Das Signieren mittels privaten Schlüssels ist dabei schon jetzt Bestandteil der Übermittlung von Anträgen durch einen Notar im Rahmen des elektronischen Grundbuchs.

Ein strukturierter Antrag zur Eintragung im Grundbuch könnte ein zwingendes Feld für den Prüfungsvermerk beinhalten, sodass dieser auch auf einer Grundbuch-Blockchain abgebildet werden könnte. Ein solcher Prüfungsvermerk kann erfolgen, indem ein Notar mit seinem privaten Schlüssel den Antrag signiert, sollte eine notarielle Vorprüfung erforderlich sein.

dd) Die Eintragung im Grundbuch

Bei einer Grundbuch-Blockchain müssen die eine Eintragung widerspiegelnden Token den *numerus clausus* des Sachenrechts beachten. Der Inhalt einer Eintragungsart kann sodann beliebig ausfallen. Auf diese Weise entstehen auf der Grundbuch-Blockchain Token für Eigentumsverhältnisse in Abteilung I, Lasten und Beschränkungen in Abteilung II und Grundpfandrechte in Abteilung III.

Die Grundbuchberichtigung müsste auch bei einer Speicherung des Grundbuchs auf einer Blockchain möglich sein. Dies könnte gewährleistet werden, indem ein Token übertragen wird oder eine entsprechende Änderung des Inhalts vorgenommen wird, ohne dass die Referenz zum Grundstück-Token verändert wird. Eine Berichtigung des Grundbuchs würde, wie dies auch heute der Fall ist, durch eine Löschung und neue Eintragung auf der Grundbuch-Blockchain entsprechend umgesetzt werden.

Zu prüfen gilt es, wie eine Eintragung auf der Grundbuch-Blockchain gestaltet werden kann. Die Verfügungsberechtigung an einem Token auf der Grundbuch-Blockchain könnte mittels einer öffentlichen Adresse im Rahmen einer *public key infrastructure* abgebildet werden. Jede natürliche oder juristische Person müsste somit einen öffentlichen und privaten Schlüssel erhalten. Der öffentliche Schlüssel würde als öffentliche Adresse die Verfügungsberechtigung auf der Grundbuch-Blockchain abbilden, wie dies auch bei Bitcoin oder Ethereum der Fall ist. Auf diese Weise würden die Eintragungen im Grundbuch pseudonymisiert gespeichert werden. Um eine Person eindeutig als Inhaber im Grundbuch feststellen zu können, müssten alle öffentlichen Adressen im Grundbuch verifiziert sein und von den Grundbuchämtern oder einer anderen staatlichen Stelle hinterlegt worden sein. Die Verifizierung der jeweiligen öffentlichen Adresse durch eine Behörde würde eine pseudonyme Grundbuch-Blockchain ermöglichen, sodass die tatsächlichen Inhaber von Rechten auf der Grundbuch-Blockchain gegenüber dem Grundbuchamt nicht anonym bleiben.

ee) Rechtsbehelfe und Rechtsmittel

Rechtsbehelfe und Rechtsmittel können unverändert bestehen bleiben. Indem die Grundbuch-Blockchain von den Grundbuchämtern als schreibberechtigte Nodes geführt wird, kann eine Umsetzung von Berichtigungen oder Änderungen die aufgrund eines Rechtsbehelfs oder Rechtsmittels erforderlich sind, auch gewährleistet werden. Sollte sich ein Grundbuchamt weigern, eine entsprechende

Eintragung vorzunehmen, bestehen die gleichen Rechtsbehelfe wie auch nach jetziger Rechtslage.

c) Leseberechtigung

Die Einsicht in das Grundbuch ist nur bei einem berechtigten Interesse erlaubt, § 12 Abs. 1 S. 1 GBO. Hieraus folgt, dass eine Prüfung eines solchen berechtigten Interesses möglich sein muss und die Einsicht in die Grundbuch-Blockchain nicht öffentlich sein darf, um das Geheimhaltungsinteresse der im Grundbuch eingetragenen Personen zu wahren. Die Einsichtnahme könnte über einen privaten Schlüssel vorgenommen werden. Das berechtigte Interesse der mittels privaten Schlüssels anfragenden Person müsste durch das Grundbuchamt geprüft werden. Zudem kann die Prüfung auch durch einen Notar durchgeführt werden. Ein Notar kann nach erfolgter Prüfung mittels seiner digitalen Signatur, wie bereits heute, Einsicht in das Grundbuch nehmen und der anfragenden Person den Inhalt zur Verfügung stellen.

2. Designanforderungen an eine Grundbuch-Blockchain

Nachdem die technische Umsetzung und die notwendigen Anforderungen an eine Grundbuch-Blockchain diskutiert wurden, muss untersucht werden, welche Art von Blockchain zielführend ist. Dabei sind insbesondere der Konsensmechanismus und die Rechteausgestaltung von Bedeutung. Zudem stellt sich die Frage, ob und wenn ja wie eine Übertragung von Token durch die Eigentümer oder Besitzer möglich sein soll.

Zuletzt ist zu untersuchen, wie weit die Nutzung von Smart Contracts in die Struktur einer Grundbuch-Blockchain einzuarbeiten ist und welche Vor- und Nachteile hieraus entstehen.

a) Konsensmechanismus

Sobald eine Transaktion zum Schreiben in einem neuen Block durch ein berechtigtes Grundbuchamt freigegeben wurde, kann die Validierung dieses Blocks über einen beliebigen Konsensmechanismus auf der Blockchain vorgenommen werden. Daraus folgt, dass die Grundbuchämter den Inhalt des Blocks in der Form der Grundbucheintragung bestätigen müssen und die Schaffung des neuen Blocks sodann über ein Proof-of-Work-Verfahren oder einen anderen Konsensmechanismus, zum Beispiel ein Proof-of-Stake-Verfahren, auf der Grundbuch-Blockchain vorgenommen werden kann.

Die Validierung eines neuen Blocks folgt dabei den Regeln anderer Blockchains wie Bitcoin oder Ethereum, nur dass die Auswahl der zu schreibenden Transaktionen durch das Grundbuchamt vorgenommen wird. Die zur Validierung eines neuen Blocks notwendigen Miner können bei einer Grundbuch-Blockchain die Grundbuchämter selbst sein. Indem die Grundbuchämter als Miner fungieren, bedarf es keines Anreizes zur Weiterführung der Grundbuch-Blockchain wie bei Ethereum oder Bitcoin.

Eine Möglichkeit ist es, dass eine Validierung eines neuen Blocks nur das für die im Block befindlichen Einträge zuständige Grundbuchamt vornehmen darf. Ein Grundbuchamt würde somit die in einem neuen Block zu schreibende Eintragung in Form einer Transaktion sowie die Validierung und das Anhängen dieses Blocks an die bestehende Grundbuch-Blockchain vornehmen.

Eine weitere Möglichkeit besteht darin, allein die Berechtigung eines Nodes zur Freigabe von Transaktionen, also zur Validierung, durch das zuständige Grundbuchamt zu kontrollieren. Die Grundbuch-Blockchain könnte so programmiert werden, dass eine Transaktion und somit eine Eintragung in einem neuen Block nur von dem für die Eintragung zuständigen Grundbuchamt freigegeben werden darf. Ist eine Eintragung zum Schreiben auf der Blockchain freigegeben, kommt diese in einen Pool von bereits zur Validierung freigegebenen Eintragungen. Die in einem solchen Pool befindlichen Eintragungen werden dann chronologisch nach dem Zeitpunkt ihres Eingangs in einem neuen Block gespeichert und der Grundbuch-Blockchain hinzugefügt. Die Validierung eines neuen Blocks bedarf dann keiner Prüfung eines Grundbuchamts mehr, sondern kann in Form eines beliebigen Konsensmechanismus vorgenommen werden. Auf diese Weise könnte der von einem Grundbuchamt zu erledigende Aufwand bei der Validierung eines Blocks gegenüber der oben beschriebenen Möglichkeit reduziert werden, ohne dass die formelle Prüfungskompetenz des Grundbuchamts unterwandert wird.

Der Konsensmechanismus zum Schreiben und Anhängen des Blocks bedarf keiner Prüfung durch das Grundbuchamt. Das Grundbuchtamt muss nicht die einzelnen Blöcke validieren, sondern den Inhalt der zu validierenden Blöcke prüfen. Die Validierung der Blöcke durch das Grundbuchamt selbst erfordert eine umfangreiche technische Aufgabe für das jeweilige einzelne Grundbuch. Es ist sinnvoller, dass die einzelnen Grundbuchämter eine Eintragung im Grundbuch zur Validierung freigeben und ein einheitlicher Konsensmechanismus der Grundbuch-Blockchain sodann die Validierung der Blöcke vornimmt, da Fehler durch technische Defizite bei einem einzelnen Grundbuchamt verhindert werden können. Zudem ist ein einheitlicher Konsensmechanismus kostengünstiger als die Durchführung mehrerer Konsensmechanismen durch jedes einzelne

Grundbuchamt. Somit ist eine Programmierung, die das Recht zum Freigeben einer Eintragung nur dem zuständigen Grundbuchamt gewährt, vorzugswürdig. Die Grundbuchämter wären für den einheitlichen Konsensmechanismus weiterhin zuständig, der technisch automatisiert durchgeführt werden kann.

Der Proof-of-Stake-Konsensmechanismus eignet sich für die Führung der so beschriebenen Grundbuch-Blockchain, da nur berechtigte Nodes, also die Grundbuchämter, die Validierung vornehmen und ein geringerer Energieaufwand als beim Proof-of-Work-Verfahren erforderlich ist. Anders als bei Bitcoin oder Ethereum bedarf es zudem keines Anreizes zur Weiterführung der Blockchain, da dies von den Grundbuchämtern als hoheitliche Aufgabe vorgenommen wird.

b) Die Token-Art einer Grundbuch-Blockchain

Eine Möglichkeit der technischen Umsetzung von Token könnte in der Erstellung sogenannter nicht-fungibler Token („non-fungable token", kurz „NFT") bestehen.[415] Indem ein NFT eindeutig zugeordnet werden kann und innerhalb des Netzwerkes identifiziert werden kann, kann er grundsätzlich die Tokenisierung des Eigentums abbilden.[416] Dies eröffnet auch die Möglichkeit zur Nutzung von nicht-fungiblen Token bei einer Grundbuch-Blockchain.[417]

Um die logische Verknüpfung der Token und den Bezug zu einem Grundbuchblatt abzubilden, müssen die Token über einen Referenzwert, zum Beispiel die Token-ID, zugeordnet werden können.

Die meisten Blockchain-Anwendungen zeichnen sich dadurch aus, dass die Teilnehmer Token übertragen können und diese Token ein Recht oder einen Wert repräsentieren. Die Tokenisierung soll die Handelbarkeit eines Wirtschaftsgutes verbessern oder zumindest die Eröffnung eines alternativen, nämlich digitalen, Handelsplatzes ermöglichen. Bei dem oben dargestellten Design einer Grundbuch-Blockchain würden zwar auch Token entstehen, diese würden aber die entsprechende Eintragung im Grundbuch darstellen. Ein Grundstück-Token

---

415 Siehe oben Kapitel 2:III.3.c).

416 So auch *Kaulartz/Hirzle*, Die Tokenisierung von Eigentum, https://www.cmshs-bloggt.de/gewerblicher-rechtsschutz/die-tokenisierung-von-eigentum/#, zuletzt abgerufen am 04.08.2022.

417 Auf die Möglichkeit hinweisend *Kaulartz/Hirzle*, Die Tokenisierung von Eigentum, https://www.cmshs-bloggt.de/gewerblicher-rechtsschutz/die-tokenisierung-von-eigentum/#, zuletzt abgerufen am 04.08.2022.

soll nicht als Ersatz für die Übertragung eines Grundstücks ohne Grundbuch fungieren. Der Token stellt somit Buchbesitz am Grundstück dar.

Es entsteht kein Asset Register von Grundstücken auf einer Blockchain, über die der jeweilige Verfügungsberechtigte ohne Kontrolle des Grundbuchamts frei verfügen kann.

Eine Verfügung eines Tokens auf der so beschriebenen Grundbuch-Blockchain kann nicht außerhalb des Grundbuchs vorgenommen werden, da die Eintragungen in der Grundbuch-Blockchain durch die Grundbuchämter validiert werden.[418] Somit kann eine Übertragung außerhalb der Grundbuch-Blockchain schon technisch ausgeschlossen werden, da der private Schlüssel alleine nicht zur Verfügung berechtigt, anders als dies bei Bitcoin der Fall ist. Der oben beschriebene Ansatz ermöglicht somit keinen blockchainbasierten Handel von Grundstücken. Es handelt sich lediglich um die Abbildung des Grundbuchs auf einer Blockchain und die damit verbundene andere Art der Datenspeicherung.

Neben einem Grundstück-Token stellt sich die Frage, ob Grundpfandrechte in Form von Token auf einer Blockchain handelbar sein sollen. Wenn die Prüfung der Eintragung und somit Übertragung von Grundpfandrechten weiterhin durch ein Grundbuchamt bestehen soll, darf ein Grundpfandrecht-Token ebenfalls nur die Eintragung im Grundbuch repräsentieren.

c) Die Berechtigung zur Validierung, zum Schreiben und zum Lesen

Auf der Grundbuch-Blockchain sind nur Grundbuchämter Nodes mit einer Validierungs- und Schreibberechtigung. Die jeweilige Schreibberechtigung für eine Eintragung auf der Grundbuch-Blockchain könnte zudem für einen Grundstück-Token und die damit verbundenen Token nur auf das zuständige Grundbuchamt beschränkt werden, um die gesetzliche Zuständigkeit umzusetzen.

Wenn die Berechtigung, Eintragungen im Grundbuch vorzunehmen, weiterhin den Grundbuchämtern obliegt, kann die Richtigkeit der Eintragungen im Grundbuch gewährleistet werden. Zudem können die bei einer Grundstücksverfügung notwendigen Erklärungen Dritter, zum Beispiel die steuerrechtliche Unbedenklichkeitserklärung nach § 22 GrEStG und die Nichtausübung des kommunalen Vorkaufsrechts gem. §§ 24 ff. BauGB, vom Grundbuchamt geprüft werden.[419]

---

418 *Kaulartz/Hirzle*, Die Tokenisierung von Eigentum, https://www.cmshs-bloggt.de/gewerblicher-rechtsschutz/die-tokenisierung-von-eigentum/#, benennen das Problem der Token-Übertragung außerhalb des Grundbuchs.

419 *Simmchen*, Grundbuch „ex machina“, 2020, S. 127 f.

Denkbar ist auch, die notwendigen Erklärungen Dritter durch einen Smart Contract kontrollieren zu lassen, indem die Gemeinde oder das Finanzamt mit einer digitalen Signatur einen Smart Contract signiert.[420]

Die Parteien einer Grundstücksübertragung würden einen Smart Contract nutzen, der sowohl die Änderung der Rechtsverhältnisse beantragt als auch die notwendigen Erklärungen Dritter einholt. Der Smart Contract würde die notwendigen Voraussetzungen für eine Grundstücksübertragung prüfen und bei Vorliegen aller Voraussetzungen und der digitalen Signatur der Vertragsparteien und zustimmungspflichtiger Dritter, wie Finanzamt und Gemeinde, entsprechend einen digitalen Antrag auf Eintragung beim zuständigen Grundbuchamt stellen.[421] Das Grundbuchamt nimmt die Prüfung vor und gibt die Eintragung als Transaktion zur Validierung in einem neuen Block frei.[422] Die Nutzung eines Smart Contract erfordert somit weiterhin die Prüfung des Grundbuchamts vor der Validierung der Eintragung in einem neuen Block auf der Grundbuch-Blockchain.[423]

Wenn allein die einzelnen Grundbuchämter vollberechtigte Nodes auf der Grundbuch-Blockchain darstellen sollen, kann dies nur durch Programmierung einer *permissioned* Grundbuch-Blockchain abgebildet werden. So können das Interesse des Rechtsverkehrs an der Richtigkeit des Grundbuchinhalts sowie das Interesse des Staates an der Einhaltung öffentlich-rechtlicher Vorgaben im Bodenrecht verwirklicht werden.[424]

Jedes Grundbuchamt müsste über einen sogenannten *master private key* verfügen, der eine Art Generalschlüssel darstellt, um Eintragungen und Änderungen jeder Art auf einem Grundbuchblatt vorzunehmen und darüber die vollständige Kontrolle über Eintragungen auf der Grundbuch-Blockchain zu haben.[425]

---

420 So *Noll*, DLT im Grundbuchwesen 2019, S. 35.

421 *Noll*, DLT im Grundbuchwesen 2019, S. 35.

422 So *Noll*, DLT im Grundbuchwesen 2019, S. 35.

423 So auch *Noll*, DLT im Grundbuchwesen 2019, S. 35.

424 So auch: *Simmchen*, Grundbuch „ex machina“, 2020, S. 128; vgl. auch *Noll*, DLT im Grundbuchwesen 2019, S. 35.

425 Das Konzept eines *master private key* beschreibend *Matzke*, Elektronische Wertpapiere Stellungnahme zum Referentenentwurf vom 23.07.2020 v. 2021, https://www.bundesfinanzministerium.de/Content/DE/Gesetzestexte/Gesetze_Gesetzesvorhaben/Abteilungen/Abteilung_VII/19_Legislaturperiode/2021-06-09-einfuehrung-elektronische-wertpapiere/Stellungnahme-rechtsanwalt-rm.pdf?_blob=publicationFile&v=1, S. 16, zuletzt abgerufen am 04.08.2022.

Darüber hinaus stellt sich die Frage, ob eine Grundbuch-Blockchain auch in ihrer Leseberechtigung beschränkt sein muss, also ob eine *public* oder eine *private* Grundbuch-Blockchain vorliegen sollte.

Eine öffentlich einsehbare Grundbuch-Blockchain könnte mit § 12 Abs. 1 GBO unvereinbar sein, wonach nur derjenige Einsicht in das Grundbuch haben darf, der ein berechtigtes Interesse vorweisen kann. Bei einer *public* Grundbuch-Blockchain könnte jede Person den Inhalt der einzelnen Blöcke einsehen. Wenn der Inhalt der Grundbuch-Blockchain in Klarnamen dargestellt wird, ist eine *public* Grundbuch-Blockchain nicht mit § 12 Abs. 1 GBO vereinbar.

Wenn hingegen alle Eintragungen auf einer Grundbuch-Blockchain pseudonymisiert anhand der öffentlichen Adresse vorgenommen werden, kann nicht direkt ein Bezug zu einer realen Person hergestellt werden. Nur wer die öffentliche Adresse einer Person auf der Grundbuch-Blockchain kennt, kann auch eine Zuordnung der im Grundbuch geschriebenen Eintragungen vornehmen. Auf den ersten Blick könnte somit auch bei einer *public* Grundbuch-Blockchain eine Einsichtnahme nur dann vorgenommen werden, wenn das Grundbuchamt den Antrag auf Einsichtnahme auf ein berechtigtes Interesse geprüft hat und sodann den Inhalt mit den Klarnamen freigibt.

Problematisch hierbei ist jedoch, dass eine Person, sobald sie die öffentliche Adresse einer anderen Person im Grundbuch kennt, theoretisch alle Eintragungen zu dieser Person anhand der *public* Grundbuch-Blockchain nachverfolgen könnte, sowohl für die Vergangenheit wie für die Zukunft. Selbst wenn bei einer Übertragung eines Grundstücks die öffentlichen Adressen der Parteien geheim blieben, könnte eine Partei mit dem Wissen um die eigene öffentliche Adresse Rückschlüsse auf die öffentlichen Adressen der anderen Personen ziehen, indem sie den entsprechenden Block mit der Eintragung auf der Grundbuch-Blockchain sucht.

Es ist daher notwendig, eine *private* Grundbuch-Blockchain zu programmieren, bei der die Einsicht in die einzelnen Blöcke und deren Inhalt nicht durch jedermann frei möglich ist. Das entsprechende Grundbuchamt würde die Einsicht weiterhin nach § 12 Abs. 1 S. 1 GBO bei einem berechtigten Interesse des Anfragenden erteilen. Die Anfrage würde auch nur für konkrete Grundbuchblätter, Grundstücke oder Rechte und deren Inhaber abhängig vom berechtigten Interesse erteilt werden und nicht für die komplette Grundbuch-Blockchain.

Die Nutzung der *public key infrastructure* zur Abbildung der Berechtigten auf einer Grundbuch-Blockchain könnte weiterhin der Zuordnung dienen. Dies würde auch die Anforderungen an die datenschutzfreundlichen Voreinstellungen sowie an die Datensicherheit nach § 126 Abs. 1 Nr. 3 GBO in Verbindung mit Art. 24, 32 DSGVO erfüllen. Eine *permissioned private* Grundbuch-Blockchain ist danach das zielführende Blockchain-Design, um Validierungs-, Lese- und Schreibberechtigung im Sinne der GBO umzusetzen.

d) Die Identifizierung der Teilnehmer

Für das Funktionieren einer Grundbuch-Blockchain ist die eindeutige Identifizierung aller Teilnehmer des Grundbuchverfahrens über eine digitale Identität notwendig.[426] Nur so kann ein Bezug des auf der Grundbuch-Blockchain Geschriebenen zur Realität hergestellt werden. Eine solche digitale Identität sollte staatlich anerkannt oder ausgegeben werden.[427] Dies bedeutet, dass neben dem Notar und dem Grundbuchamt jede Person, die im Grundbuch eingetragen ist oder eingetragen werden will, eine verifizierte öffentliche Adresse besitzt. Auf diese Weise könnte einer Person ein Recht oder eine Rechtsposition in Form eines Tokens über die Grundbuch-Blockchain zugeordnet werden. Das Erfordernis der Verifizierung ergibt sich aus dem notwendigen Eintragungsinhalt nach materiellem Recht, wonach eine Person, natürlich oder juristisch, oder aber eine Personenvereinigung, eingetragen werden kann, nicht aber Bezeichnungen oder sonstiges, um anonym zu bleiben.[428] Über eine solch digitale Identität könnten auch die Angaben zu im Handelsregister eingetragenen Personen und Rechtsträgern aktualisiert werden, die nach dem derzeitigen Verfahren im Wege der Berichtigung vorgenommen werden, indem das Registergericht als schreibberechtigter Node für die Grundbuch-Blockchain zugelassen wird.

Die verifizierten Identitäten mit den dazugehörigen öffentlichen Schlüsseln müssen nicht auf der Grundbuch-Blockchain gespeichert werden, sondern können in einer separaten Datenbank oder einer anderen *permissioned* und *private* Blockchain gespeichert werden.

3. Zwischenergebnis *de lege lata*

Die übergeordneten Prinzipien des Grundbuchwesens können bei einer *permissioned* und *private* Grundbuch-Blockchain erfüllt werden. Entscheidend ist, dass sich lediglich die Art der Datenspeicherung und der Datenübermittlung ändert. Die Prüfungskompetenzen und Rollen der Teilnehmer des Grundbuchverfahrens bleiben gleich. Indem das zuständige Grundbuchamt auch weiterhin die Richtigkeit der Anträge und Behördenersuchen prüft, können das

---

426 *Noll*, DLT im Grundbuchwesen 2019, S. 36.
427 *Noll*, DLT im Grundbuchwesen 2019, S. 36.
428 Vgl. *Schöner/Stöber*, GrundbuchR, 16. Auflage 2020, Rn. 225.

Richtigkeitsgebot, das Vollständigkeitsgebot und das daraus abgeleitete materielle Publizitätsgebot gewährleistet werden.[429]

Eine Nutzung der Blockchain-Technologie ist somit für die Führung des Grundbuchs möglich. Wie oben gezeigt, kann eine Grundbuch-Blockchain schon nach der derzeitigen Rechtslage als Trägertechnologie für das Grundbuch genutzt werden. Die Voraussetzungen des Datenbankgrundbuch nach § 126 Abs. 1 GBO sowie des elektronischen Rechtsverkehrs nach § 135 GBO können durch eine Grundbuch-Blockchain erfüllt werden.

4. Vergleich der Grundbuch-Blockchain mit einem Datenbankgrundbuch

Im Lichte der Entwicklung eines bundeseinheitlichen Datenbankgrundbuchs drängt sich die Frage auf, ob eine Speicherung des Grundbuchs auf einer Blockchain im Vergleich zur Nutzung eines Datenbankgrundbuchs vorteilhaft ist. Der Vorteil gegenüber einem zentral geführten digitalen Grundbuch, bei dem unterschiedliche Softwareprogramme in den einzelnen Ländern genutzt werden, ist deutlich zu erkennen. Eine bundeseinheitliche Software überwindet Schnittstellenprobleme und führt zu einer einfacheren Führung des Grundbuchs. Ein weiterer Vorteil in einer bundeseinheitlichen Software ist die Vereinfachung der Stellung von Anträgen für landesübergreifend tätige Notare oder Antragsteller; diese müssten keine unterschiedliche Software nutzen, wenn sie in einem anderen Bundesland einen Antrag stellen. Auf diese Weise kann ein einheitlicher elektronischer Rechtsverkehr entstehen.

Der Unterschied zwischen einem Datenbankgrundbuch und einer Grundbuch-Blockchain liegt in der Art und Weise der Speicherung der Inhalte. Bei einem zentral geführten Datenbankgrundbuch speichert jedes Grundbuchamt sein Grundbuch auf einem zentralen Server. Dieser wird mittels Firewall vor Angriffen geschützt. Bei einer Grundbuch-Blockchain speichert jedes Grundbuchamt die komplette Blockchain, sodass eine dezentrale Speicherung vorliegt. Der Vorteil ist die Vermeidung eines Single-Point-of-Failure[430], also eines Systemausfalls.

Für eine Abwägung des Nutzens ist auch der Aufwand der Umstellung von dem einen auf das andere System zu analysieren. Der Hauptteil der Arbeit bei der Entwicklung der Systeme liegt in der Programmierung der Software oder des

429 So auch: *Simmchen*, Grundbuch „ex machina", 2020, S. 128.

430 Siehe oben Kapitel 2:III.2.c)aa).

Blockchain-Protokolls. Die Programmierung muss jeweils die unterschiedlichen Eintragungsarten und Abteilungen abbilden können und Zugriffsrechte richtig darstellen. Der Aufwand bei einem bundeseinheitlichen Datenbankgrundbuch kann anhand der Dauer des bestehenden Projektes erkannt werden. Für eine Grundbuch-Blockchain müsste man diesen Aufwand ebenfalls betreiben.

Ein Datenbankgrundbuch, das die Eintragungsarten des Grundbuchs mittels logischer Verknüpfung in strukturierten Daten nach § 126 Abs. 1 GBO abbildet, stellt letztendlich eine Tokenisierung der Eintragung wie bei einer Grundbuch-Blockchain dar. Eine Eintragung im Datenbankgrundbuch muss ebenso durch einen Referenzwert oder Ähnliches logisch verknüpft werden, damit alle Eintragungen zu einem Grundbuchblatt gespeichert und in lesbarer Form wiedergegeben werden können. Die Programmierung eines Datenbankgrundbuchs führt somit zu einer Tokenisierung der Eintragungen im Grundbuch wie auch bei einer Grundbuch-Blockchain. Unterschiede bestehen weiterhin in der Art der Speicherung in Blöcken.

Die Datenstruktur eines bundeseinheitlichen Datenbankgrundbuchs kann mit der Datenstruktur einer bundeseinheitlichen *permissioned* und *private* Grundbuch-Blockchain verglichen werden. Die Besonderheiten der Blockchain-Technologie würden in einer dezentralen Speicherung liegen. Denkbar ist somit auch ein dezentral gespeichertes bundeseinheitliches Datenbankgrundbuch.

Ein entscheidender Vorteil der Blockchain-Technologie liegt in der Nutzung von Smart Contracts zur automatischen Übertragung von Token. Anstatt eines Smart Contracts, der ein selbstausführendes Programm auf einer Blockchain darstellt[431], kann für die Zwecke der Digitalisierung des Grundbuchs und der Automatisierung des Eintragungsverfahrens im Ergebnis auch auf ein selbstausführendes Programm ohne eine Grundbuch-Blockchain zurückgegriffen werden. Die Funktionsweise würde der eines Smart Contracts entsprechen, sodass die Teilnehmer einer Grundbucheintragung durch die Nutzung digitaler Signaturen ihren jeweiligen Willen kundtun könnten.

Der Unterschied zwischen einer bundeseinheitlichen Grundbuch-Blockchain mit einem bundeseinheitlichen Datenbankgrundbuch liegt derzeit in der dezentralen Speicherung und der Nutzung von Smart Contracts. Eine dezentrale Speicherung und die Nutzung von Smart Contracts könnte technisch auch bei der Programmierung eines bundeseinheitlichen Datenbankgrundbuchs berücksichtigt werden.

---

431 Siehe oben Kapitel 2:IV.

Bei der Digitalisierung des Grundbuchwesens sollten eine dezentrale Speicherung vorgesehen und die Nutzung von Smart Contracts ermöglicht werden, da so ein Systemausfall besser verhindert wird und durch Smart Contracts die Automatisierung des Grundbuchwesens verbessert wird. Im Ergebnis ist es nicht von Bedeutung, ob dies über eine *permissioned* und *private* Grundbuch-Blockchain oder ein angepasstes Datenbankgrundbuch umgesetzt wird.

III. Ein Grundbuch „ohne“ Intermediäre

1. Werden die Vorteile der Blockchain-Technologie genutzt?

Es stellt sich die Frage, ob und wie die so konzipierte Grundbuch-Blockchain die Vorteile der Blockchain-Technologie umsetzt.

Ein Vorteil der Blockchain-Technologie liegt in der dezentralen Speicherung und damit in einer Vermeidung eines einzelnen Ausfallpunktes, eines Single-Point-of-Failure. Indem die oben beschriebene Grundbuch-Blockchain dezentral bei allen Grundbuchämtern gespeichert wird, wird ein einzelner Ausfallpunkt, der das ganze System stört, verhindert. Wenn bei einem oder mehreren Grundbuchämtern die lokalen Rechner, also Netzwerkknotenpunkte, ausfallen, ist das gesamte Grundbuch über die Grundbuch-Blockchain der anderen Grundbuchämter auch weiterhin abrufbar und verfügbar. Zudem ist das beschriebene Verfahren manipulationssicher gegen Änderungen, da ein Angreifer auf der Mehrheit der Nodes, also der Grundbuchämter, eine Änderung der Grundbuch-Blockchain vornehmen müsste.

Ein weiterer Vorteil der Blockchain-Technologie ist die Schaffung von Vertrauen zwischen sich gegenüberstehenden Parteien, ohne dass es einer neutralen dritten Partei, eines Intermediärs, bedarf.

Bei Bitcoin wird dieses Vertrauen durch einen Konsensmechanismus geschaffen, der verhindert, dass eine Person Bitcoins versendet, die sie nicht besitzt (Double-Spending-Problem).

Das Vertrauen wird bei Bitcoin durch das Blockchain-Protokoll geschaffen und es ist keine Bank oder ein anderer Intermediär notwendig, der das Guthaben auf einem Bankkonto bestätigt. Dies ist unter anderem deshalb möglich, weil sich die komplette Infrastruktur einer Transaktion auf der Blockchain abbilden lässt und somit durch das Blockchain-Protokoll alle notwendigen Voraussetzungen für das Senden von Token geprüft werden können.

Die skizzierte Grundbuch-Blockchain basiert zwar auch auf einem Konsensmechanismus, diesem geht aber eine Prüfung durch das Grundbuchamt voraus, welches auch alleine entscheidet, welche Eintragungen überhaupt zum Schreiben auf der Grundbuch-Blockchain und zum anschließenden Validieren zugelassen werden. Hier liegt ein wichtiger Unterschied zu *permissionless* Blockchains wie Bitcoin oder auch Ethereum. Bei diesen Blockchain-Anwendungen kann jeder Teilnehmer eine Transaktion oder einen Smart Contract in Auftrag geben. Je nachdem, wie viel er für die Eintragung auf der Blockchain zahlt, wird seine Anfrage früher oder später von Minern in das Schreiben eines neuen Blocks aufgenommen. Die Miner prüfen dabei jedoch keinen Inhalt der Transaktion, sondern wählen aus einem Pool von eingegangenen Transaktion entsprechend der Zahlung aus. Die Prüfung des Inhalts erfolgt dann durch das Blockchain-Protokoll ohne Intermediär.

Das beschriebene Design einer Grundbuch-Blockchain sieht weiterhin das Grundbuchamt als Intermediär im Grundbuchverfahren vor. Ebenso wird die Rolle der Notare nicht durch das Blockchain-Protokoll ersetzt, sondern in ein blockchainbasiertes Grundbuchverfahren integriert. Grund hierfür ist, dass das Grundstück als Token auf der Grundbuch-Blockchain abgebildet wird, der Token aber nur die Eintragung darstellt und nicht das Grundstück selbst. Eine Grundstückstransaktion oder sonstige Eintragung im Grundbuch wird somit nicht allein „auf" der Grundbuch-Blockchain durch Übertragung oder Aktualisierung eines Tokens vorgenommen. Die Grundbuch-Blockchain stellt „nur" die Speicherung des Grundbuchs dar. Die Verfügung eines Tokens auf der Grundbuch-Blockchain bildet nicht die notwendige Einigung über den Eigentumsübergang gem. § 873 BGB ab, sondern lediglich die Eintragung im Grundbuch.

Allein die Nutzung des privaten Schlüssels im Rahmen der Grundbuch-Blockchain ersetzt nicht automatisch die Einigung nach § 873 BGB.

Das oben dargestellte Konzept einer Grundbuch-Blockchain kann zwar mit den gesetzlichen Regelungen in Einklang gebracht werden und die übergeordneten Prinzipien des Grundbuchs erfüllen, es werden aber nicht alle möglichen Vorteile der Blockchain-Technologie umfassend genutzt. Die beschriebene Grundbuch-Blockchain hat keinen disruptiven Charakter, wie dies bei anderen Blockchain-Designs der Fall sein kann. Es werden weder Werte digitalisiert noch durch die Nutzung einer *public key infrastructure* ohne Intermediäre verfügt, sondern die Verfügung wird als Grundbucheintrag gespeichert.

Nachfolgend wird die Möglichkeit einer Grundbuch-Blockchain untersucht, bei der die Rollen des Notars und des Grundbuchamtes als Intermediäre ganz oder teilweise wegfallen. Ihre Funktionen sollen anderweitig durch die Nutzung einer Grundbuch-Blockchain und Smart Contracts ersetzt werden.

Zuerst wird eine Grundbuch-Blockchain ohne Notare dargestellt. Anschließend wird die Möglichkeit eines Grundbuchwesens ohne jegliche Intermediäre diskutiert.

2. Das Grundbuch nach dem „Architekturentwurf Ökosystem“ von *Noll*[432]

In einem Forschungsbericht des Instituts für Wirtschaftsinformatik der Universität Leipzig beschreibt *Noll* ein System ohne Notare als Intermediäre als „Architekturentwurf Ökosystem“.[433] Dieses wird zuerst dargestellt. Im Anschluss wird ein Grundbuchsystem ohne Grundbuchämter beleuchtet.

a) Technische Umsetzung

Das von *Noll* dargestellte Konzept einer Grundbuch-Blockchain ähnelt dem unter Kapitel 3:II.2.c) beschriebenen Design bezüglich der Verteilung der Berechtigungen auf einer Grundbuch-Blockchain.

Das Grundbuchamt prüft jede Eintragung in einem neuen Block auf der Grundbuch-Blockchain, und das der Validierung durch das Grundbuchamt vorgelagerte Eintragungsverfahren basiert auf der Nutzung von Smart Contracts und digitalen Signaturen.

Der für eine Eintragung im Grundbuch entworfene Smart Contract prüft jeweils alle notwendigen Voraussetzungen für eine Eintragung im Grundbuch. Wenn alle Beteiligten, also Erwerber, Veräußerer, Finanzamt, Gemeinde und eventuell finanzierende Banken, mit ihrem jeweiligen privaten Schlüssel den Smart Contract signiert haben, wird der Antrag auf Eintragung zum Grundbuchamt durch den Smart Contract automatisch gestellt.[434]

Der Smart Contract könnte danach den Kaufvertrag, die Bewilligung und weitere notwendige Dokumente im Grundbuchverfahren ersetzen. Das Konzept von *Noll* sieht keine notarielle Beurkundung des Grundstückskaufvertrags mehr vor. Auch die damit einhergehende notarielle Vorprüfung entfällt. Stattdessen soll ein Smart Contract Consultant, also ein Berater für den Abschluss eines Smart Contracts, den Smart Contract aufsetzen und die Parteien beraten.[435] Dieser Smart Contract Consultant soll eine unparteiische Beratung zur technischen

432 *Noll*, DLT im Grundbuchwesen 2019, S. 34 f.

433 *Noll*, DLT im Grundbuchwesen 2019, S. 34.

434 *Noll*, DLT im Grundbuchwesen 2019, S. 34.

435 *Noll*, DLT im Grundbuchwesen 2019, S. 34.

und rechtlichen Umsetzung des Vertrags durch den Smart Contract bezüglich der Eintragung im Grundbuch leisten.[436] *Noll* ordnet die Funktionen eines Notars dem Smart Contract Consultant zu und beschreibt den Smart Contract Consultant, der zur Wahrung der Unabhängigkeit bei der Beratung als öffentliches Amt konzipiert werden soll, als eine Weiterentwicklung des Notars.[437]

Der Smart Contract Consultant soll neben der rechtlichen Beratung zum Grundstückskaufvertrag auch die technische Umsetzung durch den Smart Contract erledigen. *Noll* beschreibt eine Gewährs- und Schutzfunktion des Notars, die nun vom Smart Contract Consultant sichergestellt werden soll.[438] Der Smart Contract Consultant ermöglicht ebenfalls eine Inanspruchnahme durch die beteiligten Personen, falls der Smart Contract falsch programmiert wurde oder ein anderer Fehler aus dem Bereich des Smart Contract Consultants auftritt.[439]

Im Ergebnis ist das von *Noll* beschriebene Grundbuch-Ökosystem ebenfalls nicht frei von Intermediären wie dem Notar, was auch *Noll* selbst einräumt.[440] Der Unterschied zu dem unter Kapitel 3:II.2. beschriebenen Grundbuch ist der Zwang zur Nutzung eines Smart Contracts, der nach Vorliegen aller Voraussetzungen einen Antrag beim Grundbuchamt stellt. Außerdem wird ein Smart Contract Consultant als öffentliches Amt eingeführt, das den Notar ersetzt. *Noll* scheint der Auffassung zu sein, dass die Rolle des Smart Contract Consultants an die Anforderungen nach dem Rechtsdienstleistungsgesetz gekoppelt sein sollte.[441]

b) Die Ersetzung der Funktionen des Notars

Es stellt sich die Frage, ob und wie ein Smart Contract Consultant die unterschiedlichen Funktionen eines Notars ersetzen kann.

Die wichtigste Rolle des Notars im Grundbuchwesen ist die Beurkundung des Grundstückskaufvertrags. Der Zwang zur notariellen Beurkundung von Grundstückskaufverträgen gem. § 311b Abs. 1 BGB hat seinerseits vier Funktionen: die Beweisfunktion, die Warnfunktion, die Gültigkeitsgewähr und die Beratungsfunktion.[442]

---

436 *Noll*, DLT im Grundbuchwesen 2019, S. 35.
437 *Noll*, DLT im Grundbuchwesen 2019, S. 34.
438 *Noll*, DLT im Grundbuchwesen 2019, S. 34.
439 *Noll*, DLT im Grundbuchwesen 2019, S. 34.
440 *Noll*, DLT im Grundbuchwesen 2019, S. 34.
441 Vgl. *Noll*, DLT im Grundbuchwesen 2019, S. 28.
442 *Grüneberg*, in: Grüneberg, 81. Auflage 2022, § 311b Rn. 2.

Die Beweisfunktion soll den Inhalt des Grundstückskaufvertrags sicherstellen. Aufgrund der überragenden Bedeutung der Verfügung des Grundstücks soll der Inhalt der Vereinbarung gesichert werden.[443] Ein Smart Contract speichert den Inhalt der getroffenen Vereinbarung über die Grundbuch-Blockchain ab. Die Beweisfunktion könnte somit durch die Speicherung von Grundstückskaufverträgen auf der Grundbuch-Blockchain umgesetzt werden.[444]

Die Warnfunktion soll den Beteiligten die Tragweite ihres Handelns bewusst werden lassen, bevor sie übereilt einen Grundstückskaufvertrag abschließen. Die Warnfunktion wird schon durch den Zwang der Beurkundung erfüllt.[445] Ein Zwang der Beauftragung eines Smart Contract Consultants könnte die Warnfunktion im gleichem Maße erfüllen, wenn der Smart Contract Consultant wie ein Notar die Parteien bei der Aufsetzung des Smart Contracts beraten muss.

Die Gültigkeitsgewähr der Beurkundung erfordert eine rechtliche Expertise des Smart Contract Consultants, um die rechtliche Wirksamkeit eines Grundstückskaufvertrags beurteilen zu können. Der Smart Contract kann den Inhalt und die Umsetzung des Grundstückskaufvertrags abbilden, jedoch richtet sich die rechtliche Wirksamkeit weiterhin nach dem tatsächlichen Willen der Parteien. Die Programmierung eines Smart Contracts muss dem Willen der Parteien entsprechen.[446] In der Praxis dürfte ein von den Parteien lesbarer Vertrag notwendig sein, woraus die entsprechende Nutzung des Smart Contracts folgt, da das Verständnis zum Lesen des Programmcodes nicht Voraussetzung für einen Grundstückskaufvertrag sein kann.

Die Amtspflicht des Notars, die Parteien zu beraten, müsste durch eine § 17 BeurkG entsprechende Amtspflicht des Smart Contract Consultants ersetzt werden, um die Beratungsfunktion zu erfüllen. Nur wenn der Smart Contract Consultant wie ein Notar agiert und an ihn die gleichen Anforderungen gelten, kann der Sinn und Zweck des § 311b Abs. 1 BGB umgesetzt werden.

Im Rahmen des Beweisgrundsatzes prüft ein Notar außerdem die Identität der erklärenden Personen.

Es stellt sich beim Entwurf „Grundbuch-Ökosystem“ die Frage, wie der Smart Contract die Identität der beteiligten Personen prüfen soll. Dies kann anhand

---

443 *Grüneberg*, in: Grüneberg, 81. Auflage 2022, § 311b Rn. 2.

444 *Noll*, DLT im Grundbuchwesen 2019, S. 34.

445 *Grüneberg*, in: Grüneberg, 81. Auflage 2022, § 311b Rn. 2.

446 Vgl. *Scherer*, Blockchain im Wertpapierbereich, 2020, S. 129, der von einer „Manifestation“ des Vertrags im Rechtssinne durch einen „digitalen Vertrag“ (Smart Contract) spricht; siehe oben Kapitel 2:IV.

eines privaten Schlüssels erfolgen, mit dem der Smart Contract signiert wird. Dabei wird jedoch nicht geprüft, ob der private Schlüssel auch von der berechtigten Person genutzt wird. Die Verfügungsgewalt über den privaten Schlüssel würde zur Verfügungsgewalt über ein Grundstück führen. Die Prüfung der Identität alleine auf die Nutzung des privaten Schlüssels zu reduzieren, würde dem Beweisgrundsatz nicht genügen. Es besteht die Gefahr, dass eine unbefugte Person den privaten Schlüssel eines Dritten zur Verfügung über ein Grundstück nutzt. Somit müsste die sichere Feststellung Identität der beteiligten Personen durch den Smart Contract Consultant festgestellt werden, der die Nutzung des privaten Schlüssels durch die berechtigte Person prüfen kann.

Eine Grundbuch-Blockchain könnte nach dem Design von *Noll* die übergeordneten Prinzipien des Grundbuchs und die gesetzlichen Funktionen des Notars abbilden, wenn der von *Noll* vorgeschlagene Smart Contract Consultant im Wesentlichen die gleichen Aufgaben wie ein Notar übernimmt. Die notarielle Beurkundung müsste durch den Smart Contract Consultant im Smart Contract abgebildet werden, der den Rechtswillen der Parteien wiedergeben muss.

Im Ergebnis führt die Umsetzung des Grundbuch-Ökosystems nach *Noll* zu der Nutzung von Smart Contracts im Grundbuchverfahren. Notare werden in ihrer Funktion nicht überflüssig, sondern durch ein neues öffentliches Amt mit gleicher Funktion ersetzt. Die Anforderungen an die qualitativen Rechtskenntnisse eines Smart Contract Consultant müssten denen eines Notars entsprechen, um die Beratungsfunktion gegenüber den Parteien ausreichend erfüllen zu können.

3. Ein Grundbuch unter Ausschluss von Intermediären

Über den Ansatz von *Noll* hinaus stellt sich die Frage, ob ein Grundbuch auch unter Ausschluss des Grundbuchamts und des Notars sinnvoll auf einer Grundbuch-Blockchain umgesetzt werden kann.

a) Technische Umsetzung

Eine Grundbuch-Blockchain ohne Intermediäre orientiert sich am Beispiel von *permissionless* Blockchain-Designs wie Ethereum. Das einzelne Grundstück würde durch einen Token repräsentiert, über den der Berechtigte mittels privaten Schlüssels verfügen kann. Die Übertragung des Tokens könnte dann mit der Übertragung des Eigentums zusammenfallen. Basis für die Übertragung stellt ein Smart Contract dar, der alle notwendigen Voraussetzungen für die Grundstücksübertragung prüft und bei erfolgreicher Prüfung über das Grundstück verfügt. Gleiches gilt für tokenisierte dingliche Rechte wie zum Beispiel Hypotheken oder Grundschulden. Die Grundbuch-Blockchain würde als Asset Register das Grundbuch als Verzeichnis aller Grundstücke und Rechte an Grundstücken darstellen und somit dingliche Rechtspositionen tokenisieren.

b) Die Ersetzung der Funktionen des Grundbuchamts

Eine Grundbuch-Blockchain als Asset Register, auf der über Grundstücke und dingliche Rechtspositionen durch die Nutzung einer digitalen Signatur ohne staatliche Kontrollinstanz verfügt werden können, ist mit den übergeordneten Prinzipien des Grundbuchwesens nicht vereinbar und würde einen Systemwechsel darstellen.[447] Ohne ein Grundbuchamt als Kontroll- und Prüfstelle müsste diese Aufgabe komplett durch das Protokoll einer Grundbuch-Blockchain oder durch Smart Contracts bei der jeweiligen Verfügung über eine dingliche Rechtsposition abgebildet werden. Diese Abbildung kann nach derzeitigem Stand der Technik nicht geleistet werden. Die staatliche Kontrolle im Grundstücksverkehr durch Grundbuchamt und Notar müsste durch entsprechende Programme ersetzt werden, die andererseits ein staatliches Eingreifen ermöglichen müssten. Die staatliche Kontrolle über das Grundbuch würde durch eine staatliche Kontrolle über die Programmierung der Grundbuch-Blockchain ersetzt werden. Die Ersetzung des Staates würde ebenfalls eine Aufsicht über die technische Infrastruktur der Grundbuch-Blockchain sowie der anwendbaren Smart Contracts beinhalten. Ein kompletter Wegfall der staatlichen Aufsicht über den Grundstücksverkehr ist aufgrund der überragenden Bedeutung der Ressourcen Grund und Boden für den privatrechtlichen Wirtschaftsverkehr und das Gemeinwohl abzulehnen. Die Bedeutung von Grund und Boden für das Gemeinwohl ergibt sich aus der verfassungsrechtlich geschützten Sozialbindung des Eigentums (Art. 14 Abs. 2 GG), die auch eine Vergesellschaftung (Enteignung) erlaubt (Art. 15 GG). Es ist im Interesse des Rechtsverkehrs, insbesondere auch zur Unterlegung von Realkrediten, dass der Staat die Aufsicht über einen geregelten Grundstücksverkehr im Wege des Grundbuchwesens führt. Hierdurch steigt der wirtschaftliche Wert einer dinglichen Rechtsposition an Grundstücken, was nicht zuletzt die historische Entwicklung des Grundbuchwesens verdeutlicht hat.[448]

---

447 Im Ergebnis so auch: *Noll*, DLT im Grundbuchwesen 2019, S. 34 f.; *Simmchen*, Grundbuch „ex machina", 2020, S. 128.

448 *Sefrin*, MittBayNot 2010, S. 268, 268.

4. Der Vergleich einer Grundbuch-Blockchain mit und ohne Intermediäre

Die Nutzung der Blockchain-Technologie wird oftmals damit verbunden, dass durch die Eigenschaften einer Blockchain gewisse Intermediäre in einem System überflüssig werden. Bei Bitcoin gilt dies im Hinblick auf Banken als Mittelsmänner bei Finanztransaktionen. Für eine Übertragung von Bitcoins wird kein Konto bei einer Bank benötigt und es muss keine Bank den Transfer des Geldes vornehmen. Möglich wird dies, indem durch einen Konsensmechanismus Vertrauen geschafft wird und aufgrund der Speicherung und Rückverfolgung über die Blockchain eine doppelte Ausgabe eines Bitcoins nicht möglich ist. Die Funktion der Bank, zu gewährleisten, dass die transferierende Person auch tatsächlich das zu sendende Geld auf ihrem Konto hat, wird durch die Blockchain-Technologie ersetzt. Misst man nun Bitcoin als digitaler Währung einen Wert zu, kann dies im Grundsatz ein Finanzsystem ohne Intermediäre ermöglichen. Ebenfalls fallen staatliche Institutionen als Aufsichtsorgane über den Geldwert weg. Damit sollen Kosten und Zeit gespart werden.

Für eine Grundbuch-Blockchain bestehen hierbei die dargestellten grundlegenden Ansätze. Einerseits der Wegfall aller notwendigen Intermediäre, also vor allem der Grundbuchämter und der Notare. Der zweite Ansatz sieht die Grundbuchämter weiterhin als notwendige staatliche Stellen im Grundbuchverfahren an, hält die Rolle der Notare aber für ersetzbar.[449]

Ein Grundbuchsystem ohne Grundbuchamt oder Notare ist mit den derzeitigen gesetzlichen Regelungen nicht vereinbar. Es muss jedoch geprüft werden, ob ein solches System mit den übergeordneten Prinzipien im Einklang sein kann, sodass eine Änderung der Rechtslage sinnvoll wäre. Notwendig wäre eine Grundbuch-Blockchain, die die Richtigkeit der im Grundbuchverfahren gemachten Angaben bestätigt, ohne dass hierfür eine natürliche Person eine Prüfung vornehmen muss. Das Protokoll und das Design der Grundbuch-Blockchain müssten also so gestaltet sein, dass nicht nur ein Konsens erreicht wird, sondern das Ergebnis des Konsenses auch mit der tatsächlichen materiellen Rechtslage übereinstimmt. Der Maßstab sollte dabei wie auch im heutigen Grundbuchverfahren darauf ausgerichtet sein, dass nur das überprüft werden kann, was eine natürliche Person ohne weiteren Aufwand nachvollziehen kann.

Wichtiger Bestandteil einer solchen Prüfung durch die Blockchain ist die Bewilligung des Berechtigten. Wenn der Notar die Unterschrift beglaubigt und

---

449 *Noll*, DLT im Grundbuchwesen 2019, S. 34 f.

die Identität bestätigt, kann sich das Grundbuchamt auf die Richtigkeit dieser Angaben aufgrund der Stellung des Notars verlassen. Nimmt weder ein Notar oder alternativ ein Grundbuchamt diese Aufgabe wahr, muss eine Prüfung anders erfolgen.

Bei Bitcoin funktioniert der Nachweis der Legitimation über den privaten Schlüssel. Mit dem privaten Schlüssel kann eine Person Bitcoins von einer öffentlichen Adresse an eine andere senden. Der Nachweis liegt somit darin, dass jemand den richtigen privaten Schlüssel zu einer öffentlichen Adresse genutzt hat. Ob diese Person rechtlich auch berechtigt war, die Bitcoins zu versenden, wird nicht geprüft. Dies kann zum Beispiel der Fall sein, wenn eine unbefugte Person Zugang zu dem privaten Schlüssel erhält.

Bei einer Grundbuch-Blockchain könnte die Berechtigung, einen Grundstück-Token zu versenden, auch über den privaten Schlüssel vorgenommen werden. Es müsste dann jeder Eigentümer eine verifizierte öffentliche Adresse haben und könnte mit dem privaten Schlüssel einen Token übertragen. Die Übertragung könnte anhand eines Smart Contracts erfolgen. Der Smart Contract müsste sodann die Prüfung des Grundbuchamts und des Notars ersetzen und bei Vorliegen aller Voraussetzungen die Transaktion durchführen. Dies beinhaltet neben den beschriebenen Funktionen ebenfalls Vorschriften zur Prävention von Geldwäsche und Terrorismusfinanzierung.

Allerdings stellt sich die Frage, ob eine Ersetzung von Grundbuchamt und Notar, unter der Prämisse, dies sei technisch umsetzbar, im Sinne des deutschen Grundbuchwesens förderlich ist. Der Rechtsverkehr wie auch der Staat haben ein Interesse, dass nur der Berechtigte über Rechtspositionen und Rechte an Rechtspositionen im Grundbuchverfahren verfügt. Rechtsgeschäfte über Immobiliarrechte haben höhere Anforderungen als Rechtsgeschäfte über bewegliche Sachen.

Diese besondere Stellung des Immobiliareigentums folgt aus dem gesteigerten Interesse an der Richtigkeit der Eigentumsverhältnisse von Grundstücken. Der Gesetzgeber hat nicht ohne Grund die notarielle Beurkundung als Zwang nach § 311b Abs. 1 BGB normiert. Die Tragweite der Verfügung über ein Grundstück ist eine andere als bei einem Auto oder einem ähnlichen beweglichen Gegenstand.

Berechtigt ist diese Abstufung im Rechtsverkehr aufgrund der Bedeutung von Grund und Boden für den Eigentümer, den Rechtsverkehr, die Gesellschaft und den Staat insgesamt. Als begrenzte Ressource ist ein Grundstück nicht so ersetzbar wie ein Auto oder andere bewegliche Gegenstände. Hinzu kommt die Funktion von Grundstücken als Sicherungsmittel, die durch ihre Wertbeständigkeit besser geeignet sind als viele bewegliche Gegenstände. Erfordernis und

Bedürfnis eines Grundbuchsystems sind letztendlich historisch entstanden und gewachsen.

Die notwendige Einbindung von Notaren und Grundbuchamt kann derzeit nicht adäquat technisch ersetzt werden. Die Vorteile eines Grundbuchs ohne Intermediäre sind gegenüber dem derzeitigen Grundbuchsystem nach dem derzeitigen Stand der Technik nicht ersichtlich, sodass eine Grundbuch-Blockchain ohne Intermediäre nicht förderlich ist.[450]

Es ist für das Grundbuch nur eine hybride Form nach dem Vorbild Schwedens denkbar, die den Grundstücksverkehr nicht der staatlichen Aufsicht entzieht.[451]

IV. Ergebnis Grundbuch

Der teilweise als Nachteil beschriebene Aspekt der Blockchain-Technologie, nachträgliche Änderungen der Daten nicht oder nur unter großem Aufwand vornehmen zu können, ist für die Führung eines öffentlichen Registers von Vorteil. Es fördert die Transparenz des Registers. Solange eine Eintragung im Rechtssinne durch eine neue Eintragung gelöscht werden kann und damit eine Berichtigung und Änderung des Registerinhalts vorgenommen werden kann, ist die technische nachträgliche Unveränderbarkeit einzelner Eintragungen auf der Grundbuch-Blockchain erwünscht.

Ein Token auf der Grundbuch-Blockchain würde kein digitales Eigentum der eingetragenen Person darstellen, sondern die Eintragung im Grundbuch widerspiegeln und für den Erwerb von Eigentum nach den §§ 873 ff. BGB notwendig sein. Es würde das Grundbuch in seiner jetzigen Struktur digitalisiert werden, ohne eine Tokenisierung von Grundstücken im Sinne einer Schaffung von digitalen Werten zu bewirken. Es würde nicht das Eigentum tokenisiert werden, sondern die Grundbucheintragung.

Es findet keine direkte Übertragung von Rechten auf einer Grundbuch-Blockchain durch den Rechteinhaber selbst statt. Die oftmals genannte Funktion der Blockchain, zum Wegfall von Intermediären beizutragen, würde nicht gegeben sein.

Eine Tokenisierung und Abbildung des Eigentums auf einer Blockchain als Asset Register ist nicht gewollt, da der Staat und der Rechtsverkehr ein Interesse an einem kontrollierten Grundstücksverkehr haben. Eine freie Übertragung von

450 Ein „*Kryptogrundstücksregister*“, bei dem das Eigentum auf einer Blockchain digitalisiert wird, ablehnend *von Buttlar/Omlor*, ZRP 2021, S. 169, 171 f.

451 Vgl. *Omlor*, DNotZ 2021, S. 855, 856 f.

dinglichen Rechten in Form von Token in einem Asset Register, ohne dass ein Grundbuchamt oder Notar an dem Vorgang beteiligt ist, ist aufgrund der verfassungsrechtlichen Bedeutung von Grund und Boden für das Gemeinwohl nicht sinnvoll.

Ein solches System würde mit den grundlegenden Funktionen des deutschen Grundbuchwesens nicht vereinbar sein und einen Systemwechsel erfordern.[452] Notar und Grundbuchamt sind unverzichtbare Institutionen für ein effektives und brauchbares Grundbuchwesen.[453]

Der größte Nutzen einer Grundbuch-Blockchain liegt in der Nutzung von Smart Contracts zur Automatisierung des Grundbuchverfahrens.[454] Die Funktion kann durch selbstausführende Programme auch auf einem bundeseinheitlichen Datenbankgrundbuch abgebildet werden, bei dem alle Teilnehmer im Grundbuchverfahren, zum Beispiel auch die Gemeinden und das Finanzamt sowie Banken, durch die Nutzung von digitalen Signaturen ihren Willen äußern könnten. Im Ergebnis ist das Vorgehen in Schweden als Vorbild zu sehen, bei dem eben diese Teilnehmer auf einer Blockchain agieren und ein Antrag auf Eintragung durch einen Smart Contract ausgelöst werden kann, ohne dass das Grundbuchamt oder der Notar ersetzt werden.[455] Auf diese Weise könnte auch das deutsche Grundbuchwesen sinnvoll digitalisiert werden, was bei der Einführung eines bundeseinheitlichen Datenbankgrundbuchs berücksichtigt werden sollte.[456] Ein Grundbuchsystem ohne Intermediäre ist dagegen nicht sinnvoll und bietet keine praktischen Vorteile.

---

452 So auch: *Simmchen*, Grundbuch „ex machina", 2020, S. 128; *Noll*, DLT im Grundbuchwesen 2019, S. 34 f. beschreibt das Wegfallen der Notare als Intermediär im Grundstücksverkehr, ersetzt diese aber durch sogenannte Smart Contract Consultants mit ähnlicher Funktion.

453 Im Ergebnis auch *Stelmaszcyk*, in: Hauschild/Kallrath/Wachter, 3. Auflage 2022, § 37 Rn. 142.

454 So wohl auch *Völkle*, MMR 2021, S. 539, 542.

455 Siehe oben Kapitel 2:III.1.

456 Skeptisch *von Buttlar/Omlor*, ZRP 2021, S. 169, 171 f.

Kapitel 4: Handelsregister

I. Die Bestehende Rechtslage des Handelsregisters

1. Einführung

Das Handelsregister ist ein öffentliches Verzeichnis über bestimmte Rechtstatsachen, die für den Handelsverkehr von Bedeutung sind.[457] Besonders die Darstellung der Existenz eines Rechtsträgers sowie dessen Vertretungs- und Haftungsverhältnisse werden im Handelsregister wiedergegeben.[458] Es dient der Veröffentlichung der Zugehörigkeit oder Nichtzugehörigkeit von gewerblich Handelnden zur Kategorie der Kaufleute[459] sowie der Veröffentlichung der Rechtsverhältnisse von Handelsgesellschaften und Kaufleuten.[460] Die Inhalte des Handelsregisters und dessen Publizität dienen der Sicherheit und Klarheit im Rechtsverkehr, sie sind im Interesse des Rechtsverkehrs sowie der eingetragenen Personen selbst.[461] Die Verfügung über Rechtspositionen ist, anders als im Grundbuchwesen, nicht Hauptzweck des Handelsregisters.[462] Vielmehr werden auf der Basis dargestellten Rechtsverhältnissen und Informationen im Wirtschaftsverkehr Verträge geschlossen und Transaktionen durchgeführt, ohne dass zwangsläufig eine Eintragung im Handelsregister vorgenommen wird. Auch bei der Änderung des Gesellschafterbestandes einer GmbH ist die Einreichung der neuen Gesellschafterliste nicht konstitutiv für die Verfügung über den Geschäftsanteil eines Gesellschafters, selbst wenn der Inhalt der im Handelsregister zuletzt eingereichten Gesellschafterliste einen begrenzten Gutglaubensschutz gem. § 16 Abs. 3 GmbHG gewährt.

Die Handelsregisterführung ist Teil der freiwilligen Gerichtsbarkeit nach dem FamFG. Die Regelungen des Handelsregisters sind über verschiedene Gesetze verstreut. Die rechtliche Grundlage bilden vor allem die §§ 8–16 HGB und die Verordnung über die Einrichtung und Führung des Handelsregisters (die

---

457 *Lettl*, Handelsrecht, 4. Auflage 2018 § 3 Rn. 1.

458 *Krafka*, Registerrecht, 11. Auflage 2019, Rn. 1.

459 *Lettl*, Handelsrecht, 4. Auflage 2018 § 3 Rn. 11.

460 *Krafka*, Registerrecht, 11. Auflage 2019, Rn. 1.

461 *Merkt*, in: Hopt HGB, 41. Auflage 2022, § 8 Rn. 1; *Lettl*, Handelsrecht, 4. Auflage 2018 § 3 Rn. 11.

462 *Knaier/Wolff*, BB 2018, S. 2253, 2256.

Handelsregisterverordnung, „HRV“), welche auf der Ermächtigung gem. § 387 Abs. 2 FamFG beruht. Weitere Regelungen enthalten die §§ 376 ff. FamFG.

Darüber hinaus sind die im Handelsregister einzutragenden Tatsachen neben dem HGB in den jeweiligen Spezialgesetzen zu finden, zum Beispiel die Anmeldung der Aktiengesellschaft nach § 36 Abs. 1 AktG oder der GmbH nach § 7 Abs. 1 GmbHG.

2. Historischer Überblick

Die erste Kodifizierung des Handelsregisters findet sich in den Art. 12–14 des Allgemeinen Deutschen Handelsgesetzbuchs von 1861, welches 1871 Reichsgesetz wurde.[463] Mit dem ADHGB wurde das Handelsregister den Gerichten als staatliche Kontrollinstanz übergeben. So schrieb Art. 12 S. 1 ADHGB vor, dass bei jedem Handelsgericht ein Handelsregister zu führen ist. Mit Art. 12 S. 2 ADHGB wurden Publizität und Informationsfunktion des Handelsregisters normiert, indem jeder in ein Register einsehen konnte, damals freilich nicht elektronisch, sondern nur zu den gewöhnlichen Dienstzeiten der Handelsgerichte. Eintragungen im Handelsregister waren nach Art. 13 ADHGB durch das Handelsgericht ohne Verzug in öffentlichen Blättern bekannt zu machen.[464] Weitere Regelungen betrafen die Eintragung der Firma eines Kaufmanns gem. Art. 19 ADHGB. Vorschriften über das Registerverfahren selbst, also nach welchen Regeln Eintragungen und Löschungen im Handelsregister vorzunehmen waren, enthielt das ADHGB nicht.

3. Übergeordnete Funktionen

Die Publizitätsfunktion bezüglich der eingetragenen Tatsachen ist neben einer Informationsfunktion der Hauptzweck des Handelsregisters.[465] Der Rechtsverkehr kann im elektronischen Informations- und Kommunikationssystem die Daten aus dem Handelsregister abrufen und sich über einen Geschäftspartner einschließlich der Vertretungs- und Haftungsverhältnisse informieren. Er wird

---

463 *Krafka*, in: MüKo HGB, 4. Auflage 2016, § 8 Rn. 2.

464 Art. 14 ADHGB regelte, dass ein Handelsgericht jährlich im Dezember das öffentliche Blatt bestimmen musste, in dem es die Bekanntmachungen nach Art. 13 ADHGB vornahm.

465 *Krafka*, Registerrecht, 11. Auflage 2019, Rn. 4; *Merkt*, in: Hopt HGB, 41. Auflage 2022, § 8 Rn. 1; *Ries*, in: Röhricht/Graf von Westphalen/Haas HGB, 5. Auflage 2018, § 8 Rn. 2.

durch die Publizität der eingetragenen oder nicht eingetragenen Tatsachen bei gutem Glauben geschützt.

Daneben besteht eine Prüfungs- und Kontrollfunktion hinsichtlich der Einhaltung gesetzlicher Bestimmungen, zum Beispiel bezüglich der Kapitalaufbringung bei Kapitalgesellschaften.[466] Geschäftspartner können somit darauf vertrauen, dass im Handelsregister eingetragene Haftsummen oder Kapitaleinlagen auch geleistet wurden.

a) Publizitätsfunktion

§ 15 Abs. 1 HGB normiert eine negative Publizität hinsichtlich eintragungspflichtiger Tatsachen zu Lasten desjenigen, in dessen Angelegenheit sie einzutragen waren. Dies gilt nicht, wenn die Tatsache dem Dritten positiv bekannt war. Nach § 15 Abs. 2 HGB muss sich ein Dritter eine eingetragene und bekanntgemachte Tatsache spätestens fünfzehn Tagen nach Bekanntmachung entgegenhalten lassen. Neben der Kenntnis ist auch die fahrlässige Unkenntnis der eingetragenen und bekanntgemachten Tatsache ausreichend, damit einem Dritten die Tatsache auch vor Ablauf von fünfzehn Tagen nach Bekanntmachung entgegengehalten werden kann.

Aufgrund einer positiven Publizität gemäß § 15 Abs. 3 HGB kann sich ein Dritter im Hinblick auf eine einzutragende und bekanntgemachte Tatsache, die unrichtig eingetragen wurde, gegenüber dem Rechtsträger, der die Eintragung veranlassen musste, auf die eingetragene Tatsache berufen. Der gute Glaube wird wie bei § 15 Abs. 1 HGB nur bei positivem Wissen der wahren Tatsache zerstört, eine grob fahrlässige Unkenntnis ist nicht ausreichend.[467]

Insbesondere die negative Publizitätsfunktion des § 15 Abs. 1 HGB ist in der Praxis relevant. Indem sich der Rechtsverkehr, außer bei positiver Kenntnis, auf den Inhalt des Handelsregisters verlassen kann, bedarf es keiner weitergehenden Prüfung von bestehender Vertretungs- oder Haftungsverhältnisse. Ohne die negative Publizität müsste sich ein Dritter im Handelsverkehr vergewissern, ob die Eintragungen im Handelsregister noch aktuell sind, zum Beispiel ob eine eingetragene Prokura mittlerweile erloschen ist. Durch den kostenlosen Abruf der Daten des Handelsregisters im Informations- und Kommunikationssystem können sich Vertragspartner schnell und sicher über die andere Partei informieren.

466 *Krafka*, Registerrecht, 11. Auflage 2019, Rn. 5.
467 *Merkt*, in: Hopt HGB, 41. Auflage 2022, § 15 HGB Rn. 20.

Vertragspartner von Kaufleuten haben bezüglich der Haftungsgegebenheiten ihres Gegenübers ein gehobenes Interesse. Bei Kapitalgesellschaften besteht unter anderem ein Interesse an der Höhe der geleisteten Kapitaleinlagen, bei Personenhandelsgesellschaften ist die Identität der persönlich haftenden Gesellschafter und die Höhe der Haftsummen der Kommanditisten wesentlich.

Das Handelsregister wird durch seine Publizität zum öffentlichen Rechtsscheinträger. Ohne ein öffentliches Handelsregister müsste diese Funktion vom Rechtsverkehr anderweitig abgebildet werden, da die Informationen über den möglichen Vertragspartner wesentlich bleiben. Alternativen könnten private Register oder der Zugang zu beglaubigten Urkunden (im Sinne eines *deeds registers*) über die notwendigen Informationen sein.[468]

Ohne die negative Publizität und ihre materielle Rechtskraft würde der Inhalt des Handelsregisters an Bedeutung für den Rechtsverkehr verlieren. Erst mit der negativen Publizität entsteht die angestrebte Rechtssicherheit über Rechtsverhältnisse von Kaufleuten und Handelsgesellschaften. Ihr Wegfall würde wirtschaftlich unerwünschte Kosten für die Herbeischaffung entsprechender Nachweise verursachen und tendenziell die Geschwindigkeit von Geschäftsabschlüssen und Transaktionen, bei denen Handelsgesellschaften oder Kaufleute beteiligt sind, verlangsamen. Die Publizitätsfunktion wird damit zum Kernzweck des Handelsregisters.

b) Informationsfunktion

Das Handelsregister informiert über Tatsachen und Rechtsverhältnisse von Kaufleuten und Handelsgesellschaften, die für den Rechtsverkehr wesentlich sind.[469] Transaktionen von materiellen oder immateriellen Gütern werden im Handelsregister weder umgesetzt noch gespeichert.[470]

Um die Übersichtlichkeit und somit einen nützlichen Informationsgehalt zu wahren, können nicht beliebige Tatsachen, sondern nur eintragungspflichtige oder eintragungsfähige Tatsachen eingetragen werden.[471] Auch wenn die Informationsfunktion keine materielle Rechtswirkung entfaltet, trägt sie entscheidend

---

468 Zum Beispiel das „*Companies House*" des Vereinigten Königreichs Großbritannien und Nordirland, das als Handelsregister dient.

469 BGH NJW 1998, S. 1071, 1071; BGH NJW 2015, S. 2116, 2118; *Krafka*, Registerrecht, 11. Auflage 2019, Rn. 1 ff.

470 Siehe oben Kapitel 4:I.1.

471 *Lettl*, Handelsrecht, 4. Auflage 2018, § 3 Rn. 4; *Fehrenbacher*, Registerpublizität und Haftung im Zivilrecht, 2004, S. 144 f.

zum Nutzen des Handelsregisters für den Rechtsverkehr und die interessierte Öffentlichkeit bei.

Die Informationsfunktion des Handelsregisters über die alleinigen Zwecke des Rechtsverkehrs hinaus wird durch die Berechtigung zum Abruf der Informationen für jedermann nach § 9 Abs. 1 S. 1 HGB unterstrichen. Das Informationsinteresse von Dritten an möglichst umfassenden und detaillierten Tatsachen im Handelsregister steht im Spannungsverhältnis mit einem möglichen Geheimhaltungsinteresse der im Handelsregister eingetragenen natürlichen oder juristischen Personen. Aus diesem Spannungsverhältnis folgt letztendlich der Umfang der gesetzlich verpflichtenden Angaben zu anmeldepflichtigen Tatsachen.[472]

c) Prüfungs- und Kontrollfunktion

Das Handelsregister hat im Zusammenhang mit der Publizitäts- und Informationsfunktion auch eine Prüfungs- und Kontrollfunktion.[473] Bevor eine Tatsache in das Handelsregister eingetragen wird, erfolgt eine gerichtliche Prüfung, in formeller wie materieller Hinsicht.[474]

Die Kontrollfunktion ist im Zusammenhang mit der positiven und negativen Publizität des Handelsregisters zu sehen.[475] Um die Wirkungen der Publizität nicht allein auf die Angaben der eintragungspflichtigen Personen zu stützen, bedarf es zum Schutz des Rechtsverkehrs einer unabhängigen Instanz, die eine Prüfung der einzutragenden Tatsachen vornimmt. Die Kontrollfunktion ergänzt somit die Publizitätsfunktion.[476]

Besonders wichtig ist die Kontrollfunktion des Handelsregisters im Hinblick auf Kapital- und Personenhandelsgesellschaften. Für Kapitalgesellschaften, wie die Aktiengesellschaft[477] oder die GmbH[478], hat die Eintragung eine konstitutive Wirkung, da sie ihre Rechtspersönlichkeit und damit ihre Existenz erst mit der Eintragung im Handelsregister erhalten. Der Gesetzgeber hat bestimmte

---

472 Vgl. *Krafka*, Registerrecht, 11. Auflage 2019, Rn. 85.
473 *Koch*, in: Großkomm. HGB, 5. Auflage 2009, § 8 Rn. 3.
474 Vgl. BGH NJW 2015, S. 2116 Rn. 20; *Koch*, in: Großkomm. HGB, 5. Auflage 2009, § 8 Rn. 3.
475 Vgl. BGH NJW 2015, S. 2116 Rn. 18; *Merkt*, in: Hopt HGB, 41. Auflage 2022, § 8 Rn. 1.
476 *Koch*, in: Großkomm. HGB, 5. Auflage 2009, § 8 Rn. 3.
477 Vgl. § 44 Abs. 1 S. 1 AktG. Vor der Eintragung im Handelsregister haften die Handelnden gem. § 44 Abs. 1 S. 2 AktG persönlich.
478 Vgl. § 11 Abs. 1 GmbHG. Vor der Eintragung im Handelsregister haften die Handelnden der Vor-GmbH persönlich gem. § 11 Abs. 2 GmbHG.

Gründungserfordernisse festgelegt, die bei der Eintragung vom jeweiligen Registergericht geprüft werden, § 38 AktG, § 9c GmbhG.[479] Der Geschäftsverkehr vertraut bei einer im Handelsregister eingetragenen Kapitalgesellschaft darauf, dass diese ordnungsgemäß gegründet wurde, weiterhin besteht und bei der GmbH das eingetragene Stammkapital[480] oder bei der AG das eingetragene Grundkapital[481] von den Gesellschaftern oder Aktionären tatsächlich geleistet wurde.

Das Registergericht kann im Rahmen des Amtsermittlungsgrundsatzes nach § 26 FamFG von dem Antragssteller weitere Auskünfte verlangen und weitere Unterlagen anfordern, um die Prüfungs- und Kontrollfunktion zu erfüllen.

4. Die Struktur des Handelsregisters

a) Zuständigkeit

aa) Sachliche und örtliche Zuständigkeit

Das Handelsregister ist gem. § 8 Abs. 1 HGB in Verbindung mit § 23 a Abs. 2 Nr. 3 und Nr. 4 GVG von den Amtsgerichten zu führen Die Aufgabe zur Registerführung obliegt somit nicht der Verwaltung und gehört gem. § 374 Nr. 1 FamFG zu den Registersachen im Sinne der freiwilligen Gerichtsbarkeit.[482] Sachlich ist gem. § 376 Abs. 1 FamFG in Verbindung mit § 1 HRV dasjenige Amtsgericht zur Führung des Handelsregisters zuständig, in dessen Bezirk es Landgericht gibt.[483] Das jeweilige Amtsgericht ist sodann für den gesamten Landgerichtsbezirk zuständig.[484] Es wurde breit diskutiert, ob die Führung des Handelsregisters von den Amtsgerichten auf die Industrie- und Handelskammern verlagert werden sollte.[485] In diesem Zusammenhang hat der Bundesrates[486]

479 *Ulmer*, ZRP 2000, S. 47, 49.

480 § 5 Abs. 1 GmbHG.

481 § 6 AktG.

482 *Koch*, in: Großkomm. HGB, 5. Auflage 2009, § 8 Rn. 13.

483 Gem. § 376 Abs. 2 FamFG kann eine Landesregierung abweichende Registerbezirke durch Rechtsverordnung festlegen. Eine Auflistung der verschiedenen Bestimmungen über Registerbezirke zur Führung der jeweiligen Handelsregister findet sich bei *Krafka*, Registerrecht, 11. Auflage 2019, Rn. 13.

484 *Krafka*, Registerrecht, 11. Auflage 2019, Rn. 12.

485 Ausführlich hierzu. *Ulmer*, ZRP 2000, S. 47.

486 Entwurf des Bundesrates vom 02.02.2006 über ein Gesetz zur Führung des Handelsregisters, des Genossenschaftsregisters, des Partnerschaftsregisters und des Vereinsregisters durch von den Ländern bestimmte Stellen – Register-Führungsgesetz (RFüG), BT-Drs. 16/515.

einen Gesetzesentwurf eingebracht, wonach es den Ländern überlassen sein sollte, für die Führung des Handelsregisters zuständige Stellen zu bestimmen, also bei Bedarf auch die jeweilige Industrie- und Handelskammer.[487] Dieses Gesetzesvorhaben wurde allerdings nicht umgesetzt. Stattdessen hat der Gesetzgeber im Rahmen des EHUG strukturelle Probleme beseitigt, die im Rahmen der Diskussion über einen Systemwechsel aufgezeigt worden waren.[488]

Die örtliche Zuständigkeit richtet sich nach der Rechtsform des jeweiligen Rechtsträgers. Einzelkaufleute und juristische Personen nach § 33 HGB müssen sich an dem Ort ihrer Hauptniederlassung anmelden, § 29 HGB. Für Handelsgesellschaften und den Versicherungsverein auf Gegenseitigkeit (VVaG) ist der Sitz der Gesellschaft entscheidend.[489]

bb) Funktionelle Zuständigkeit

Die Aufgaben des Registergerichts werden von Richtern, Rechtspflegern und Urkundsbeamten der Geschäftsstelle wahrgenommen.[490] Das Gesetz unterscheidet streng, welche Handlungen der Richter selbst vornehmen muss oder inwieweit diese von einem Rechtspfleger oder Urkundsbeamten der Geschäftsstelle vorgenommen werden können. Soweit nicht durch Rechtsverordnung einer Landesregierung nach § 19 Abs. 1 RPflG der Richtervorbehalt aufgehoben worden ist, ist es dem Richter nach § 17 Nr. 1 RPflG zum Beispiel vorbehalten, die Ersteintragung von Kapitalgesellschaften sowie von Zweigniederlassungen vergleichbarer ausländischer Gesellschaften vorzunehmen.[491]

Hinzu kommen nach § 17 Nr. 2 RPflG die den Amtsgerichten nach § 375 FamFG zugewiesenen unternehmensrechtlichen Verfahren (mit einigen Ausnahmen) nach § 17 Nr. 2 lit. a–d RPflG.[492]

b) Einrichtung des Handelsregisters

Das Handelsregister ist in die Abteilungen A und B unterteilt, § 3 Abs. 1 HRV. Die Abteilung A beinhaltet gem. § 3 Abs. 2 HRV Einzelkaufleute, juristische

---

487 *Koch*, in: Großkomm. HGB, 5. Auflage 2009, § 8 Rn. 13.

488 *Koch*, in: Großkomm. HGB, 5. Auflage 2009, § 8 Rn. 13.

489 §§ 106 Abs. 1, 161 Abs. 2 HGB, §§ 14, 278 Abs. 3 AktG, § 7 Abs. 1 GmbHG, § 30 Abs. 1 VAG.

490 *Krafka*, Registerrecht, 11. Auflage 2019, Rn. 16.

491 *Krafka*, Registerrecht, 11. Auflage 2019, Rn. 18, der Richter ist zuständig für die AG, SE, GmbH, KGaA und eines VVaG.

492 *Krafka*, Registerrecht, 11. Auflage 2019, Rn. 19.

Personen gem. § 33 HGB und die Personenhandelsgesellschaften.[493] Die Abteilung B beinhaltet gem. § 3 Abs. 3 HRV die Kapitalgesellschaften.[494] Nach dieser Unterteilung wird gem. § 13 HRV für jeden Einzelkaufmann, jede juristische Person und jede Handelsgesellschaft in der entsprechenden Abteilung unter einer fortlaufenden Nummer ein Registerblatt angelegt.[495]

Die Anlegung eines Registerblatts erfolgt nach erstmaliger Anmeldung zur Eintragung des Rechtsträgers in das Handelsregister.

Der Rechtsträger erhält eine fortlaufende Nummer unter Angabe der zuständigen Abteilung (HRA oder HRB). Anders als im Grundbuch, das auf dem öffentlich vermessenen Liegenschaftskataster beruht, wird die erstmalige Eintragung eines Rechtsträgers immer durch den jeweiligen Rechtsträger angestoßen.

Die Eintragung im Handelsregister kann für den Rechtsträger sowohl existenzbegründend als auch von anderweitiger konstitutiver Natur sein. Eine Gesellschaft mit beschränkter Haftung besteht gem. § 11 Abs. 1 GmbHG vor Eintragung nicht als GmbH, sondern lediglich als Vor-GmbH oder Gesellschaft bürgerlichen Rechts.

Betreibt eine natürliche Person ein Handelsgewerbe, so ist die Anmeldung rein deklaratorisch und somit nicht existenzbegründend. Allerdings kann ein Unternehmer, dessen Gewerbe nicht die Voraussetzungen an ein Handelsgewerbe nach § 1 Abs. 2 HGB erfüllt, erst dann als Kaufmann „existieren", wenn er im Handelsregister eingetragen ist, § 2 HGB.

Das Registerblatt wiederum ist aufgeteilt ist verschiedene Spalten, um eine bessere Übersicht der Eintragungen zu erhalten. Neben dem Registerblatt wird gem. § 9 Abs. 1 HRV auch ein Registerordner geführt. Der Registerordner enthält die zu einer Anmeldung im Handelsregister eingereichten Dokumente wie zum Beispiel Satzungen, Gesellschaftsverträge oder Gesellschafterlisten.[496] Die Registerordner entsprechen den alten Sonderbänden, welche noch in Papierform geführt wurden.[497]

Neben dem Registerblatt und dem Registerordner müssen gem. § 8 Abs. 1 S. 1 HRV von den Registergerichten außerdem Registerakten geführt werden. Dabei ist für jedes Registerblatt, also jeden im Handelsregister eingetragenen

---

493 *Preuß*, in: Oetker HGB, 7. Auflage 2021, § 8 Rn. 16.

494 *Preuß*, in: Oetker HGB, 7. Auflage 2021, § 8 Rn. 16.

495 *Koch*, in: Großkomm. HGB, 5. Auflage 2009, § 8 Rn. 21.

496 *Koch*, in: Großkomm. HGB, 5. Auflage 2009, § 8 Rn. 22; *Preuß*, in: Oetker HGB, 7. Auflage 2021, § 8 Rn. 17.

497 *Preuß*, in: Oetker HGB, 7. Auflage 2021, § 8 Rn. 17.

Rechtsträger, eine solche Registerakte zu führen. In der Registerakte werden Dokumente zur internen Führung und Bearbeitung der Registerblätter gesammelt. Dies beinhaltet die Korrespondenz zwischen Gericht und Antragsteller, Gutachten wie zum Beispiel solche der Industrie- und Handelskammer oder Verfügungen des Gerichts.[498]

c) *Eintragungsfähige Tatsachen*

Es ist zwischen eintragungsfähigen und nicht eintragungsfähigen Tatsachen zu unterscheiden. Eine Tatsache kann nur dann in das Handelsregister eingetragen werden, wenn dies durch das HGB, Nebengesetze zum Handelsrecht oder in analoger Anwendung einer Norm sowie richterlicher Rechtsfortbildung vorgesehen ist.[499] Neben der Eintragungsfähigkeit muss eine Tatsache auch eintragungs- und somit anmeldepflichtig sein. Die meisten eintragungsfähigen Tatsachen müssen von dem die Tatsache betreffenden Rechtsträger beim zuständigen Registergericht angemeldet werden. Ob eine Tatsache anmeldepflichtig ist, ergibt sich aus dem Gesetz. In Ausnahmefällen kann sich eine Anmeldepflicht aufgrund von Rechtsfortbildung ergeben, wie zum Beispiel bei Unternehmensverträgen mit einer Gewinnabführungs- und Beherrschungsvereinbarung bei einer GmbH.[500]

d) *Elektronische Führung und Abrufbarkeit des Handelsregisters*

Das Handelsregister ist gem. § 8 Abs. 1 HGB von den Amtsgerichten bundesweit elektronisch zu führen. Seit Inkrafttreten des Gesetzes zur Umsetzung der Digitalisierungsrichtlinie (DiRUG) am 01.08.2022 existieren Eintragungen im Handelsregister selbst nur als Internum bei den Amtsgerichten und sind nicht allgemein zugänglich.[501] Der Rechtsverkehr kann nach § 9 Abs. 1 S. 1, 2 HGB die Informationen aus dem Handelsregister über ein elektronisches Informations- und Kommunikationssystem abrufen. Für die Abrufbarkeit sind weiterhin die Landesjustizverwaltungen der Länder verantwortlich, § 9 Abs. 1 S. 2 HGB. Die früher geltende Doppelung der Abrufbarkeit von Handelsregisterauszügen und der Abrufbarkeit der Bekanntmachungen über das elektronische Informations- und Kommunikationssystem wurde aufgegeben.[502] Die Informationen

---

498 *Koch*, in: Großkomm. HGB, 5. Auflage 2009, § 8 Rn. 22.
499 *Gesmann-Nuissl*, in: Ensthaler GK-HGB, 8. Auflage 2015, § 8 Rn. 13.
500 BGH DNotZ 1992, S. 721.
501 Vgl. *Lieder*, DNotZ 2021, S. 830, 835; *Linke*, NZG 2021, S. 309, 313.
502 *Lieder*, DNotZ 2021, S. 830, 831; *Linke*, NZG 2021, S. 309, 312.

sollen unverzüglich nach Vornahme der Eintragung im Handelsregister über das Informations- und Kommunikationssystem abrufbar sein, um eine effektive Publizität zu bewirken.[503]

Gem. § 47 Abs. 1 HRV müssen die Grundsätze einer ordnungsgemäßen Datenverarbeitung eingehalten werden, die Inhalte auf Dauer in lesbarer Form wiedergegeben werden können und die Anforderungen an Art. 24, 25 und 32 DSGVO erfüllt werden. Diese Grundsätze sind identisch mit denen eines Datenbankgrundbuchs nach § 126 Abs. 1 GBO.[504]

Ein Ausdruck aus dem Handelsregister kann entweder chronologisch, also mit Anzeige der nicht mehr aktuellen und rot gestrichenen Eintragungen oder aktuell, also nur mit den aktuell gültigen Eintragungen, erteilt und abgerufen werden, § 30a Abs. 4 HRV.[505]

Gem. § 7 HRV sind die Registerordner, die die bezüglich einer Handelsregisteranmeldung einzureichenden Dokumente enthalten, ebenfalls elektronisch zu führen. Dies bedeutet, dass eingereichte Dokumente digital in den Registerordner eingestellt werden.[506] Die Registerakten müssen dagegen nicht elektronisch geführt werden, es sei denn, dies wird gem. § 8 Abs. 3 HRV von der Landesjustizverwaltung entsprechend angeordnet.

5. Registerverfahren

a) Anmeldung und Amtsverfahren

Eine Eintragung im Handelsregister erfolgt grundsätzlich aufgrund öffentlich beglaubigter Anmeldung in elektronischer Form gem. § 12 Abs. 1 S. 1 HGB. Die Anmeldung stellt einen Antrag gem. § 25 FamFG dar und ist als solcher bedingungsfeindlich.[507] Anmeldung und Antrag sind also synonym zu verwenden. In seltenen Fällen erfolgt eine Eintragung von Amts wegen.[508]

---

503 *Lieder*, DNotZ 2021, S. 830, 832.

504 Vgl. oben Kapitel 3:I.3.b)aa), die Vorschriften des § 126 Abs. 1 GBO zum Datenbankgrundbuch und § 47 Abs. 1 HRV zum elektronischen Handelsregister sind teilweise identisch.

505 *Krafka*, Registerrecht, 11. Auflage 2019, Rn. 55. Zusätzlich stellen die Gerichte für die Zeit vor der Überführung der Einträge in das elektronische Handelsregister auch historische Handelsregisterauszüge in elektronischer Form zur Verfügung.

506 *Schaub*, in: EBJS HGB, 4. Auflage 2020, § 8 Rn. 40.

507 *Krafka*, Registerrecht, 11. Auflage 2019, Rn. 78.

508 *Krafka*, Registerrecht, 11. Auflage 2019, Rn. 75.

Die Anmeldung muss die eintragungsfähige Tatsache klar und eindeutig wiedergeben, ohne jedoch einem bestimmten Wortlaut zu entsprechen.[509]

b) Prüfung

aa) Registergericht

Das Registergericht muss aufgrund der Pflicht, ein rechtmäßiges Verfahren einzuhalten, eine formelle Prüfung jeder Anmeldung vornehmen.[510] Es müssen neben der sachlichen und örtlichen Zuständigkeit das Vorliegen einer Anmeldung, die Eintragungsfähigkeit der angemeldeten Tatsachen, das Vorliegen aller erforderlichen Anlagen, etwaige familiengerichtliche Genehmigungen sowie die Ordnungsmäßigkeit der Anmeldung bezüglich Vertretungsbefugnissen, Rechtsfähigkeit und Berechtigung geprüft werden.

Eine materielle Prüfung muss das Gericht dagegen nur dann vornehmen, *„wenn begründete Zweifel an der Wirksamkeit der zur Eintragung angemeldeten Erklärungen oder der Richtigkeit der mitgeteilten Tatsachen bestehen"*.[511] Daraus ergibt sich, dass nur bei begründeten Zweifeln ein Recht zur weiteren Prüfung und Erforschung des Sachverhalts besteht und gleichzeitig das Registergericht zur Eintragung verpflichtet ist, wenn keine begründeten Zweifel bestehen.[512] Die Prüfung ist auf die Plausibilität der reinen Tatsachen, die sich aus den vorgelegten Unterlagen ergeben, beschränkt.[513]

bb) Der Notar und seine Funktionen im Rahmen der Prüfung

(1) Filter- und Entlastungsfunktion durch notarielle Vorprüfung

Der Prüfung durch das Registergericht geht eine notarielle Vorprüfung voraus. § 378 Abs. 3 S. 1 FamFG sieht vor, dass Registeranmeldungen zur Filterung und damit Entlastung der Gerichte von einem Notar auf Eintragungsfähigkeit und Vollständigkeit hin zu prüfen sind.[514] Gem. § 378 Abs. 3 S. 2 FamFG muss die Anmeldung in Handelsregistersachen zudem durch einen Notar an das Handelsregister weitergeleitet werden. Damit ist jedoch nicht die tatsächliche

509 *Krafka*, Registerrecht, 11. Auflage 2019, Rn. 76.
510 *Ries*, in: Röhricht/Graf von Westphalen/Hass HGB, 5. Auflage 2018, § 8 Rn. 32.
511 BGH NZG 2011, S. 907, 907.
512 *Schaub*, in: EBJS HGB, 4. Auflage 2020, § 8 Rn. 137.
513 *Schaub*, in: EBJS HGB, 4. Auflage 2020, § 8 Rn. 139.
514 Vgl. BT-Drs. 18/10607, S. 106; *Krafka*, Registerrecht, 11. Auflage 2019, Rn. 137; *Apfelbaum/Bettendorf*, RNotZ 2007, S. 89, 93.

Anmeldung zur Eintragung gem. § 12 Abs. 1 S. 1 HGB gemeint, sondern lediglich die tatsächliche Vorlage der Unterlagen beim Handelsregistergericht durch den Notar.[515] Die Verpflichtung, auch materiell eine Vorprüfung vorzunehmen, ob Anmeldungen eintragungsfähig sind, besteht unabhängig davon, ob die eingereichten Anmeldungen von dem einreichenden Notar oder einem Dritten entworfen worden sind.

Die Prüfungspflicht des Notars umfasst nur solche Tatsachen, die im Handelsregister eingetragen werden, nicht jedoch die Prüfung von Dokumenten, die beim Registergericht einzureichen sind.[516]

Außerdem beschränkt sich der Umfang der Prüfung des Notars auf die abstrakte Antragstellung sowie die Eintragungsfähigkeit der beantragten Tatsache.[517] Die Prüfung des Notars soll somit keine Prüfung des Registergerichts hinsichtlich der Zuständigkeit des Gerichts, inhaltlicher Richtigkeit der Dokumente oder der Anmeldeberechtigung ersetzen.[518]

(2) Identitätsfeststellung

Neben der Filterung von Anträgen und der Entlastung der Registergerichte obliegt den Notaren die sichere Feststellung der Identität der beteiligten Personen im Rahmen der öffentlichen Beglaubigung.[519] Nach § 40 Abs. 4 in Verbindung mit § 10 Abs. 1, 2 und 3 S. 1 BeurkG soll sich der Notar Gewissheit über die Beteiligten verschaffen und diese so bezeichnen, dass Verwechslungen und Zweifel ausgeschlossen werden können.[520] Die Feststellung der Identität ist die herkömmliche Funktion der Notare im Registerwesen und wurde in der Praxis erst nach und nach um die Filter- und Entlastungsfunktion erweitert, bis diese durch die notarielle Vorprüfung in § 378 Abs. 3 FamFG auch gesetzlich festgehalten wurden.[521]

Nach § 40 Abs. 1 BeurkG soll eine Unterschrift durch einen Notar nur beglaubigt werden, wenn der Notar sie vollzogen oder anerkannt hat. In der Praxis ist die Frage der Gültigkeit von nach ausländischem Recht vorgenommenen

---

515 *Krafka*, Registerrecht, 11. Auflage 2019, Rn. 139.

516 *Krafka*, Registerrecht, 11. Auflage 2019, Rn. 138.

517 *Krafka*, Registerrecht, 11. Auflage 2019, Rn. 138a.

518 *Krafka*, Registerrecht, 11. Auflage 2019, Rn. 138a.

519 Siehe oben Grundbuch Kapitel 3:I.4.c)bb); *Hecht*, MittBayNot 2020, S. 314, 320; *Diehn/Rachlitz*, DNotZ 2017, S. 487, 488 f.

520 *Theilig*, in: BeckOKG, 01.05.2022, BeurkG § 40 Rn. 4; *Diehn/Rachlitz*, DNotZ 2017, S. 487, 488.

521 Vgl. BT-Drs. 18/10607, S. 106.

Beurkundungen und die Möglichkeit der Substitution des Beurkundungsverfahrens nach deutschem Recht ein häufiges Problem.[522] Nach dem BGH muss eine ausländische Beurkundung gegenüber einer deutschen Beurkundung gleichwertig sein.[523] Der Abgleich einer Unterschrift mit einer Unterschriftprobe durch einen ausländischen Notar, eine sogenannte Fernbeglaubigung, genügt nicht den Anforderungen an die Feststellung der Identität nach § 40 BeurkG und ist somit nicht gleichwertig.[524] Die durch das DiRUG eingeführte grundsätzliche Möglichkeit der Beurkundung von Willenserklärungen mittels eines Videokommunikationssystems nach § 16a Abs. 1 BeurkG muss gesetzlich für ein Beurkundungsverfahren festgeschrieben sein. Die Online-Gründung einer GmbH hat der Gesetzgeber in § 2 Abs. 3 GmbHG für zulässig erklärt.[525] Nach dem ausdrücklichen Willen des Gesetzgebers zum Gesetz zur Ergänzung der Regelungen zur Umsetzung der Digitalisierungsrichtlinie (DiREG) bedarf es weiterhin einer Gleichwertigkeit einer durch einen ausländischen Notar vorgenommenen Beurkundung.[526] Ist nach deutschem Recht eine Präsenzbeurkundung vorgeschrieben, kann diese somit nicht durch eine online durchgeführte Beurkundung eines ausländischen Notars ersetzt werden. Die Rechtsprechung zu Fernbeglaubigungen bleibt somit grundsätzlich bestehen.

Auch bei einer zulässigen Beurkundung mittels Videokonferenz muss ein Notar gem. § 16a Abs. 2 BeurkG seinen Amtspflichten nachkommen und sich insbesondere Gewissheit über die Identität und Geschäftsfähigkeit der erklärenden Personen verschaffen. Die Funktion des Notars ist somit durch die Möglichkeit der Beurkundung mittels Videokonferenz nicht geschmälert.

Dem Notar obliegt jedoch nicht nur die reine Feststellung der Identität im Rahmen einer öffentlichen Beglaubigung. Er prüft nach § 40 Abs. 2 BeurkG, ob Gründe bestehen, seine Amtstätigkeit zu versagen. Die Legalitätskontrolle nach § 40 Abs. 2 BeurkG ist somit eine Evidenzkontrolle.[527] Ein Notar muss seine Amtstätigkeit danach versagen, wenn für den Notar erkennbare Anzeichen für Mangel in der Geschäftsfähigkeit oder der Freiwilligkeit der abzugebenden Willenserklärungen bestehen. Weitergehend erfasst der Notar die Staatsangehörigkeit und Informationen zum Güterstand.[528]

---

522 *Heckschen/Knaier*, NZG 2022, S. 885, 886.

523 BGH NGZ 2014, S. 219.

524 OLG Karlsruhe, Beschluss, 20.04.2022 1 W 25/22; vgl. DNotI-Report 2022, S. 102.

525 Ausführlich *Keller/Schümmer*, NZG 2021, S. 573.

526 RegE DiREG, BT-Drs. 20/1672, S. 13; *Heckschen/Knaier*, NZG 2022, S. 885, 886.

527 *Theilig*, in: BeckOKG, 01.05.2022, BeurkG § 40 Rn. 26.

528 *Heneweer*, FGPrax 2004, S. 259, 260.

(3) Belehrungs- und Beratungsfunktion

Der Notar hat gem. § 17 Abs. 1 BeurkG die Aufgabe, die Beteiligten über die rechtliche Tragweite ihres Handelns im Rahmen der Beurkundung von Willenserklärungen aufzuklären, sodass die Urkunde ihren tatsächlichen Willen widerspiegelt.[529] Die Vorschrift ist Kernelement der Belehrungs- und Beratungsfunktion des Notars.[530]

Für bestimmte Anträge auf Eintragung im Handelsregister ist eine Belehrung der Anmeldenden explizit vorgegeben. So müssen bei der Anmeldung einer Gesellschaft die Geschäftsführer nach § 8 Abs. 3 S. GmbHG sowie jeder neue Geschäftsführer einer Gesellschaft nach § 39 Abs. 3 GmbHG versichern, dass keine Umstände vorliegen, die der Bestellung zum Geschäftsführer nach § 6 Abs. 2 S. 2 Nr. 2 und 3, S. 3 GmbHG[531] entgegenstehen, und sie über die unbeschränkte Auskunftspflicht gegenüber dem Registergericht belehrt wurden.[532]

Bei dem Umfang der Belehrungs- und Beratungsfunktion ist hinsichtlich des tatsächlichen Tätigwerdens des Notars zu unterscheiden. Bei der isolierten Beglaubigung einer Anmeldung hat der Notar typischerweise keine Belehrungs- oder Beratungspflichten. Ist eine Belehrung gesetzlich erforderlich, wie bei der Anmeldung von Geschäftsführern oder Vorständen, wird die Belehrung in der Praxis oftmals durch den beglaubigenden Notar durchgeführt.[533]

c) Rechtswirkung einer Eintragung

aa) Registerpublizität

Die maßgebliche Publizitätswirkung des Handelsregisters tritt mit der Bekanntmachung der Eintragungen im Wege der Abrufbarkeit im elektronischen Informations- und Kommunikationssystem nach § 9 Abs. 1 HGB ein, da die

529 *Lerch*, Beurkundungsgesetz, 5. Auflage 2016, § 17 Rn. 1, 17.

530 *Regler*, in: BeckOKG, 01.05.2022, BeurkG § 17 Rn. 1 ff.

531 Die Fälle beinhalten das gerichtliche Verbot zur Berufsausübung oder die Verurteilung vorsätzlich begangener Straftaten im Handelswesen, zum Beispiel im Rahmen einer Insolvenzverschleppung oder falschen Darstellungen nach dem HGB, AktG oder GmbHG.

532 Entsprechend für Vorstände § 81 Abs. 3 AktG. Die Belehrung kann durch ein Gericht, einen Notar oder einen im Ausland bestellten Notar, durch einen Rechtsanwalt oder Konsularbeamten vorgenommen werden, vgl. *Servatius*, in: Noack/Servatius/Haas GmbHG, 23. Auflage 2022, § 8 Rn. 16; *Jaeger*, in: BeckOK GmbHG, 48. Edition 2021, § 8 Rn. 20.

533 *Beurskens*, in: Noack/Servatius/Haas GmbHG, 23. Auflage 2022, § 39 Rn. 22.

Eintragungen selbst nur als Internum bestehen und durch den Rechtsverkehr nicht direkt eingesehen werden können.[534] Die Registerpublizität unterscheidet sich in die oben genannten Fälle der negativen und positiven Publizität.[535]

(1) Negative Publizität gemäß § 15 Abs. 1 HGB

Gem. § 15 Abs. 1 HGB besteht eine negative Publizität für einzutragende Tatsachen, die nicht im Handelsregister eingetragen und bekannt gemacht wurden. Derjenige, in dessen Angelegenheiten die Tatsache einzutragen ist, kann sich gegenüber einem Dritten nicht auf eine vom Handelsregister abweichende tatsächliche Rechtslage berufen. Die erstmalige Abrufbarkeit einer Eintragung über das elektronische Informations- und Kommunikationssystem ist für den Zeitpunkt der Bekanntmachung maßgeblich.[536]

Die negative Publizität gilt nur bezüglich eintragungspflichtiger Tatsachen, und zwar sowohl für solche deklaratorischer als auch konstitutiver Natur.[537]

(2) Positive Publizität § 15 Abs. 3 HGB

Neben der in der Praxis wichtigeren negativen Publizität normiert § 15 Abs. 3 HGB ebenfalls eine positive Registerpublizität. Die positive Registerpublizität nach § 15 Abs. 3 HGB gilt ebenso nur für eintragungspflichtige Tatsachen.[538] Danach kann sich ein Dritter demgegenüber, in dessen Angelegenheit eine Tatsache einzutragen war, auf eine einzutragende und bekannt gemachte Tatsache, die unrichtig eingetragen ist, berufen, wenn er die Unrichtigkeit nicht positiv kannte.

bb) Rechtswirkung von eingetragenen und bekanntgemachten Tatsachen

Eine Eintragung im Handelsregister muss ein Dritter gem. § 15 Abs. 2 S. 1 HGB sich gegenüber geltend lassen, wenn diese bekanntgemacht wurde. Erfolgt eine Rechtshandlung innerhalb von fünfzehn Tagen nach der Bekanntmachung, muss der Dritte die Tatsache nur bei besserem Wissen oder fahrlässiger Unkenntnis gegen sich gelten lassen, § 15 Abs. 2 S. 2 HGB.

---

534 *Lieder*, DNotZ 2021, S. 830, 833.

535 Siehe oben Kapitel 4:I.3.a).

536 *Lieder*, DNotZ 2021, S. 830, 833.

537 *Merkt*, in: Hopt HGB, 41. Auflage 2022, § 15 HGB Rn. 5; *Lieder*, DNotZ 2021, S. 830, 834.

538 *Merkt*, in: Hopt HGB, 41. Auflage 2022, § 15 HGB Rn. 18.

cc) Die deklaratorische und konstitutive Bedeutung

Eine Eintragung ins Handelsregister kann deklaratorische oder konstitutive Wirkung haben. Ist eine konstitutive Wirkung hinsichtlich einer eintragungsfähigen Tatsache nicht gesetzlich normiert, hat die Eintragung dieser Tatsache deklaratorischen Charakter.

dd) Beweisrechtliche Bedeutung

Inwieweit eine Eintragung im Handelsregister auch eine beweisrechtliche Bedeutung hat, ist umstritten.[539] Für das Grundbuch ist in § 891 BGB die Vermutung der Richtigkeit einer eingetragenen Tatsache normiert, sodass nach § 292 ZPO die Tatsache im Prozess nicht bewiesen werden muss, aber das Gegenteil bewiesen werden kann.[540] Dies bedeutet eine Beweislastumkehr zugunsten desjenigen, in dessen Angelegenheit die Tatsache eingetragen worden ist. Für das Handelsregister fehlt es jedoch an einer solchen Norm, sodass ein Rückgriff auf § 292 ZPO nicht ohne Weiteres eröffnet ist.

Entscheidend für die Frage der Beweiswirkung einer Handelsregistereintragung ist der Umfang der Prüfung durch das Registergericht vor Eintragung.

Aufgrund des geringeren Prüfungsumfangs des Handelsregistergerichts gegenüber dem Grundbuchamt vertritt eine Ansicht, dass durch eine Eintragung im Handelsregister nur der Anschein des ersten Beweises erbracht wird.[541] Demgegenüber wird vorgebracht, dass trotz geringerer Prüfungsintensität die Registerkontrolle durch das Registergericht eine Vermutungswirkung und eine damit einhergehende Beweislastumkehr rechtfertige.[542] Im Ergebnis ist aufgrund des geringen Prüfungsumfangs des Registergerichts und der Abweichung zum Grundbuchwesen nach § 891 BGB hat eine Registereintragung nur den Anschein des ersten Beweises, der erschüttert werden kann. Richtigerweise sind die Unterschiede in der Praxis gering, da die Erschütterung des Anscheins dargelegt werden muss.[543]

---

539 *Ries*, in: Röhricht/Graf von Westphalen/Hass HGB, 5. Auflage 2018, § 8 Rn. 57.

540 *Preuß*, in: Oetker HGB, 7. Auflage 2021, § 8 Rn. 57.

541 *Müther*, in: BeckOK HGB, 15.04.2022, § 8 Rn. 18; *Merkt*, in: Hopt HGB, 41. Auflage 2022, § 9 Rn. 14.

542 *Preuß*, in: Oetker HGB, 7. Auflage 2021, § 8 Rn. 57.

543 Vgl. *Preuß*, in: Oetker HGB, 7. Auflage 2021, § 8 Rn. 57.

d) *Entscheidung des Registergerichts*

Je nachdem, wie die Prüfung ausfällt, können verschiedene Entscheidungen über eine Anmeldung vom Registergericht gefällt werden.[544]

Der Richter kann gem. § 27 Abs. 1 HRV die Eintragung der entsprechenden Tatsache und deren Bekanntmachung selbst durchführen oder diese Aufgabe an einen Urkundsbeamten der Geschäftsstelle verfügen. Es kann gem. § 381 FamFG das Verfahren ausgesetzt werden. Gem. § 382 Abs. 4 FamFG kann durch das Registergericht eine Zwischenverfügung erlassen werden oder der Antrag kann gem. § 382 Abs. 3 FamFG abgelehnt werden.

Die Löschung einer im Handelsregister eingetragenen Tatsache folgt den gleichen Verfahrensvoraussetzungen wie die einer Eintragung. Allerdings ist zu beachten, dass auch ein Löschungsverfahren von Amts wegen durchgeführt werden kann, also ohne vorherige Anmeldung der betreffenden Person. Außerdem ist die Berichtigung von offensichtlichen Unrichtigkeiten, insbesondere von Schreibfehlern, von Amts wegen gem. § 17 HRV möglich.[545]

Gegen eine erfolgte Eintragung im Handelsregister ist lediglich die Beschwerde gem. § 38 Abs. 3 FamFG zulässig.[546]

6. Leseberechtigung

Gem. § 9 Abs. 1 S. 1 HGB kann jeder zu Informationszwecken in das Handelsregister durch Abruf der Informationen über das elektronische Informations- und Kommunikationssystem Einsicht nehmen. Mit dem Handelsregister ist der Inhalt der Registerblätter sowie der dazugehörigen Registerordner samt den aufgenommenen Dokumenten gemeint.[547] Für die Einsicht in das Registerblatt und den Registerordner bedarf es keines gesondert dargelegten besonderen Interesses.[548] Die Einsicht in die Registerakte eines Rechtsträgers ist dagegen gem. § 13 Abs. 2 FamFG, wie im Grundbuch gem. § 12 Abs. 1 S. 1 GBO, an ein berechtigtes Interesse geknüpft.[549]

Die Einsicht in das Registerblatt und die Registerordner kann als automatisierter Datenabruf online gem. § 9 Abs. 1 HGB in Verbindung mit § 52 S. 1

544 *Ries*, in: Röhricht/Graf von Westphalen/Hass HGB, 5. Auflage 2018, § 8 Rn. 43.
545 *Krafka*, Registerrecht, 11. Auflage 2019, Rn. 201.
546 *Krafka*, Registerrecht, 11. Auflage 2019, Rn. 192a.
547 Vgl. *Koch*, in: Großkomm. HGB, 5. Auflage 2009, § 8 Rn. 22.
548 *Krafka*, Registerrecht, 11. Auflage 2019, Rn. 48.
549 *Koch*, in: Großkomm. HGB, 5. Auflage 2009, § 8 Rn. 22.

HRV vorgenommen werden. Die Einsicht kann gem. § 52 S. 2 HRV nur in das ausgewählte Registerblatt genommen werden, ohne eine gezielte Suche nach natürlichen Personen zu ermöglichen. Gem. § 53 HRV wird jede Einsichtnahme protokolliert.[550]

II. Die Nutzung der Blockchain-Technologie für das Handelsregister

1. Das Handelsregister als Informationsregister ohne die Tokenisierung der Eintragung

Auf den ersten Blick besteht eine Diskrepanz zwischen dem Handelsregister als Informationsregister und einer Blockchain als Transaktionsregister.[551] Wie oben ausgeführt, kann eine Blockchain als Datenbank auch lediglich Informationen speichern, ohne digitale Werte zu schaffen. Jedoch müssen die Informationen stets als Transaktion abgebildet werden.[552] Es bedarf somit einer technischen Verknüpfung der zu speichernden Informationen mit den in der Blockchain stetig hinzugefügten Transaktionen. Auf diese Weise kann eine Blockchain neben der Speicherung von Transaktionen zusätzlich auch zur reinen Dokumentation von Tatsachen im Sinne eines Informationsregisters genutzt werden.[553]

Fraglich ist, wie eine Eintragung im Handelsregister mit einer Transaktion auf einer Blockchain in technischer Art verknüpft werden kann, damit die Anforderungen an die Struktur des Handelsregisters erfüllt werden und die Informationen dem Rechtsverkehr lesbar zur Verfügung stehen. Eine Möglichkeit besteht in einer rein technischen Verknüpfung der Eintragungen mit Transaktionen auf einer Blockchain. Die Transaktionen stehen bei dieser Abbildung des Handelsregisters auf einer Blockchain in keiner logischen oder inhaltlichen Verbindung zu den Eintragungen. Die Transaktionen sind lediglich Mittel zum Zwecke der digitalen Abbildung des Handelsregisters auf einer Blockchain.

Die technische Umsetzung einer Verknüpfung ohne logische oder inhaltliche Verbindung kann anhand der Bitcoin-Blockchain dargestellt werden. Bei der Bitcoin-Blockchain kann die Verknüpfung über den sogenannten „payload“ hergestellt werden, welcher einen Datensatz innerhalb eines neuen Blocks auf

---

550 *Krafka*, Registerrecht, 11. Auflage 2019, Rn. 48.

551 *Prinz/Rose/Osterland/Putschli*, in: Digitalisierung, 2018, S. 311, 312.

552 Siehe oben Kapitel 2:III.1.

553 *Knaier/Wolff*, BB 2018, S. 2253, 2256.

der Blockchain beschreibt.[554] In diesen Teil des Blocks, welcher den Transaktionen eines neuen Blocks hintenangestellt ist, kann jede Art von Information geschrieben werden und somit Teil der gesamten Blockchain werden. Durch den Zeitstempel eines Blocks können Informationen oder Tatsachen und deren Vorliegen zum Zeitpunkt der durchgeführten Transaktion genau bestimmt und im Nachhinein verifiziert werden.[555]

Überträgt man das Konzept der Verknüpfung von Informationen auf die Architektur einer Handelsregister-Blockchain, setzt dies voraus, dass auf der Blockchain Transaktionen von Token durchgeführt werden. Denkbar ist es, eine bestehende Blockchain wie Bitcoin oder Ethereum zu nutzen oder eine eigene Handelsregister-Blockchain zu konzipieren. Bei einer eigenen Handelsregister-Blockchain besteht der Vorteil, dass keine Token mit einem wirtschaftlichen Gegenwert transferiert werden müssen. Würde man die Eintragungen im Handelsregister auf Bitcoin oder Ethereum im „payload" der Transaktionen aufführen, müsste auch immer eine Transaktion von Bitcoin oder Ether stattfinden, welche neben dem Wert der durchgeführten Transaktionen auch noch zusätzliche Kosten verursacht.

Bei Ethereum muss sogenanntes „Gas" zur Durchführung einer Transaktion gezahlt werden, bei Bitcoin wird ebenfalls eine Transaktionsgebühr erhoben, um Miner an für die Weiterführung des Netzwerkes zu belohnen.[556] Durch die Entrichtung einer höheren Gebühr steigt auch die Geschwindigkeit der Verifizierung einer Transaktion, da Miner neue Transaktionen nach der Höhe der Gebühr verifizieren.[557]

Wird das Handelsregister auf einer bestehenden Blockchain wie Bitcoin oder Ethereum über den „payload" geführt, müssten alle Registergerichte Nodes dieser Blockchain werden. Es würde nur eine solche Blockchain in Frage kommen, bei der die Registergerichte als Nodes volle Schreib- und Leseberechtigung erhalten, um die Zuständigkeit des Handelsregisters abbilden zu können.

Als Inhalt des Handelsregisters würden dann nur solche Transaktionen und deren Informationen im „payload" auf der Blockchain gelten, die von einem Registergericht durchgeführt wurden.

---

554 *Knaier/Wolff*, BB 2018, S. 2253, 2256.

555 *Knaier/Wolff*, BB 2018, S. 2253, 2256.

556 Vgl. *Denga*, BKR 2022, S. 288, 294; https://www.nextmarkets.com/de/handel/glossar/blockchain/gebuehren, zuletzt abgerufen am 04.08.2022.

557 Vgl. https://de.bitcoinwiki.org/wiki/Transaktionsgebuhren, zuletzt abgerufen am 04.08.2022.

Im Ergebnis könnte eine Handelsregister-Blockchain entweder über eine bestehende Blockchain oder eine neu programmierte Handelsregister-Blockchain mittels Speicherung der Informationen als „payload“ umgesetzt werden.

Die Speicherung der Daten des Handelsregisters im „payload“ würde keine Tokenisierung einer Eintragung bewirken, sondern lediglich die Art der Speicherung von einem derzeit zentralen Netzwerk auf ein dezentrales Netzwerk ändern. Es könnte zwar der Vorteil der Manipulationssicherheit der Blockchain-Technologie genutzt werden, nicht jedoch die weiteren Vorteile einer Tokenisierung oder Disintermediation.

2. Die Umsetzung der Registereigenschaften auf einer Handelsregister-Blockchain

Im Nachfolgenden wird die Umsetzung der Registereigenschaften an einer ausschließlich für das Handelsregister genutzten Blockchain betrachtet und nur dort ein Unterschied zur Speicherung über den „payload“ einer Transaktion auf einer Blockchain beschrieben, wo er auftritt. Es wird nun auch die Tokenisierung des Handelsregisters durch eine Blockchain untersucht, um mögliche Vorteile der Blockchain-Technologie durch eine Tokenisierung und Disintermediation zu prüfen. Die Nutzung einer Handelsregister-Blockchain als tokenisiertes Informationsregister kann nicht von Anfang an als unvorteilhaft angesehen werden, nur weil das Handelsregister keinen Bedarf an der Tokenisierung digitaler Werte hat.[558] Eine digitale Handelsregistereintragung ist mit einem Token, der eine Eintragung in einer Datenbank darstellt, technisch vergleichbar.[559] Dies gilt unabhängig von der Tokenisierung eines digitalen Wertes oder einer digitalen Information.

a) Struktur

aa) Zuständigkeiten

Die sachliche und örtliche Zuständigkeit der Amtsgerichte kann durch eine bundeseinheitliche Handelsregister-Blockchain durch entsprechende Berechtigungen technisch umgesetzt werden. Die einzelnen Amtsgerichte könnten jeweils als vollständig berechtigte Nodes diese Handelsregister-Blockchain führen, indem nur die Amtsgerichte einen neuen Block schreiben und validieren

---

558 Davon ausgehend *Knaier/Wolff*, BB 2018, S. 2253, 2256 f.

559 Siehe bereits oben Kapitel 2:III.3.a).

können.[560] Jedes Amtsgericht wäre sodann für die in seinem Bezirk anfallenden Aufgaben weiterhin allein sachlich und örtlich zuständig.

Ebenfalls denkbar ist eine Struktur, bei der die einzelnen Länder jeweils eine eigene Handelsregister-Blockchain programmieren. Die so entstehenden Handelsregister-Blockchains müssten miteinander interoperabel sein, um den nationalen Datenaustausch sowie die in § 9b HGB vorgeschriebene Vernetzung der europäischen Handelsregistersysteme über das europäische Justizportal zu gewährleisten.

Die funktionelle Zuständigkeit der einzelnen Organe, also der Richter, Rechtspfleger und Urkundsbeamten, könnte unabhängig von der Ausgestaltung einer Handelsregister-Blockchain weiterhin Bestand haben. Die Berechtigungen zum Schreiben bestimmter Inhalte würde sich somit nach § 17 Nr. 1 RPflG richten und Zugriffsrechte müssten innerhalb des Registergerichts intern geregelt werden.

bb) Einrichtung des Handelsregisters

Die Einrichtung des Handelsregisters in die Abteilungen A und B müsste auch bei einer Handelsregister-Blockchain entsprechend umgesetzt werden können. Dies erfordert, dass eine Transaktion auf der Handelsregister-Blockchain eine Unterscheidung zwischen den Abteilungen vornehmen und entsprechend bei der Darstellung der Inhalte des Handelsregisters diese wiedergeben können muss. Ein Token eines Rechtsträgers müsste somit eine eindeutige Kennung als A oder B beinhalten. Dies ist durch eine Kennung mittels der Registernummer, wie es auch heute schon geschieht, möglich.

cc) Tokenisierung von eintragungsfähigen Tatsachen

Die eintragungsfähigen Tatsachen sind von der Speicherung und Führung eines Handelsregisters unabhängig. Jede Eintragung kann textbasiert und maschinenlesbar in einem neuen Block gespeichert werden.

Es gilt zu prüfen, wie bloße Tatsacheninformationen im Handelsregister als Transaktionen auf einer Handelsregister-Blockchain abgebildet werden können, ohne diese lediglich als „payload“ mit einer Transaktion zu verknüpfen, also wie eine eingetragene Tatsache als Token auf einer Handelsregister-Blockchain abgebildet werden könnte.

---

560 *Knaier*, GmbHR 2017, S. R305, R306.

Anknüpfungspunkt für die Implementierung von Token für eine Eintragung muss der jeweilige eingetragene Rechtsträger sein. Auch bei der derzeitigen Führung des Handelsregisters werden Eintragungen unter der Registernummer des entsprechenden Rechtsträgers vorgenommen. Ein Token stellt, wie bereits erläutert, immer einen Datenbankeintrag dar.[561] Es müsste bei der Gründung einer Handelsgesellschaft oder Ersteintragung der Kaufmannseigenschaft ein entsprechender Token ausgegeben werden, welcher eindeutig identifiziert werden kann. Die Identifizierung kann anhand der bereits bestehenden fortlaufenden Nummer nach § 13 HRV vorgenommen werden. Jede Eintragung im Handelsregister müsste mit diesem Token verknüpft werden können, um alle Eintragungen bezüglich einer Registernummer, also eines Rechtsträgers, darstellen zu können. Auf diese Weise würde jede Eintragung im Handelsregister selbst einen Token abbilden.

Eine weitere Möglichkeit besteht darin, das gesamte Registerblatt eines Rechtsträgers als Token auf der Handelsregister-Blockchain abzubilden. Bei einer Eintragung auf dem Registerblatt würde immer das ganze Registerblatt mit der jeweiligen Änderung in einem neuen Block gespeichert werden.[562] Indem das Registerblatt als Token über einen Referenzwert auf der Handelsregister-Blockchain zurückverfolgt werden kann,[563] können die Änderungen bezüglich eines Rechtsträgers auf der Handelsregister-Blockchain entsprechend zurückverfolgt und über ein elektronisches Informations- und Kommunikationssystem nach § 9 Abs. 1 S. 2 HGB durch Abruf lesbar gemacht werden.

Es besteht aus rechtlicher Sicht kein Unterschied zwischen der Tokenisierung jeder einzelnen Eintragung im Handelsregister und der Tokenisierung des gesamten Registerblattes, da es sich nicht um digitalisierte Werte, sondern um tokenisierte Informationen handelt. Die Unterschiede bestehen allein in der Art der technischen Darstellung, da jeweils die Lesbarkeit des Inhalts des Handelsregisters über ein elektronisches Informations- und Kommunikationssystem gegeben ist. Für die praktische Umsetzung der Einführung und Schaffung eines blockchainbasierten Handelsregisters ist somit die Lösung vorzugswürdig, die in der konkreten Programmierung einer Handelsregister-Blockchain einen geringeren Aufwand bedeutet.

---

561 Siehe oben Kapitel 2:III.3.a).

562 *Knaier/Wolff*, BB 2018, S. 2253, 2257.

563 *Knaier/Wolff*, BB 2018, S. 2253, 2257.

Auch bei der Speicherung als „payload" müssen die Eintragungen einem Rechtsträger logisch zugeordnet werden können, um alle Eintragungen bezüglich eines Rechtsträgers durch ein Programm auslesen zu können.

dd) Die Elektronische Führung des Handelsregisters

Es ist zu untersuchen, ob ein blockchainbasiertes Handelsregister die gesetzlichen Anforderungen an eine elektronische Führung des Handelsregisters erfüllt.

Für ein blockchainbasiertes Handelsregister müssen, wie auch beim Grundbuch, einige grundlegende Voraussetzungen gegeben sein, damit eine Führung durch die Registergerichte in Form einer Blockchain möglich ist. Grundvoraussetzung ist ein elektronisches, textbasiertes Handelsregister, welches maschinenlesbar ist. Die einzelnen Handelsregister werden nach § 8 HGB bereits textbasiert und digital geführt und sind somit maschinenlesbar. Im Gegensatz zum Grundbuch, wo nach § 126 Abs. 1 S. 1 HS. 2 GBO eine digitale und maschinenlesbare Führung lediglich möglich ist, aber nicht in allen Ländern umgesetzt ist, schreibt § 8 HGB die elektronische Führung bundeseinheitlich zwingend vor. § 47 Abs. 1 HRV stellt die Grundsätze einer elektronischen Führung dar. Diese können, wie auch bei einer Grundbuch-Blockchain, durch eine Handelsregister-Blockchain umgesetzt werden.

Die Grundsätze einer ordnungsgemäßen Datenverarbeitung können über die entsprechende Programmierung des Blockchain-Protokolls eingehalten werden, die dezentrale Speicherung und Verknüpfung der Blockkette mittels Hashwerten sichert die Daten auf einer Blockchain gegen einen Datenverlust ab und speichert die Daten auf Dauer inhaltlich unverändert, § 47 Abs. 1 Nr. 1, 2 HRV. Die Abrufbarkeit und Lesbarkeit der Daten auf einer Blockchain kann durch ein elektronisches Informations- und Kommunikationssystem dargestellt werden, um die Informationen dem Rechtsverkehr zur Verfügung zu stellen. Die datenschutzrechtlichen Anforderungen können ebenfalls erfüllt werden.[564]

§ 48 HRV konkretisiert die Anforderungen an die Art und Weise des elektronisch zu führenden Registers. Dort heißt es: „Bei dem elektronisch geführten Handelsregister ist der in den dafür bestimmten Datenspeicher aufgenommene und auf Dauer unverändert in lesbarer Form wiedergabefähige Inhalt des Registerblattes (§ 13 Abs. 1) das Handelsregister."

Unveränderliche Speicherung bedeutet, dass keine rückwirkende Änderung oder Löschung einer Eintragung vorgenommen werden kann.[565] Änderungen

564 Siehe oben Kapitel 3:II.1.a)bb)(1).

565 *Krafka*, Registerrecht, 11. Auflage 2019, Rn. 55.

oder Löschungen können nur für die Zukunft vorgenommen werden, sodass die Historie der Eintragungen weiterhin erkennbar ist.[566] Grund hierfür ist ein vollumfänglicher Schutz des Rechtsverkehrs, der nicht nur ein Interesse am Status quo einer Handelsgesellschaft oder eines Kaufmanns hat, sondern auch an der Chronologie der vollzogenen Eintragungen, da sich das Informationsinteresse auch auf Rechtsverhältnisse in der Vergangenheit beziehen kann.[567]

Eine Handelsregister-Blockchain kann die konkretisierenden Anforderungen nach § 48 HRV umsetzen, wenn die Handelsregister-Blockchain ausreichend gegen Manipulationsversuche geschützt ist. Eine Blockchain speichert grundsätzlich Transaktionen in unveränderbarer Weise fortlaufend in einzelnen Blöcken, sodass eine rückwirkende Änderung oder Löschung einer Handelsregistereintragung technisch verhindert werden kann. Die nachträgliche Manipulation einer Handelsregister-Blockchain kann jedoch nicht gänzlich ausgeschlossen werden und bleibt ein stetiges Restrisiko. Eine Manipulation kann infolge der Übernahme von der Mehrheit der Nodes der Handelsregister-Blockchain vorgenommen werden.[568] Wenn ausschließlich Behörden, zum Beispiel Registergerichte oder Landesjustizbehörden, als vollberechtigte Nodes einer Handelsregister-Blockchain zugelassen werden, ist eine Manipulation durch die Mehrheit der Nodes im gleichen Maße unwahrscheinlich wie eine Manipulation des bestehenden elektronischen Handelsregisters durch die Registergerichte.

Außerdem müssen die Eintragungen in Form von Token auf einer Handelsregister-Blockchain den Inhalt des Registerblatts wiedergeben können. Die Wiedergabe in lesbarer Form könnte durch ein Programm ermöglicht werden, das die Daten der Handelsregister-Blockchain ausliest und dem Rechtsverkehr zum Abruf bereitstellt. Notwendig ist, wie bereits beschrieben, eine logische Verknüpfung und Zuordnung der jeweiligen Token zu einem Rechtsträger mittels der Registernummer.

Da auch bei einem blockchainbasierten Handelsregister die Antragsteller Dokumente einreichen müssen, müssen die Registerordner und die dort abzulegenden Dokumente in elektronischer Form gem. § 7 HRV auf der Handelsregister-Blockchain gespeichert und im Nachhinein verifiziert werden können. Es könnten die Hashwerte der einzelnen Dokumente auf der Handelsregister-Blockchain gespeichert werden.[569] Auf diese Weise könnte

566 *Krafka*, Registerrecht, 11. Auflage 2019, Rn. 55.
567 Vgl. BGH NJW 2015, S. 2116, 2117.
568 Siehe oben Kapitel 2:III.2.c)cc).
569 Vgl. *Knaier/Wolff*, BB 2018, S. 2253, 2256.

die Integrität der Daten zu einem bestimmten Zeitpunkt über den Zeitstempel des jeweiligen Blocks sichergestellt werden. Im Nachhinein könnte durch Erstellung des Hashwertes eines Dokuments und Überprüfung des Hashwertes auf der Handelsregister-Blockchain gewährleistet werden, dass das Dokument zu dem entsprechenden Zeitpunkt in der Form bestand. Auf diese Weise ist es möglich, den Inhalt der Registerordner und sogar die Registerakten auf der Handelsregister-Blockchain abzubilden.

Die Speicherung eines Hashwerts ermöglicht jedoch nur die Überprüfung eines Dokuments im Hinblick auf eine nachträgliche Veränderung. Das Dokument selbst wird dabei nicht gespeichert. Es genügt somit nicht den Anforderungen an eine elektronische Führung nach §§ 8 Abs. 1 HGB, 48, 7 HRV, wenn nur der Hashwert gespeichert wird, da auf diese Weise der Inhalt nicht in lesbarer Form wiedergegeben werden kann. Es müssen die Inhalte der Registerordner und -akten in lesbarer Form durch die Registergerichte gespeichert werden. Die Speicherung könnte, wie auch die Eintragung im Handelsregister, direkt auf der Handelsregister-Blockchain vorgenommen werden, wenn dies technisch als Transaktion abgebildet wird. Eine Speicherung der Registerordner und -akten auf einer Handelsregister-Blockchain in lesbarer Reinform ist jedoch aufgrund der Redundanz einer Blockchain unvorteilhaft, da die zu speichernde Datenmenge deutlich vergrößert wird. Es ist vorteilhafter, die Registerordner und -akten „off-chain" in einer Datenbank, also nicht auf der Handelsregister-Blockchain, zu speichern. Durch Hinterlegung des Hashwertes eines oder mehrerer Dokumente auf der Handelsregister-Blockchain, aufgrund derer eine Eintragung vorgenommen wird, kann in Verbindung mit einem zentralen, digitalen Speicherort der Registerordner und -akten eine Überprüfung der Dokumente stattfinden. Soll eine nachträgliche Veränderung eines Dokuments überprüft werden, muss das Dokument mittels der vorher Festgelegten Hashfunktion gehasht werden. Stimmt der auf die Weise generierte Hashwert des lesbaren Dokuments in der Datenbank „off-chain" mit dem auf der Handelsregister-Blockchain zum Zeitpunkt der Eintragung hinterlegten Hashwert des entsprechenden Dokuments überein, ist eine nachträgliche Veränderung ausgeschlossen.[570] Die Datenmenge eines Hashwertes ist geringer als die Datenmenge mehrerer Dokumente in lesbarer Form, sodass die auf der Handelsregister-Blockchain zu speichernde Datenmenge geringer ist als bei der Speicherung der Registerordner und -akten in lesbarer Reinform.

570 Siehe oben Kapitel 2:III.4.a)bb).

Im Falle einer Diskrepanz zwischen dem auf der Handelsregister-Blockchain hinterlegten Hashwert für ein Dokument und dem generierten Hashwert des hinterlegten Dokuments in den Registerordnern und -akten bleibt die Eintragung weiterhin wirksam und behält ihre Publizitätswirkung nach § 15 HGB bei. Es muss in diesem Fall geklärt werden, ob bei der Speicherung des Hashwertes auf der Handelsregister-Blockchain zum Zeitpunkt der Eintragung ein Fehler unterlaufen ist, zum Beispiel der Hashwert des falschen Dokuments hinterlegt wurde, oder ob das in den Registerordnern und -akten hinterlegte Dokument tatsächlich nachträglich Verändert wurde.

Stellt sich heraus, dass die hinterlegten Dokumente die Originaldokumente sind und diese nicht nachträglich verändert wurden, kann die Eintragung durch das Registergericht berichtigt werden.

Durch die Hinterlegung der Hashwerte der Inhalte der Registerordner und -akten auf der Handelsregister-Blockchain zusammen mit der Speicherung der Inhalte in einer Datenbank abseits der Handelsregister-Blockchain sind auch die Anforderungen an eine elektronische Führung gem. §§ 8 Abs. 1 HGB, 48, 7 HRV erfüllt, da die Informationen der Registerordner und -akten in einem Datenspeicher aufgenommen und in lesbarer Form wiedergabefähig sind und durch die Speicherung der Hashwerte eine nachträgliche Veränderung verhindert wird.

b) Registerverfahren

aa) Anmeldung und Amtsverfahren

Die Anmeldung zur Eintragung in das Handelsregister würde als elektronischer Antrag eingereicht werden. Dies ist beim elektronischen Handelsregister bereits der Fall. Eine Anmeldung könnte somit einen Antrag auf Eintragung in einem neuen Block auf der Handelsregister-Blockchain darstellen. Die Anfragen zur Speicherung einer Eintragung in einem neuen Block würden gesammelt und nach und nach geprüft werden. Das Verfahren ist vergleichbar mit dem jetzigen Registerverfahren, bei dem die Bearbeitung nach Eingang vorgenommen wird.

Für die Stellung des elektronischen Antrags müsste der jeweilige Antragsteller, regelmäßig der Notar, als ein Node auf die Handelsregister-Blockchain zugreifen können und Anträge zur Validierung durch einen vollwertigen Node, zum Beispiel ein Registergericht, senden können.

Alternativ könnte ein Antrag auch außerhalb der Handelsregister-Blockchain an das Registergericht gestellt werden. Das Registergericht würde sodann den Antrag prüfen und die Eintragung auf die Handelsregister-Blockchain entsprechend überführen. Nachteil einer sogenannten „off chain"-Antragstellung ist eine fehlende Überprüfung des Eingangs (Zeitstempel) durch die

Handelsregister-Blockchain selbst, sodass eine weitere Schnittstellenproblematik geschaffen wird und die es daher zu verhindern gilt.

Der Inhalt einer Anmeldung auf Eintragung muss in Form eines strukturierten Datensatzes dargestellt werden, wie dies auch jetzt schon teilweise beim elektronischen Handelsregister durch XML-Strukturdaten der Fall ist.[571]

bb) Prüfung

Zu untersuchen ist, inwieweit die gesetzlich gebotene Prüfung durch das Registergericht und die Notare auf einer Handelsregister-Blockchain umgesetzt werden kann.

(1) Registergericht

Das Registergericht müsste auch weiterhin die Möglichkeit haben, eine Anmeldung zum Handelsregister formal prüfen zu können, bevor diese als Eintragung in einem neuen Block auf der Handelsregister-Blockchain wirksam wird. Es muss durch die Programmierung der Handelsregister-Blockchain technisch sichergestellt werden, dass eine Eintragung nur nach einer Prüfung durch das Registergericht vorgenommen wird. Ein neuer Block zur Fortführung der Handelsregister-Blockchain, dessen Inhalt eine Anmeldung zum Handelsregister ist, dürfte nur aus vom zuständigen Registergericht geprüften und für eintragungsfähig anerkannten Anmeldungen bestehen. Indem die Berechtigung zur Validierung eines neuen Blocks nur den Registergerichten zukommt, würde die Prüfungskompetenz des Registergerichts weiterhin bestehen bleiben. Ein Block könnte dann nur wirksam der Handelsregister-Blockchain hinzugefügt werden, wenn er vorher durch das zuständige Registergericht genehmigt wurde. Dadurch kann eine Eintragung weiterhin durch das Registergericht vorgenommen werden. Der Prüfungsumfang des Registergerichts auf formale Umstände und offensichtliche materielle Mängel würde weiterhin bestehen bleiben, sodass keine strukturelle Änderung an dieser Stelle notwendig ist.

(2) Notar

Die Umsetzung der notariellen Vorprüfung könnte durch die Nutzung digitaler Signaturen im Rahmen einer *public key infrastructure* durch Notare und Registergerichte ermöglicht werden.[572] Eine Anmeldung müsste durch die Signatur

---

571 *Kilian*, in: Hauschild/Kallrath/Wachter, 3. Auflage 2022; § 7 Rn. 37; *Knaier/Wolff*, BB 2018, S. 2253, 2257.

572 Siehe zur *public key structure* (PKI) oben Kapitel 2:III.5.

eines Notars, dessen öffentliche Adresse und Identität hinterlegt ist, bestätigt werden. Die digitale Signatur des Notars würde eine notarielle Vorprüfung voraussetzen.

Der Prüfungsvermerk könnte in einem standardisierten Antrag als Pflichtfeld bestehen und mit der digitalen Signatur eines Notars als erfüllt gelten, wie dies auch heute schon beim elektronischen Handelsregister technisch möglich wäre, auch wenn derzeit noch ein ausdrücklicher Prüfungsvermerk im Anschreiben oder Beglaubigungsvermerk verlangt wird.[573]

Der Notar könnte auf diese Art die Filter- und Entlastungsfunktion, die Identitätsfeststellung sowie die Beratungsfunktion im Rahmen einer Anmeldung zur Handelsregister-Blockchain erfüllen. Wenn der Notar als Node Zugang zu der Handelsregister-Blockchain hat, kann er schneller mit den Registergerichten kommunizieren, ohne eine weitere Schnittstellen zu schaffen.

cc) Rechtswirkung einer Eintragung

Eine Eintragung in der Handelsregister-Blockchain müsste, im Zusammenhang mit der Bekanntmachung der Informationen, ebenfalls negative und positive Publizität entfalten, um den vollen Nutzen des Handelsregisters für den Rechtsverkehr zu entfalten. Die Frage der Publizität einer Registereintragung könnte dabei von der Art der Speicherung des Registers unabhängig sein. Ob ein Handelsregister als Blockchain oder aber als zentrale Datenbank geführt wird, entscheidet nicht über die Rechtswirkung von Eintragungen. Die Rechtswirkung, der Gutglaubensschutz, kann bei einem Register nur per Gesetz festgelegt werden, für das Handelsregister durch § 15 HGB.[574]

Zu prüfen ist allerdings, ob eine Führung des Handelsregisters als Blockchain weiterhin eine Rechtswirkung nach § 15 HGB rechtfertigt. Die negative und positive Publizität einer Eintragung im Handelsregister wird dadurch gerechtfertigt, dass dieses durch die Registergerichte geführt wird und aufgrund der notariellen Vorprüfung ein „Gatekeeper" besteht, wodurch neutrale Stellen, also Intermediäre, die Richtigkeit der Angaben zu gewissen Teilen überprüfen und das Handelsregister dadurch als Rechtsscheinträger dient.[575]

Indem also das Registergericht die Eintragungen auf der Handelsregister-Blockchain vornimmt und jede Eintragung weiterhin eine notarielle Vorprüfung

573 Vgl. *Müther*, in: BeckNotar-HdB, 7. Auflage 2019, § 26 Rn. 90; *Everts*, in: BeckNotar-HdB, 7. Auflage 2019, § 1 Rn. 489 f. betreffend einen Grundstückskauf.

574 Vgl. *Weiss*, JuS 2019, S. 1050, 1052.

575 Vgl. *Knaier/Wolff*, BB 2018, S. 2253, 2258.

erfordert, ist ein ausreichendes Maß an Überprüfung einer Eintragung auf der Handelsregister-Blockchain gegeben, sodass auch die entsprechende Rechtswirkung einer Eintragung bestehen kann. Dies gilt für die negative und positive Publizität sowie für die konstitutive oder deklaratorische Wirkung von Eintragungen.

dd) Entscheidung des Registergerichts

Die Entscheidungsmöglichkeiten des Registergerichts können unverändert bleiben. Bei einer Zwischenverfügung müsste diese technisch so umgesetzt werden, dass der antragstellende Notar eine Benachrichtigung erhält und entsprechend reagieren kann.

c) Leseberechtigung

Die Einsicht in das Handelsregister müsste zu Informationszwecken jeder natürlichen Person offenstehen, § 9 Abs. 1 S. 1 HGB. Dies könnte durch eine Handelsregister-Blockchain umgesetzt werden, die zwar durch die Registergerichte als Nodes gespeichert wird, deren Informationen aber frei abrufbar zur Einsicht für jedermann sind. Um der Einsichtnahme nach § 9 Abs. 1 S. 1 HGB zu genügen, müssten die Daten auf der Handelsregister-Blockchain so ausgelesen werden können, dass sie in Klarnamen die entsprechenden Informationen wiedergeben. Dies kann dadurch sichergestellt werden, dass ein entsprechendes Programm die Daten ausliest und so für die Einsichtnahme lesbar macht.

3. Designanforderungen an eine Handelsregister-Blockchain

Nachdem die Möglichkeiten einer Umsetzung der gesetzlichen Anforderungen des Handelsregisters für eine Handelsregister-Blockchain untersucht wurden, stellt sich die anschließende Frage, welche technischen Designanforderungen an eine Handelsregister-Blockchain bezüglich des Konsensmechanismus, der Art der Token, der Identifizierung der Teilnehmer sowie der Schreib- und Leseberechtigungen bestehen.

a) Konsensmechanismus

Der Konsensmechanismus könnte als Proof-of-Work-Verfahren ausgestaltet werden. Indem die Registergerichte bestimmen, welche Eintragungen valide sind und in einem neuen Block der Handelsregister-Blockchain hinzugefügt werden sollen, kann durch ein Proof-of-Work-Verfahren aus einem vorgegebenen Pool von validen Eintragungen die jeweils nächste ausgewählt und Teil der Handelsregister-Blockchain werden. Der Proof-of-Work könnte durch die Registergerichte durchgeführt werden, da diese die neu zu speichernden Blöcke als einzige vollberechtigte Nodes validieren.

Alternativ könnte auch ein Proof-of-Stake-Konsensmechanismus genutzt werden, bei dem die zu validierenden Nodes vorher festgelegt werden. Die Nodes, also die Registergerichte oder Landesjustizverwaltungen, würden wie beim Proof-of-Work die einzigen berechtigten Nodes zur Validierung eines neuen Blocks darstellen.

Ein Node muss jedoch nicht die in einem Block zu validierenden Eintragungen auch vorher geprüft und geschrieben haben. Die Validierung eines neuen Blocks könnte sich auf die Integrität der Daten nach den Vorgaben des Protokolls beschränken, also ob ein schreibberechtigter Node die Eintragung zur Validierung freigegeben hat. Die Validierung könnte automatisiert durchgeführt werden und erfordert keine händische Überprüfung der Daten.

Der Proof-of-Stake-Konsensmechanismus hat gegenüber dem Proof-of-Work-Konsensmechanismus den Vorteil, dass eine geringere Rechenleistung für die Validierung eines neuen Blocks erforderlich ist und somit weniger Kosten anfallen. Für den Betrieb einer staatlichen Handelsregister-Blockchain wäre ein Proof-of-Stake-Konsensmechanismus somit vorteilhafter.

b) Die Token-Art einer Handelsregister-Blockchain

Wie bereits aufgezeigt, bestehen unterschiedliche technische Umsetzungsmöglichkeiten, Eintragungen im Handelsregister als Token darzustellen. Es kann entweder jede Eintragung im Handelsregister als Token auf einer Handelsregister-Blockchain abgebildet werden oder es kann einen Token für ein gesamtes Registerblatt eines Rechtsträgers geben.

Notwendig ist in beiden Fällen, dass die Token über einen Referenzwert auf der Blockchain eindeutig identifiziert werden können. Nur auf diese Weise kann ein Programm die Eintragungen bezüglich eines Rechtsträgers anhand des Referenzwertes auf der Handelsregister-Blockchain zurückverfolgen und somit den Registerinhalt vollumfänglich darstellen.[576] Die Nutzung von Token mit einem Referenzwert kann, wie auch beim tokenisierten Grundbuch, durch nicht-fungible Token, NFT, technisch umgesetzt werden.[577] Ein NFT hat eine eindeutige Token-ID, welche als Referenzwert gilt. Die Token-ID eines NFT

576 Vgl. *Knaier/Wolff*, BB 2018, S. 2253, 2257.
577 Siehe oben Kapitel 3:II.2.b).

kann stellvertretend für die Registernummer stehen. Auf diese Weise würden entweder alle zu einer Registernummer gehörenden Token über die Token-ID identifiziert werden können oder es würde der Registerblatt-Token über die Registernummer eindeutig identifiziert werden können.

Der Registerblatt-Token würde stets die aktuelle Registerlage bezüglich eines Registerblatts abbilden.[578] Bei jeder Eintragung würde somit eine inhaltliche Änderung eines Registerblatt-Token vorgenommen und nur der Referenzwert würde gleichbleiben. Eine inhaltliche Änderung eines Tokens könnte man auch als jeweils neuen Token im Sinne eines Datenbankeintrages bezeichnen. Für die technische Umsetzung ist es irrelevant, ob man den Referenzwert, also die Token-ID, mit einem möglichen unterschiedlichen Inhalt als ein und denselben Token bezeichnet oder ein und derselbe Token immer nur einen Referenzwert mit demselben Inhalt darstellen soll. Je nach Art der Bezeichnung besteht eine Kette eines Registerblatt-Tokens mit derselben Token-ID und unterschiedlichem Inhalt oder es besteht eine Kette von unterschiedlichen Registerblatt-Token mit derselben Token-ID.

Wie oben ausgeführt, dienen Blockchain-Lösungen primär der Umsetzung von Transaktionen, so dass sich die Frage stellt, wie eine Eintragung im Handelsregister als Transaktion auf einer Handelsregister-Blockchain umgesetzt werden kann.[579] Die Transaktion eines Tokens stellt die Änderung der Verfügungsberechtigung des Tokens als Datenbankeintrag dar.[580] Beim Handelsregister werden jedoch keine digitalen Werte durch Token verfügt, sondern „nur“ Aktualisierungen bezüglich des Registerblattinhalts eines Rechtsträgers vorgenommen. Es muss somit möglich sein, die Aktualisierung eines Tokens, sei es das Registerblatt als Token oder eine einzelne Eintragung als Token, technisch als Transaktion abzubilden.

Ein Token könnte anstatt einer Änderung in der Verfügungsberechtigung stets nur mit dem Referenzwert in einem neuen Block gespeichert werden.[581] Auf diese Weise könnte die Kette der Änderungen an einem Token über die Token-ID als Referenzwert technisch erkannt werden.

Es würde somit eine „Transaktion“ lediglich in Form einer Aktualisierung eines Tokens abgebildet werden. Die Manipulationssicherheit und die eindeutige Identifizierung der in einer Handelsregister-Blockchain gespeicherten Token

---

578 In diesem Sinne wohl auch *Knaier/Wolff*, BB 2018, S. 2253, 2257.
579 Siehe oben Kapitel 2:III.1.
580 *Kaulartz/Matzke*, NJW 2018, S. 3278, 3278; siehe oben Kapitel 2:III.3.
581 *Knaier/Wolff*, BB 2018, S. 2253, 2257.

könnten durch die Kette der Aktualisierungen der Token trotzdem gewährleistet werden. Anstatt einer Verkettung von Änderungen der Verfügungsberechtigungen eines Tokens würde eine Kette von Änderungen des Inhalts eines Tokens auf einer Handelsregister-Blockchain abgebildet werden.

Im Ergebnis können nicht-fungible Token auf diese Weise als komplettes Registerblatt oder als jeweilige einzelne Eintragung auf einer Handelsregister-Blockchain genutzt werden. Die Token würden jeweils nur aktualisiert werden und die Kette der Aktualisierungen wäre über die Handelsregister-Blockchain durch die jeweilige Token-ID als Referenzwert zurückverfolgbar. Technisch einfacher umzusetzen könnte die Entsprechung des Registerblatts als ein Token sein, da auf diese Weise nur die Kette an Aktualisierungen an einem Token bezüglich eines Rechtsträgers zurückverfolgt werden müsste.

Die Abbildung von Registerordnern auf einer Handelsregister-Blockchain könnte technisch ebenfalls umgesetzt werden, wenn die Dokumente der Registerordner über einen Referenzwert einem Registerblatt zugeordnet werden. Die Abbildung der Registerakten ist nicht notwendig, da diese nur intern genutzt werden. Gleichwohl könnten Registerakten digitalisiert werden, um Schnittstellen zu der Handelsregister-Blockchain zu schaffen. Vorzugsweise sollten Registerordner und -akten jedoch nur über einen Hashwert auf der Handelsregister-Blockchain abgebildet werden und in lesbarer Reinform „off-chain" in einer internen Datenbank gespeichert werden.[582]

c) Die Berechtigungen zur Validierung, zum Schreiben und zum Lesen

Eine Handelsregister-Blockchain muss in ihrer Validierungsberechtigung beschränkt und somit *permissioned* sein, damit allein die Registergerichte weiterhin ihrer Prüfungskompetenz nachkommen und neue Eintragungen in Form von Blöcken freigeben können. Das bedeutet, dass nur die Registergerichte vollwertige Nodes mit der Berechtigung zur Freigabe von Blöcken und somit zum Validieren neuer Blöcke auf der Handelsregister-Blockchain sind. Die Blöcke würden nach dem gewählten Konsensmechanismus von vollberechtigten Nodes validiert werden.

Die Schreibberechtigung für den zu validierenden Inhalt müsste ebenfalls beschränkt, also *permissioned*, sein, um das Antragsverfahren durch Notare abzubilden. Notare könnten so als verifizierte Nodes auf der

582 Siehe oben Kapitel 4:II.2.a)dd).

Handelsregister-Blockchain Anträge zur Eintragung im Handelsregister stellen.[583]

Das Recht zur Einsichtnahme für jedermann zu informativen Zwecken ermöglicht dagegen eine öffentliche Handelsregister-Blockchain, eine sogenannte *public* Blockchain. Das bedeutet, dass die komplette Handelsregister-Blockchain und die in den Blöcken gespeicherten Daten durch jede Person eingesehen werden können. Dies würde jedoch dem derzeitigen System der Führung des Handelsregisters als reines Internum und der Abrufbarkeit des Inhalte über ein elektronisches Informations- und Kommunikationssystem nach § 9 Abs. 1 HGB widersprechen.[584]

Alternativ kann der Inhalt der Handelsregister-Blockchain auch über ein elektronisches Informations- und Kommunikationssystem dem Rechtsverkehr zum Abruf zugänglich gemacht werden. Die Handelsregister-Blockchain wäre *private* und nicht öffentlich einsehbar. Dies würde der derzeitigen Systematik entsprechen, wenn durch eine Schnittstelle zwischen der intern geführten Handelsregister-Blockchain und einem elektronischen Informations- und Kommunikationssystem die Inhalte des Handelsregisters für jedermann zur Einsichtnahme abrufbar gemacht werden, ohne dass die Handelsregister-Blockchain direkt eingesehen werden kann. Wenn es technisch möglich ist, eine Schnittstelle ohne nennenswerten Zeitverlust zwischen einer Handelsregister-Blockchain und dem elektronischen Informations- und Kommunikationssystem darzustellen, ist diese Möglichkeit vorzugswürdig. Die Lesbarkeit der Informationen des Handelsregisters wäre für den Rechtsverkehr nicht eingeschränkt, wenn eine sofortige Bekanntmachung der Informationen des Handelsregisters stattfindet. Durch die interne Führung der Handelsregister-Blockchain ist diese zudem in erhöhtem Maße gegen Angriffe oder Manipulationsversuche durch böswillige Dritte geschützt, die auch bei einer Nutzung der Blockchain-Technologie möglich sind.[585] Zusätzlich kann über ein elektronisches Informations- und Kommunikationssystem als Schnittstelle das systematische Suchen von Informationen direkt über die Handelsregister-Blockchain besser verhindert werden und somit das Erfordernis von einzelnen Abrufen nach § 9 Abs. 1 S. 1 HGB technisch sicherer umgesetzt werden.

583 Siehe oben Kapitel 4:I.5.a).
584 Vgl. *Lieder*, DNotZ 2021, S. 830, 833.
585 Siehe oben Kapitel 2:III.2.c)cc).

d) Die Identifizierung von Teilnehmern

Die Identität der am Registerverfahren teilnehmenden Akteure muss, wie auch bei einer Grundbuch-Blockchain, jeweils digital verifiziert sein. Für Registergerichte und Notare ist diese Voraussetzung bereits beim elektronischen Handelsregister erfüllt. Um Inhalte auf der Handelsregister-Blockchain direkt und ohne ein elektronischen Informations- und Kommunikationssystem als Schnittstelle lesen zu können, müsste eine natürliche Person ebenfalls einen Zugang über die *public key infrastructure* haben. Um eine Protokollierung des Abrufs des Inhalts des Handelsregisters zu gewährleisten, dürfte ein Zugriff nur durch einen verifizierten Teilnehmer gestattet werden. Vorzugsweise erscheint ebenfalls die Nutzung einer Schnittstelle und der Abruf der Inhalte des Handelsregisters über ein elektronisches Informations- und Kommunikationssystem, da eine natürliche Person hierfür keinen Zugang über eine *public key infrastructure* benötigt. Der Zugang über eine *public key infrastructure* erfordert ein größeres technisches Verständnis eines Bürgers gegenüber der Möglichkeit der Abrufbarkeit über ein elektronisches Informations- und Kommunikationssystem. Die Abrufbarkeit über ein elektronisches Informations- und Kommunikationssystem entspricht zusätzlich dem gesetzgeberischen Willen des DiRUG, das zum 01.08.2022 die kostenlose Einsicht für jedermann eingeführt hat.

4. Zwischenergebnis *de lege lata*

Wenn das Registergericht bei der Nutzung einer Handelsregister-Blockchain im gleichen Umfang wie beim jetzigen elektronischen Handelsregister die Eintragungsfähigkeit sowie die weiteren formalen Voraussetzungen prüft, bleibt das Handelsregister übersichtlich und kann von Dritten zu informativen Zwecken über Rechtsverhältnisse von Kaufleuten, Personenhandelsgesellschaften und juristischen Personen genutzt werden. Eine Handelsregister-Blockchain, deren Inhalt durch die Registergerichte vor Eintragung formal geprüft wird, erfüllt somit den Informations- und Kontrollzweck des Handelsregisters.

Auch die Publizitätsfunktion des Handelsregisters kann durch eine entsprechende Handelsregister-Blockchain abgebildet werden.[586] Bei einer *permissioned* Handelsregister-Blockchain, bei der nur Registergerichte vollwertige Nodes mit Validierungs- und Schreibrechten sind und im Übrigen nur Notare schreibberechtigte Nodes sind, ist eine Publizität des Inhalts in gleicher Weise wie heute beim elektronischen Handelsregister gerechtfertigt.

---

586 Siehe oben Kapitel 4:II.2.b)dd).

Nach derzeitigem Gesetzesstand kann das Handelsregister auf einer *permissioned* und *private* Blockchain geführt werden. Dabei würden die Registergerichte jeweils einen Node der Blockchain darstellen und könnten Anträge, bevor diese durch einen Proof-of-Work- oder Proof-of-Stake-Mechanismus als Eintragung in einem neuen Block der Blockchain hinzugeführt werden, weiterhin auf formelle oder gravierende offensichtliche materielle Fehler hin prüfen. Die Rolle der Notare als Prüfungs- und Filterstelle vor den Registergerichten würde aufrechterhalten bleiben. Auf diese Weise könnten die Informations- und Kontrollfunktion des Handelsregisters erfüllt werden und auch die Publizitätsfunktion aufgrund der Prüfung durch die Registergerichte und die Einbindung der Notare in das Verfahren gerechtfertigt werden.

Das eigentliche Registerverfahren müsst bei der bloß geänderten Speicherung des Handelsregisters auf einer Blockchain nicht reformiert werden, solange die erforderlichen Schnittstellen zu den jeweiligen Nutzern sichergestellt werden.

Im Ergebnis ist auch keine Änderung der gesetzlichen Vorschriften notwendig, um das Handelsregister wie dargestellt auf einer *permissioned* und *private* Blockchain abzubilden. § 8 Abs. 1 HGB in Verbindung mit §§ 48, 7 HRV ermöglicht die elektronische Führung des Handelsregisters als Handelsregister-Blockchain. Das Registerverfahren selbst wird nicht geändert. Eine Handelsregister-Blockchain würde auf diese Art und Weise nur eine andere Art der Datenspeicherung darstellen.

5. Nutzung der Vorteile der Blockchain-Technologie?

Nachdem erarbeitet wurde, dass eine *permissioned* und *private* Blockchain unter Beibehaltung der Registergerichte sowie der notariellen Vorprüfung als Grundlage für die Führung des Handelsregisters *de lege lata* eingesetzt werden kann, stellt sich die Frage, ob eine solchermaßen programmierte Handelsregister-Blockchain die oben dargestellten Vorteile der Blockchain-Technologie nutzt.[587]

Die beschriebene Möglichkeit einer Handelsregister-Blockchain erfüllt dank der dezentralen Speicherung den Aspekt der Manipulationssicherheit und Integrität der Daten. Es müsste der Großteil der bei den Registergerichten gespeicherten manipuliert werden, um Daten auf der Handelsregister-Blockchain rückwirkend zu verändern. Zudem entfällt der *Single-Point-of-Failure*, also der Ausfall des Gesamtsystems durch Ausfall eines Netzwerkknotens, solange

587 Siehe oben Kapitel 2:V.

ein Registergericht weiterhin den kompletten Datensatz der Handelsregister-Blockchain gespeichert hat.

Durch die Nutzung eines digitalen Identitätsmanagements in Form einer *public key infrastructure* können Daten zugeordnet und authentifiziert werden.[588]

Ein großes Innovationsmerkmal der Blockchain-Technologie, Daten in Form von Token ohne einen neutralen Intermediär zwischen zwei Personen zu transferieren, ohne dass eine Person diese Daten nach Belieben kopieren kann, wird durch die beschriebene Handelsregister-Blockchain nicht umgesetzt.[589] Das Handelsregister bedarf *de lege lata* auch weiterhin der Prüfung der Registergerichte sowie der Filterfunktion der Notare.[590] Der Vorteil der Blockchain-Technologie, durch den Wegfall von Intermediären Zeit und Kosten zu sparen, kann *de lege lata* somit nicht genutzt werden.[591] Es handelt sich bei der so beschriebenen Handelsregister-Blockchain nur um eine andere Art der Speicherung des Handelsregisters, ohne einen Systemwechsel vorzunehmen.

Das viel beschriebene Double-Spending-Problem digitaler Inhalte, also das Kopieren eines digitalen Wertes ohne Berechtigung, welches durch eine Blockchain behoben werden kann,[592] muss bei der beschriebenen Handelsregister-Blockchain nicht gelöst werden, da Inhalte lediglich aktualisiert werden und keine digitalen Werte übertragen werden.

III. Eine Handelsregister-Blockchain ohne Intermediäre *de lege ferenda*

Nachdem herausgearbeitet wurde, dass eine Führung des Handelsregisters *de lege lata* auf einer *permissioned* und *private* Blockchain möglich ist, wird im nächsten Abschnitt untersucht, wie eine Handelsregister-Blockchain unter Ausschluss von Intermediären *de lege ferenda* im Einklang mit den übergeordneten Prinzipien umgesetzt werden könnte.

---

588 Die Struktur besteht zwischen Notaren und Registergerichten bereits heute beim elektronischen Handelsregister.

589 Der Transfer erfolgt durch eine Änderung der Zugriffsmöglichkeit auf den Token, und das Verhindern des „double spending" eines Tokens wird durch den Proof-of-Work-Konsensmechanismus und die Transaktionshistorie auf der Bitcoin-Blockchain abgesichert, welche nicht manipuliert werden kann.

590 Auch „Zwei-Säulen-Modell" genannt, *Hecht*, MittBayNot 2020, S. 314, 320.

591 So auch: *Hecht*, MittBayNot 2020, S. 314, 320.

592 Siehe oben Kapitel 2:II.1.

1. Das Handelsregister ohne Intermediäre

Eine Handelsregister-Blockchain ohne Notare oder Registergerichte müsste die derzeitigen Funktionen beider Institutionen anderweitig umsetzen. Das Ersetzen von Intermediären bei einer Handelsregister-Blockchain muss durch das der Blockchain zugrundeliegende Protokoll, also die Programmierung der Datenspeicherung auf der Blockchain, erfolgen.[593] Nachfolgend werden Notare und die Registergerichte getrennt auf die jeweilige Disintermediation hin untersucht.

Eine notwendige Voraussetzung ist das Erfordernis einer bestätigten digitalen Identität. Ein System wie bei der Bitcoin-Blockchain, wo komplett anonym Transaktionen und somit Speicherungen auf der Blockchain vorgenommen werden können, ist mit einem öffentlichen Register, unabhängig von der Systematik, nicht vereinbar. Nur wenn die Akteure im Registerverkehr eindeutig identifiziert sind, kann ein Handelsregister für den Rechtsverkehr und den Staat von Nutzen sein. Es müsste die Pseudonymität bei der Nutzung einer *public key infrastructure* aufgehoben werden, indem die einzelnen Nutzer verifiziert sind.[594]

Eine Möglichkeit der Ersetzung der Intermediäre besteht, wenn jeder Rechtsträger beziehungsweise dessen Organe im Handelsregister über den ihn betreffenden Registerinhalt selbst verfügen könnten. Es würden Eintragungen im Handelsregister mittels des privaten Schlüssels des Rechtsträgers signiert werden, der öffentliche Schlüssel würde als Referenznummer für die jeweilige Eintragung auf der Handelsregister-Blockchain fungieren.[595]

a) Die Möglichkeit der Ersetzung der Notare

aa) Filter- und Entlastungsfunktion

Notare sind verpflichtet, gegenüber den Registergerichten die Eintragungsfähigkeit der von ihnen eingereichten Anmeldungen zu bestätigen. Eine Funktion der notariellen Vorprüfung in Handelsregistersachen ist die Filterung von Anmeldungen zur Entlastung der Registergerichte.[596]

---

593 Die Bitcoin-Blockchain ersetzt Intermediäre bei der Transaktion von Token vor allem durch den Proof-of-Work-Konsensmechanismus. In Verbindung mit weiteren Eigenschaften der Bitcoin-Blockchain wird Vertrauen in die Plattform unabhängig von neutralen Dritten, also Intermediären, geschaffen. Siehe oben Kapitel 2:III.6.

594 *Knaier/Wolff*, BB 2018, S. 2253, 2257.

595 Vgl. *Knaier/Wolff*, BB 2018, S. 2253, 2257.

596 Siehe oben Kapitel 4:I.5.b)bb)(1).

Die Filterfunktion von Notaren könnte durch standardisierte Eintragungen ersetzt werden. Indem das Protokoll der Handelsregister-Blockchain nur standardisierte Eintragungen erlaubt, liegt die Aufgabe der Filterfunktion in der genauen Programmierung dieser standardisierten Eintragungsmöglichkeiten. Dabei erfordert eine Programmierung die mögliche Filterung und Beachtung umfangreicher Alternativen in den Fällen möglicher Handelsregistereintragungen. Eine solche Standardisierung besteht in der derzeitigen Handelsregisterpraxis bereits teilweise. So sind bei bestimmten Anmeldefällen in der Eingabemaske Formulierungen aus einer Auswahl standardisierter Texte heranzuziehen.

Die Anmeldung zur Eintragung könnte in Form von Smart Contracts vorgenommen werden.[597] Für bestimmte Arten der Eintragung müsste jeweils ein Smart Contract programmiert werden. So könnte zum Beispiel ein standardisierter Smart Contract für die Eintragung einer neuen Gesellschaft oder für die Änderung des Sitzes einer Gesellschaft programmiert werden. Wenn für jede unterschiedliche Art der Eintragung ein standardisierter Smart Contract vorgegeben wird, würde so ein Smart Contract die Filter- und Entlastungsfunktion eines Notars ersetzen und in gleichem Maße die Struktur der Eintragungen im Handelsregister beibehalten. Die Schwierigkeit liegt in der richtigen Programmierung von Smart Contracts für unterschiedliche Arten der Eintragung, damit die Informationen auch klar und geordnet im Handelsregister eingetragen und entsprechend eingesehen werden können. Andererseits ist zu bedenken, dass durch die vollständige Standardisierung der Eintragungsfälle die bisher gegebenen Möglichkeiten, auch ungewöhnliche Regelungen wie zum Beispiel im Rahmen der Satzungsfreiheit zu treffen, beeinträchtigt werden.

bb) Identitätsfeststellung

Neben der Filterfunktion kommt den Notaren im Rahmen der öffentlichen Beglaubigung auch die eindeutige Feststellung der Identität sowie der Geschäftsfähigkeit und des freien Willens der erklärenden Personen zu.[598] Die Feststellung der Identität könnte durch die eindeutige Verifizierung von digitalen Identitäten der Teilnehmer ersetzt werden, wobei zumindest auch der Geburtstag und weitergehende Informationen, wie der Wohnort, erfasst werden können.[599] Die

---

597 Vgl. *Knaier/Wolff*, BB 2018, S. 2253, 2257.

598 Siehe oben Kapitel 4:I.5.b)bb).

599 Notare erfassen im Rahmen der öffentlichen Beglaubigung auch Informationen zur Staatsangehörigkeit, zum Geburtsnamen oder ggfs. zum Güterstand, vgl. *Heneweer*, FGPrax 2004, S. 259, 260.

Verifikation der Teilnehmer müsste durch eine staatliche Stelle sichergestellt werden.

Es gilt zu prüfen, ob es für das Handelsregisterwesen ausreichend ist, wenn natürliche Personen ihre digitale Identität einmal zertifiziert haben lassen und danach mit ihrem privaten Schlüssel ihre Identität bestätigen. Dafür muss untersucht werden, inwieweit dieses Verfahren mit der notariellen Prüfung der Identität vergleichbar ist. Der Notar prüft bei jeder Anmeldung zum Handelsregister die Identität der Beteiligten, gegebenenfalls auf Grundlage aktualisierter Lichtbildausweise. Bei einer digitalen Identität wird deren Verifizierung nur beim Zertifizieren vorgenommen. Denkbar ist, die Notwendigkeit der Zertifizierung in regelmäßigen Abständen vorzuschreiben, wie dies auch bei der digitalen Signatur von Notaren der Fall ist. Durch das regelmäßige Nachweisen der Identität kann eine höhere Sicherheit hergestellt werden, dass nur die berechtigte, also zertifizierte Person ihren privaten Schlüssel für Anträge zum Handelsregister benutzt.

Im Ergebnis kommt es zur Vermeidung von Missbrauchsfällen indes darauf an, dass eine natürliche Person ihren privaten Schlüssel vor der unbefugten Nutzung Dritter schützen kann. Zwangsläufig muss man sich in diesem Kontext fragen, wie eine unbefugte Nutzung des privaten Schlüssels rechtlich zu behandeln ist. Müsste sich zum Beispiel ein Kaufmann eine Eintragung einer Prokura zurechnen lassen, wenn diese mittels seines privaten Schlüssels von einem unbefugten Dritten vorgenommen wurde? Um die Registerpublizität nach § 15 HGB in ihrer Funktion nicht zu beschneiden, dürfte der Inhalt des Handelsregisters auch weiterhin von Dritten als richtig angesehen werden müssen, solange keine Kenntnis der tatsächlichen Rechtslage vorliegt.

Täuscht eine Person eine andere Identität gegenüber einem Notar zum Zwecke einer Anmeldung im Handelsregister vor, kann sich die berechtigte Person zunächst nicht dagegen schützen. Hat der Notar nicht die erforderliche Sorgfalt bei der Feststellung der Identität walten lassen, besteht ein Amtshaftungsanspruch des Geschädigten.[600] Ein solcher Amtshaftungsanspruch kann beim Wegfallen des Notars bei einer Handelsregister-Blockchain ohne Intermediäre jedoch nicht entstehen, sodass sich ein Geschädigter nur an denjenigen halten kann, der seinen privaten Schlüssel unbefugt genutzt hat.

Zudem müsste sich eine Person die unbefugte Nutzung ihres privaten Schlüssels gegenüber Dritten eventuell zurechnen lassen, wie dies auch bei der

---

600 Vgl. BGH BeckRS 1956, 31203636.

unbefugten Nutzung von Ausweisdokumenten der Fall sein kann, wenn sie diese zurechenbar veranlasst hat.

Problematisch ist zudem die Feststellung der Geschäftsfähigkeit bei Volljährigen oder des Ausschlusses von Zwang und Täuschung im Rahmen von Willenserklärungen. Während die Geschäftsfähigkeit zwar zum Zeitpunkt der Zertifizierung einer digitalen Signatur festgestellt werden kann, kann dies für Erklärungen unter Zwang oder Täuschung nicht erfolgen. Zudem kann sich die Geschäftsfähigkeit einer Person ändern, sollte sich zum Beispiel der Geisteszustand verschlechtern.

Demgegenüber ist zu konstatieren, dass die Überprüfungsmöglichkeiten eines Notars hinsichtlich der Abgabe von Erklärungen unter Zwang oder Täuschung nicht allumfassend sind. Ein Notar kann nur so weit Tatsachen beurteilen, wie diese ihm, insbesondere im Rahmen der notariellen Verhandlung, zugänglich sind.

Im Ergebnis können Notare eine umfangreichere Prüfung der Identität und der Freiheit des Erklärungswillens vornehmen, als dies durch die automatisierte Nutzung von privaten Schlüsseln der Fall ist. Die Nutzung von privaten Schlüsseln, lediglich auf eine wiederholende Zertifizierung gestützt, bedeutet ein geringeres Niveau an Rechtssicherheit verglichen mit der Identitätsprüfung durch Notare bei notariellen Beglaubigungen und Beurkundungen. Aufgrund der Bedeutung der Informationen im Handelsregister für den allgemeinen Rechtsverkehr, die über den Inhalt hinaus auch die Identität der Erklärenden beinhaltet, ist eine geringere Rechtssicherheit abzulehnen.

cc) Belehrungs- und Beratungsfunktion

Zu untersuchen ist, ob die Beratungs- und Belehrungsfunktion der Notare im Rahmen einer Handelsregister-Blockchain ersetzt werden kann. Hier ist zwischen der Art der Belehrung zu unterscheiden, zum Beispiel ob eine standardisierte Belehrung ausreicht oder eine individuelle Beratung notwendig ist.

Eine standardisierte Belehrung sowie die Versicherung der Kenntnisnahme könnten durch eine entsprechende digitale Erklärung ersetzt werden. Die betreffende Person müsste die Erklärung dann mit ihrem privaten Schlüssel im Rahmen der Registereintragung signieren.

Eine Beratung ist dagegen immer individuell auf die Bedürfnisse der zu beratenden Person abzustimmen. Eine standardisierte Beratung durch die Nutzung von Legal-Tech-Tools ist denkbar. Für komplexere Sachverhalte und somit ein höheres Beratungsbedürfnis ist zu prüfen, ob ein Legal-Tech-Tool dies abbilden kann. Hier bestehen hohe Anforderungen an die Programmierung und es dürfte stets notwendig sein, alternativ auf die Beratung durch eine natürliche Person zurückgreifen zu können. Die Ersetzung eines Notars durch ein Legal-Tech-Tool wird einen Markt zur Beratung solcher Legal-Tech-Tools eröffnen, da ein Großteil der Antragsteller ein Bedürfnis an der richtigen Handhabung eines Legal-Tech-Tools haben wird. Noch ist nicht absehbar, dass durch die Nutzung von Legal-Tech-Tools, auch in Verbindung mit künstlicher Intelligenz, eine individuelle rechtliche Beratung vollends ersetzt werden kann.

dd) Zwischenergebnis für der Ersetzung der Notare

Die Funktionen der Filterung und Entlastung der Registergerichte sowie der Identitätsfeststellung der Beteiligten könnten rein technisch umgesetzt werden, indem eine Handelsregister-Blockchain nur standardisierte Anmeldungsformulare für Eintragungen zulässt und nur staatlich zertifizierte digitale Identitäten für eine Anmeldung auf Eintragung genutzt werden können. Die Belehrungsfunktion von Notaren könnte durch standardisierte Belehrungsformulare und eine entsprechende digitale Signatur der betreffenden Personen ersetzt werden. Somit könnten technisch die Funktionen der Notare für eine Eintragung im Handelsregister ersetzt werden.

Nicht im gleichen Maße umgesetzt werden kann die Überprüfung des freien Willens und der Geschäftsfähigkeit von Volljährigen durch Notare.[601] Problematisch ist zudem die Ersetzung der Funktion der Beratung durch einen Notar im Rahmen der Vorbereitung einer Anmeldung. Zwar bedürfen gewisse Handelsregistereintragungen aufgrund ihrer geringen Komplexität, zum Beispiel die Änderung der Anschrift der Geschäftsführer einer GmbH oder die Ernennung eines Prokuristen, keiner Beratung durch einen Notar.

Daraus folgt aber nicht, dass die Beratungsfunktion von Notaren vollends wegfallen kann. Insbesondere für die Übertragung eines Grundstücks oder die Gründung einer Gesellschaft ist eine Beratung durch einen Notar weiterhin im Interesse der Betroffenen und darf nicht abgeschafft werden.

Für das Erfordernis eines Notars muss hinsichtlich der Tragweite der Eintragung und auch der Komplexität des Sachverhalts unterschieden werden. Einfache Eintragungen im Handelsregister könnten durch entsprechende Smart Contracts oder andere Programme ersetzt werden. Beispielhaft ist die Eintragung einer Prokura oder die Änderung der Geschäftsanschrift zu nennen. Auch die Anmeldung komplexerer Sachverhalte, zum Beispiel die Gründung einer Kapitalgesellschaft oder Umwandlungsvorgänge, könnten durch entsprechende

601 Siehe oben Kapitel 4:I.5.b)bb)(2).

Smart Contracts dargestellt werden. Die der Anmeldung zugrundeliegende Beratung und Belehrung bei dem Entwerfen der maßgeblichen Urkunde kann jedoch nicht allein durch ein Programm ersetzt werden. Es besteht ein Bedürfnis des Rechtsverkehrs nach einer individuellen rechtlichen Beratung.

Wie auch beim Grundbuch ist die Einführung eines Smart Contract Consultants zur Sicherstellung der Belehrung und Beratung einer anmeldenden Person und damit zur Qualitätserhaltung des Gesamtsystems nicht vorteilhaft. Ein solcher Smart Contract Consultant würde im Wesentlichen ähnliche Funktionen wie ein Notar wahrnehmen und müsste im Interesse des Verbraucherschutzes auch umfassende juristische Kenntnisse, wie ein Notar, haben. Es müsste weiter die fachliche Qualität eines Smart Contract Consultants durch den Gesetzgeber zum Schutze des Rechtsverkehrs sichergestellt werden. Im Ergebnis müsste an einen Smart Contract Consultant die gleichen Anforderungen wie derzeit an einen Notar gestellt werden, sodass keine funktionelle Änderung vorliegen würde.

b) Die Möglichkeit der Ersetzung des Registergerichts

aa) Prüfungsfunktion des Registergerichts

Neben den Notaren stellt sich die Frage, inwieweit das Registergericht als entscheidende Prüfinstanz ersetzt werden kann. Die Prüfungsfunktion des Registergerichts müsste durch eine Handelsregister-Blockchain adäquat sichergestellt werden können.

So wie bei den Notaren die standardisierten Eintragungsfälle die notarielle Vorprüfung ersetzen könnten, würde dies in gleicher Weise auch für die registerrechtliche Prüfung möglich sein.

Hierbei stellt sich die Frage, wie ein Fehler bei einer Anmeldung auf Eintragung im Handelsregister zu behandeln wäre. Das Registergericht hat die Möglichkeit einer Zwischenverfügung oder einer Ablehnung einer Anmeldung. Erfolgt die Anmeldung auf Eintragung über einen standardisierten Smart Contract,[602] ergeben sich zwei Möglichkeiten: Entweder kann der Smart Contract selbst nur ausgeführt werden, wenn die Prüfung der Angaben zur Eintragungsfähigkeit der Anmeldung führt, oder das Protokoll der Handelsregister-Blockchain kann einen ausgeführten Smart Contract nicht als Eintragung in das Handelsregister zulassen, also die Speicherung in einem neuen Block der Handelsregister-Blockchain

---

602 Standardisierte Smart Contracts sind schon für die Ersetzung der Notare hinsichtlich ihrer Filterfunktion notwendig.

ablehnen. Wenn nur bestimmte Smart Contracts zur Stellung einer Anmeldung auf Eintragung zur Handelsregister-Blockchain zugelassen sind und die entsprechende Prüfung der Eintragungsfähigkeit durch den Smart Contract vorgenommen wird, müssten betroffene Personen nicht auf eine Rückmeldung der Handelsregister-Blockchain nach Auslösen des Smart Contracts warten, sondern würden eine entsprechende Rückmeldung durch den Smart Contract direkt erhalten.

Die Ersetzung der Prüffunktion des Registergerichts durch einen Smart Contract erfordert, dass der Smart Contract alle notwendigen Informationen, also auch die der Anmeldung zugrundeliegenden Dokumente, auf ihre Richtigkeit hin prüfen kann. Ein Smart Contract kann jedoch nur auf Informationen zugreifen, die digitalisiert und logisch verknüpft verfügbar sind, das oben beschriebene Orakel-Problem.[603] Am Beispiel der Schlussbilanz, die nach § 17 UmwG bei einer Verschmelzung der Anmeldung des übertragenden Rechtsträgers beigefügt werden muss, wird das Problem deutlich. Die Rechtzeitigkeit der Einreichung der Schlussbilanz, deren Bilanzstichtag nicht mehr als acht Monate vor Einreichung liegen darf, kann durch den Zeitstempel des Eingangs der Anmeldung automatisiert überprüft werden. Ob es sich tatsächlich um eine Schlussbilanz handelt, die ordnungsgemäß aufgestellt wurde, kann ein Smart Contract nach derzeitigem Stand der Technik nicht verifizieren. Die Prüfung und Verifizierung notwendiger Dokumente müsste durch einen vertrauenswürdigen Dritten vorgenommen werden. Die Prüfungsfunktion kann somit nicht komplett technisch abgebildet werden.[604] Eine Ersetzung des Registergerichts durch eine anderweitige Stelle, zum Beispiel einen Wirtschaftsprüfer oder den Bundesanzeiger, bei dem die Abschlüsse veröffentlicht werden, würde lediglich eine Verschiebung der Prüfungsfunktion darstellen, jedoch nicht deren Ersetzung durch einen automatisierten Prozess bedeuten.

bb) Amtshaftung

Neben der Prüfungsfunktion des Registergerichts kann dieses für Fehler in ihrem Verantwortungsbereich auch im Rahmen der Amtshaftung in Anspruch genommen werden.[605] Zu untersuchen ist, wie mögliche fehlerhafte Eintragungen auf einer Handelsregister-Blockchain zu bewerten sind, wenn das Registergericht

---

603 Siehe oben Kapitel 2:III.3.e).

604 So auch *Knaier/Wolff*, BB 2018, S. 2253, 2257.

605 Der Notar haftet nach § 19 BNotO für vorsätzliche oder fahrlässige Amtspflichtverletzungen.

nicht als Intermediär die Anmeldung zur Eintragung prüft und die Eintragung sodann vornimmt.

Eine Möglichkeit besteht darin, die Registergerichte oder jeweiligen Landesjustizverwaltungen als Verantwortliche für die Handelsregister-Blockchain anzusehen. Auch beim Wegfallen des Registergerichts benötigt eine Handelsregister-Blockchain Nodes zum Durchführen des Konsensmechanismus und zur Speicherung der Handelsregister-Blockchain. Zudem besteht die Notwendigkeit der Möglichkeit der Überarbeitung und Änderung des Protokolls der Handelsregister-Blockchain aufgrund gesetzlicher Änderungen im Handelsregisterwesen.[606] Man könnte somit die Handelsregister-Blockchain durch die Registergerichte als Nodes führen, welche auch für die Instandhaltung des Protokolls und somit für die Funktionsfähigkeit der gesamten Handelsregister-Blockchain verantwortlich wären. Für Fehler der Programmierung und dadurch auftretende fehlerhafte oder fehlende Eintragungen im Handelsregister wäre sodann das zuständige Registergericht verantwortlich und möglicherweise haftbar.

cc) Zwischenergebnis

Das Registergericht könnte teilweise durch die Nutzung standardisierter Smart Contracts ersetzt werden. Die jeweilige Komplexität der Eintragungsvoraussetzungen muss durch die entsprechende Programmierung eines Smart Contracts abgebildet werden.

Eine Prüfung durch das Registergericht kann jedoch nicht komplett ersetzt werden, da ein Smart Contract nicht alle zugrundeliegenden Informationen prüfen kann, insbesondere nicht solche Tatsachen der realen Welt.[607]

Für die notwendige Wartung und Instandhaltung der Handelsregister-Blockchain, also die ständige Überprüfung des Protokolls, die Durchführung des Konsensmechanismus sowie die Speicherung der Blockchain selbst, könnten die Registergerichte als berechtigte Nodes zuständig sein. Das Registergericht wäre in einer solchen Struktur somit nicht in den eigentlichen Eintragungsprozess eingebunden und in diesem Sinne ersetzt. Trotzdem gäbe es einen Verantwortlichen für die Funktionsfähigkeit der Handelsregister-Blockchain, welcher

---

606 Eine Überarbeitung oder Änderung erfolgt dabei durch eine Teilung der Blockchain, sodass die Mehrheit der Teilnehmer zustimmen muss.

607 Siehe Orakel-Problem Kapitel 2:III.3.e); *Knaier/Wolff*, BB 2018, S. 2253, 2257.

im Rahmen der Amtshaftung auch in Anspruch genommen werden könnte.[608] Alternativ könnte die Infrastruktur einer solchen Handelsregister-Blockchain auch durch die Industrie- und Handelskammern oder einen sonstigen Dritten sichergestellt werden.

2. Fazit und Vereinbarkeit mit den übergeordneten Prinzipien

Die Funktionen des Notars und des Registergerichts können teilweise durch eine Handelsregister-Blockchain und entsprechend programmierte Smart Contracts ersetzt werden. Die Identitätsfeststellung der Beteiligten kann in regelmäßigen Abständen durch zertifizierte Stellen vorgenommen werden, jedoch zu Lasten der Rechtssicherheit. Die Führung der Handelsregister-Blockchain liegt dabei weiterhin bei den Registergerichten, ohne dass diese in den Prozess der Anmeldung und Eintragung eingebunden sind. Ihre Aufgabe liegt in der Speicherung der Handelsregister-Blockchain, der Wartung des Protokolls und der Durchführung des Konsensmechanismus, also in der Sicherung der Infrastruktur der Handelsregister-Blockchain. Die Filter- und Entlastungsfunktion der Notare könnte durch standardisierte und vorgeschriebene Smart Contracts ersetzt werden, wobei die Abbildung verschiedener und komplexer Sachverhalte durch entsprechende Programmierung kompliziert ist.

Nicht substituierbar sind die Beratungsfunktion der Notare sowie deren Feststellung auf freien Willen und Geschäftsfähigkeit im Rahmen von öffentlichen Beglaubigungen.

Der Notar stellt eine Kontrollinstanz dar, die durch technische Möglichkeiten nicht vollständig ersetzt werden kann.

Ein Handelsregister, bei dem Notare und Registergerichte nicht zwingend in den Prozess der Anmeldung und Eintragung eingebunden sind, ist mit den Prinzipien der Registerpublizität, der Informationsfunktion und der Kontrollfunktion nicht vereinbar. Ein solches Handelsregister würde den Notar und das Registergericht als Kontrollinstanz verlieren. Das Handelsregister würde eher einem privaten Register gleichen, das stark von dem guten Willen der erklärenden Personen abhängig ist, da in einem solchen System jeder Rechtsträger für den Inhalt der ihn betreffenden Eintragungen selbst zuständig wäre.[609]

---

608 Inwieweit eine natürliche oder juristische Person für einen Algorithmus oder eine Blockchain haftbar gemacht werden kann, ist umstritten, aber nicht Teil dieser Untersuchung.

609 Vgl. *Knaier/Wolff*, BB 2018, S. 2253, 2257.

Eine materielle Rechtswirkung der Publizität gem. § 15 HGB oder eine konstitutive Wirkung einer Registereintragung greift auch in Rechte von Dritten ein, die sich die Publizität entgegenhalten müssen. Eine gesetzliche Publizität ist aufgrund der Wirkung gegenüber Dritten, die keinen Einfluss auf die Eintragung haben, bei einem Handelsregister ohne Intermediäre als Kontrollinstanz nicht gerechtfertigt.[610] Wenn der Staat in die Rechte Dritter derart eingreift, muss er auch die Richtigkeit der Angaben im Handelsregister überprüfen und dafür einstehen. Der Staat kann als Verantwortlicher für die Infrastruktur einer solchen Handelsregister-Blockchain aber nur für Fehler in der Programmierung in Anspruch genommen werden.

IV. Ergebnis Handelsregister

Die Blockchain-Technologie kann für das Handelsregister genutzt werden. Schon nach derzeitiger Gesetzeslage ist die Führung des Handelsregisters über eine Handelsregister-Blockchain möglich. Dabei würde lediglich die Art der Speicherung des bereits digitalen Handelsregisters geändert werden, ohne das Handelsregister zu ersetzen.[611] Statt einer zentralen Speicherung würde eine dezentrale Speicherung stattfinden.

Eine Disintermediation und Tokenisierung digitaler Werte findet auf einer derartigen Handelsregister-Blockchain nicht statt. Die genutzten Vorteile der Blockchain-Technologie würden sich auf eine höhere Manipulationssicherheit sowie die Nutzung von Smart Contracts beschränken.

Ob es sich lohnt, allein im Hinblick auf die angestrebte höhere Manipulationssicherheit sowie die Nutzung von Smart Contracts einer Handelsregister-Blockchain den Aufwand der Programmierung und Umstellung in Kauf zu nehmen, ist zu prüfen.[612]

Das bestehende Handelsregister in seiner digitalisierten Form erfüllt durch die strukturierte Datenspeicherung zwar bereits Grundvoraussetzungen für eine Handelsregister-Blockchain. Es müsste jedoch für die Nutzung von Smart Contracts noch eine weitergehende, aufwendige Programmierung stattfinden. Grundsätzlich ist die Nutzung von Smart Contracts zur Automatisierung von Prozessen im Eintragungsverfahren auf einer *permissioned* Handelsregister-Blockchain, auf der nur Registergerichte und Notare agieren, sinnvoll.

---

610 Vgl. *Heneweer*, FGPrax 2004, S. 259, 260.

611 So auch *Hecht*, MittBayNot 2020, S. 314, 323.

612 *Knaier*, GmbHR 2017, S. R305, R306: Aufwand „gigantisch, der Nutzen marginal".

Es gibt lohnenswerte Ansätze[613] durch die Nutzung von Smart Contracts, die jedoch mit den weiteren Vorteilen einer Blockchain nicht im Zusammenhang stehen. Die Digitalisierung und Automatisierung des Eintragungsprozesses erfordert nicht zwingend eine Handelsregister-Blockchain, könnte über diese aber abgebildet werden. Anstatt eines Smart Contracts, der ein selbstausführendes Programm auf einer Blockchain darstellt[614], kann für die Zwecke der Digitalisierung des Handelsregisters und der Automatisierung des Registerverfahrens im Ergebnis auch auf ein selbstausführendes Programm ohne eine Blockchain zurückgegriffen werden.

Eine Disintermediation von Registergericht und Notar ist mit den übergeordneten Prinzipien des Handelsregisters, namentlich der Kontroll- und Publizitätsfunktion, nicht vereinbar. Die Funktionen der Registergerichte und Notare können nicht in dem Maße durch eine Handelsregister-Blockchain ersetzt werden, dass die entsprechende Handelsregister-Blockchain weiterhin eine Kontroll- und Publizitätsfunktion erfüllen kann.[615]

Ohne die Kontroll- und Publizitätsfunktion des Handelsregisters würde das Handelsregister einen geringeren Nutzen für den Rechtsverkehr darstellen, da er nicht mehr in gleichem Maße auf die Richtigkeit der Angaben im Handelsregister vertrauen kann. Dieser Vertrauensverlust müsste durch andere Mechanismen, zum Beispiel Versicherungen der Vertragspartner, kompensiert werden. Eine Nutzung der Blockchain-Technologie für das Handelsregister, die Registergerichte und Notare ersetzt, birgt aufgrund des öffentlichen Charakters des Handelsregisters keine besonderen Vorteile, da die vorsorgende Rechtspflege nicht in gleichem Maße durch Programme ersetzt werden kann.

---

613 Anders aber *Knaier*, GmbHR 2017, S. R305, R306, der „keine lohnenswerte Entwicklungsoption“ sieht.

614 Siehe oben Kapitel 2:IV.

615 Vgl. *Stelmaszcyk*, in: Hauschild/Kallrath/Wachter, 3. Auflage 2022, § 37 Rn. 142.

Kapitel 5: Aktienregister

I. Die Bestehende Rechtslage des Aktienregisters

1. Einführung

Eine Aktiengesellschaft muss in ihrer Satzung die Aktienart der Mitgliedschaft bestimmen, also ob die Aktien als Inhaber- oder als Namensaktie ausgegeben werden.[616] Verbriefte Namensaktien sind sogenannte Orderpapiere und können durch Indossament oder nach § 18 Abs. 3 DepotG übertragen werden. Verbriefte Inhaberaktien sind Inhaberpapiere und können wertpapiermäßig nach §§ 929 ff. BGB übertragen werden.[617] Das Recht aus dem Papier folgt bei der Inhaberaktie dem Recht an dem Papier. Unverbriefte Inhaber- oder Namensaktien müssen im Wege der Abtretung nach den §§ 413, 398 ff. BGB übertragen werden.[618] Gem. § 10 Abs. 1 AktG werden Aktien grundsätzlich als Namensaktien ausgegeben. Ausnahmsweise können Aktien auch als Inhaberaktien ausgegeben werden, wenn (i) die Gesellschaft börsennotiert ist oder (ii) der Anspruch auf Einzelverbriefung ausgeschlossen ist und die Aktien in einer Sammelurkunde verwahrt werden, § 10 Abs. 1 S. 2. AktG.

Wird bei einer nichtbörsennotierten Gesellschaft der Anspruch auf Einzelverbriefung ausgeschlossen und werden Inhaberaktien ausgegeben, ohne dass die Sammelurkunde nach § 10 Abs. 1 S. 2 Nr. 2 AktG hinterlegt ist, müssen die ausgegebenen Inhaberaktien gem. § 10 Abs. 1 S. 3 AktG unter Anwendung von § 67 AktG in einem Aktienregister geführt werden. Dies gilt auch bei einer Aufhebung der Sammelverwahrung im Nachhinein.[619] Bei Ausgabe von Inhaberaktien durch nichtbörsennotierte Aktien kann eine Ermittlungsbehörde somit

---

616 *Ziemons*, in: Schmidt/Lutter AktG, 4. Auflage 2020, § 10 Rn. 2; *Vatter*, in: BeckOKG, 01.02.2022, AktG § 10 Rn. 1; *Koch*, AktG, 16. Auflage 2022§ 10 Rn. 1; *Vedder*, in: Grigoleit AktG, 2. Auflage 2020, § 10 Rn. 1; *Heider*, in: MüKo AktG, 5. Auflage 2019, § 10 Rn. 6.

617 *Ziemons*, in: Schmidt/Lutter AktG, 4. Auflage 2020, § 10 Rn. 8; *Heider*, in: MüKo AktG, 5. Auflage 2019, § 10 Rn. 41; *Solveen*, in: Hölters/Weber AktG, 4. Auflage 2022, § 10 Rn. 14; *Vatter*, in: BeckOKG, 01.02.2022, AktG § 10 Rn. 60.

618 *Ziemons*, in: Schmidt/Lutter AktG, 4. Auflage 2020, § 10 Rn. 43; *Solveen*, in: Hölters/Weber AktG, 4. Auflage 2022, § 10 Rn. 13; *Vatter*, in: BeckOKG, 01.02.2022, AktG § 10 Rn. 58; *Eder*, NZG 2004, S. 107, 108.

619 BT-Drs. 18/4349, zu Art. 1, S. 18; *Koch*, AktG, 16. Auflage 2022, § 10 Rn. 7.

Informationen bei der jeweiligen Verwahrstelle über die Anteilseigner erhalten. Damit wollte der Gesetzgeber die Ermittlungsspur und somit eine Identifizierung des Aktionärs durch Ermittlungsbehörden ermöglichen, wodurch insbesondere Geldwäsche und Terrorismusförderung unterbunden werden sollen.[620] Werden die Anforderungen an die Ausgabe einer Inhaberaktie erfüllt, können auch Inhaber- und Namensaktien parallel ausgegeben werden.[621]

In bestimmten Fällen besteht unabhängig von § 10 Abs. 1 S. 2 AktG ein Zwang, die Mitgliedschaft als Namensaktie auszuweisen. Gem. § 10 Abs. 2 S. 1 AktG müssen teileingezahlte Aktien, das heißt Aktien, die vor der vollen Leistung des Ausgabebetrages ausgegeben werden, als Namensaktie ausgegeben werden.

Namensaktien müssen gem. § 67 Abs. 1 S. 1 AktG unabhängig von einer Verbriefung unter Angabe des Namens, Geburtsdatums, der Postanschrift und einer elektronischen Adresse des Aktionärs im Aktienregister der Gesellschaft eingetragen werden. Hinzu kommt die Eintragung der Stückzahl oder Aktiennummer sowie bei Nennbetragsaktien des jeweiligen Betrags. Somit muss eine Gesellschaft ein Aktienregister führen, sobald sie zumindest einen Teil ihrer Aktien als Namensaktien ausgegeben hat. Eine genaue Definition oder umfangreiche Regelung zum Aktienregister gibt es derweil nicht. Die zentralen Bestimmungen des Rechts der Namensaktie und somit des Aktienregisters sind § 67 AktG[622] sowie die neuen §§ 67a–f AktG über die Informationspflichten der Gesellschaft gegenüber ihren Aktionären.[623]

Die Namensaktie wird aus Kostengründen nur noch selten als effektives Stück ausgegeben, seit § 10 Abs. 5 AktG den Anspruch auf Verbriefung ausschließt. In den meisten Fällen werden nur noch Globalurkunden ausgefertigt. Jedenfalls bei börsennotierten und anderen an der Börse gehandelten Aktiengesellschaften zeichnet sich eine jahrelange Entwicklung[624] von der früher auf Papier verbrieften Aktie hin zu einem reinen Wertrecht ab.[625]

---

620 BT-Drs. 18/4349, zu Art. 1, S. 16; *Koch*, AktG, 16. Auflage 2022, § 10 Rn. 6; *Merkt*, in: Großkomm. AktG, 5. Auflage 2018, § 67 Rn. 15.

621 *Koch*, AktG, 16. Auflage 2022, § 10 Rn. 7; *Wagner*, in: Heidel Aktienrecht, 5. Auflage 2020, § 10 AktG Rn. 13.

622 Begr RegE BT-Drs. 14/4051, S. 11; *Merkt*, in: Großkomm. AktG, 5. Auflage 2018, § 67 Rn. 1.

623 Vgl. *Koch*, AktG, 16. Auflage 2022, § 67a Rn. 1.

624 Vgl. schon *Dechamps*, Wertrechte im Effektengiroverkehr, 1989, S. 11 ff.

625 Vgl. *Merkt*, in: Großkomm. AktG, 5. Auflage 2018, § 67 Rn. 29; *Habersack*, in: MüKo BGB, 8. Auflage 2020, vor § 793 Rn. 39; *Maume/Fromberger*, ZHR (185) 2021, S. 507, 519; *Lehmann*, BKR 2020, S. 431, 431 f.; *Guntermann*, AG 2021, S. 449, 452.

2. Historischer Überblick

Der heutige Begriff des Aktienregisters wurde mit Art. 1 Nr. 5 NaStraG[626] im Jahr 2001 eingeführt. Der bis dato in § 67 Abs. 1 AktG normierte Begriff des Aktienbuchs wurde aufgrund der zunehmenden elektronischen Führung ersetzt.[627] Auch wenn die Namensaktie als Verbriefung der Mitgliedschaft heutzutage untrennbar mit dem Aktienregister verbunden ist, bestand das Aktienregister zeitlich vor der Namensaktie.[628]

Seine Ursprünge hat das Aktienregister wohl bei der seit 1419 als Aktiengesellschaft geführten St. Georgsbank aus Genua, Italien, die wohl auch als erste Aktiengesellschaft überhaupt angesehen werden kann.[629] Die St. Georgsbank führte ein sogenanntes *Cartulario*, in dem die Aktionäre im Wege des Personalfoliums ihren Anteilen nach eingetragen wurden.[630] Auch die erste niederländische Handelscompagnie, die Niederländisch-Ostindische Handelscompagnie von 1602, führte Bücher über ihre einzelnen Aktionäre und deren Anteile sowie den Betrag der Einlage. Es wurde bei Bezahlung der Einlage eine Bescheinigung ausgestellt, welche jedoch noch nicht als Aktienurkunde angesehen werden kann, da sie einzig dem Beweis der Zahlung diente.[631] Die Funktion als Beweismittel behielten sowohl das Buch wie auch die Bescheinigung bis zum Ende des 16. Jahrhunderts bei, etwa mit Beginn des 17. Jahrhunderts wurde die Bescheinigung, die der Erwerber der Anteile übergeben bekam, zum Rechtsbrief.[632] Dieses Dokument stellte im rechtstechnischen Sinne eine Aktie dar und trat immer weiter in den Vordergrund. Auf ihm wurde der Rechtsübergang verbrieft, sodass das Aktienbuch wiederum zum Zwecke der Rechtsübertragung an Bedeutung verlor.

Mit dem Vormarsch der Inhaberaktie und der Anonymität der Aktionäre verbunden mit Missbrauch trat im letzten Drittel des 19. Jahrhunderts das Erfordernis einer gesetzlichen Schaffung des Aktienbuchs auf.[633] Dies wurde in den §§ 222, 223 des Handelsgesetzbuchs von 1897 umgesetzt. Dabei griff das HGB

626 Gesetz zur Namensaktie und zur Erleichterung der Stimmrechtsausübung (NaStraG) vom 18.01.2001, BGBl. I, S. 123 ff.
627 *Lutter/Drygala*, in: KK-AktG, 3. Auflage 2011, § 67 Rn. 1.
628 *Happ*, in: FS Bezzenberger, 2000, S. 112, 115.
629 *Happ*, in: FS Bezzenberger, 2000, S. 112, 115.
630 *Happ*, in: FS Bezzenberger, 2000, S. 112, 115.
631 *Happ*, in: FS Bezzenberger, 2000, S. 112, 115 f.
632 *Happ*, in: FS Bezzenberger, 2000, S. 112, 116.
633 *Happ*, in: FS Bezzenberger, 2000, S. 112, 116.

von 1897 wiederum auf § 12 des preußischen Gesetzes über Aktiengesellschaften vom 1843 zurück. Über § 173 ADHGB, welcher nur die Namensaktie, nicht aber das Aktienbuch regelte, führten §§ 222, 223 HGB von 1897 und § 61 Abs. 1 des AktG 1937 dann zur Regelung des § 67 AktG von 1965[634], welcher die Führung des Aktienregisters regelte.[635] Das AktG von 1965 ist heute noch die Grundlage für das aktuelle AktG.

Die jüngeren Entwicklungen des Aktienregisters beginnen mit dem NaStraG 2001, welches neben der Einführung des Begriffes Aktienregister unter anderem das Einsichtsrecht eines Aktionärs in das Aktienregister auf die seine Person betreffenden Daten beschränkte, § 67 Abs. 6 S. 1 AktG. Davor war es Aktionären möglich, das gesamte Aktienregister, ohne Darlegung eines berechtigten Interesses, einzusehen und somit Informationen über andere Aktionäre zu erhalten.[636] Zudem wurden die bei der Übertragung von Namensaktien eingeschalteten Kreditinstitute zur Mitwirkung der Datenübermittlung verpflichtet, § 67 Abs. 4 S. 1 AktG. Mit dem NaStraG wollte der Gesetzgeber einerseits der Digitalisierung Rechnung tragen und andererseits das Aktienregister zu einer Legitimationsgrundlage ausbauen, die eine erhöhte Registerklarheit aufweist.[637]

Mit dem UMAG[638] wurde die Regelung des heutigen § 67 Abs. 4 S. 5 AktG eingeführt, wodurch das depotführende Institut auf Verlangen der Gesellschaft in das Aktienregister eingetragen werden kann, wenn der Inhaber der Aktie nicht eingetragen ist. Dies dient der Registervollständigkeit.[639] Mit dem EHUG[640] wurde der heutige § 67 Abs. 4 S. 6 AktG über die Eintragung von Intermediären als Platzhalter für nicht eingetragene Aktionäre eingeführt.

Eine weitere wichtige Änderung erfolgte mit dem Risikobegrenzungsgesetz von 2008,[641] welches aufgrund erhöhter Skepsis infolge der Finanzkrise von

634 Aktiengesetz vom 06.09.1965, BGBl. I, S. 1089 ff.

635 *Happ*, in: FS Bezzenberger, 2000, S. 112, 116; *Heinrich*, in: Heidel Aktienrecht, 5. Auflage 2020, § 67 AktG Rn. 2.

636 *Büllesbach/Klawitter/Miedbrodt*, DStR 2001, S. 666, 669.

637 *Bezzenberger*, in: Schmidt/Lutter AktG, 3. Auflage 2015, § 67 Rn. 3.

638 Gesetz zur Unternehmensintegrität und Modernisierung des Anfechtungsrechts (UMAG) vom 22.09.2005, BGBl. I, S. 2802 ff.

639 *Bezzenberger*, in: Schmidt/Lutter AktG, 3. Auflage 2015, § 67 Rn. 4.

640 Gesetz über das elektronische Handelsregister und Genossenschaftsregister sowie das Unternehmensregister (EHUG) vom 10.11.2006, BGBl. I, S. 2553 ff.

641 Art. 3 Nr. 1 Gesetz zur Begrenzung der mit Finanzinvestitionen verbundenen Risiken (Risikobegrenzungsgesetz) vom 18.08.2008, BGBl. I, S. 1666.

2007/2008 erlassen wurde.[642] Die Änderungen begründeten unter anderem die Eintragungspflicht der Aktionäre gem. § 67 Abs. 1 S. 2 AktG.

Die Aktienrechtsnovelle 2016[643] stellte klar, dass ein Aktienregister auch bei fehlender Verbriefung der Aktie geführt werden muss.[644] Die letzte Änderung der Regelungen zum Aktienregister erfolgte mit dem ARUG II[645], welches am 01.01.2020 in Kraft trat. Die neu eingeführten §§ 67 a–f AktG regeln in detaillierter Weise die Informationspflichten der Gesellschaft gegenüber ihren Aktionären.[646] Außerdem wurde durch Änderungen des § 67 Abs. 1 AktG die Identifikation der Aktionäre verbessert.

Während früher die Inhaberaktie aufgrund ihrer hohen Fungibilität unter den Aktiengesellschaften deutlich weiter verbreitet war, ist heutzutage die Namensaktie und mit ihr das Aktienregister eine häufige Wahl der Aktienform für große Aktiengesellschaften.[647] Aktiengesellschaften scheuten 2004 teilweise noch den organisatorischen Aufwand durch die Führung eines Aktienregisters bei Namensaktien.[648] Nicht-börsennotierte oder kleinere Aktiengesellschaften wählten dann aber schon vor der Aktienrechtsnovelle 2016 Namensaktien vermehrt als Aktienform, da die Vorteile einer transparenten Aktionärsstruktur oder die Möglichkeit der Vinkulierung mehr und mehr überzeugten.[649] Grund hierfür ist die Digitalisierung des Aktienregisters samt der Möglichkeit der Girosammelverwahrung. Beides wurde durch die Entwicklung des Abwicklungssystems CASCADE RS[650] von der Clearstream Banking AG ermöglicht. Durch das elektronische Abwicklungssystem kann täglich eine Umschreibung im Aktienregister erfolgen, sodass ein Aktionär schneller die ihm zustehenden Aktionärsrechte geltend machen kann.[651] Dadurch wurde die Namensaktie genauso

642 *Bezzenberger*, in: Schmidt/Lutter AktG, 3. Auflage 2015, § 67 Rn. 5.

643 Gesetz zur Änderung des Aktiengesetzes (Aktienrechtsnovelle 2016) vom 22.12.2015, BGBl. I, S. 2565 ff. Die Novelle 2016 zog sich über mehrere Jahre hin und geht auf die Auswirkungen der Finanzkrise zurück, vgl. *Müller-Eising*, GWR 2015, S. 50.

644 *Heinrich*, in: Heidel Aktienrecht, 5. Auflage 2020, § 67 AktG Rn. 5.

645 Gesetz zur Umsetzung der Aktionärsrechterichtlinie (ARUG II) vom 12.12.2019, BGBl. I, S. 2637 ff.

646 *Johannsen-Roth/Kießling/Raapke*, DB-Beilage 2019, S. 16, 17.

647 *Vatter*, in: BeckOKG, 01.02.2022, AktG § 10 Rn. 15; *Maul*, in: BeckHdB AG, 3. Auflage 2018, § 3 Rn. 17; *Maul*, NZG 2001, S. 585, 585.

648 *Bericht BMJ*, NZG 2004, S. 948, 948.

649 *Vatter*, in: BeckOKG, 01.02.2022, AktG § 10 Rn. 15.

650 Sogenannte Central Application for Settlement, Clearing and Depositary Expansion for Registered Share.

651 *Merkt*, in: Großkomm. AktG, 5. Auflage 2018, § 67 Rn. 22.

fungibel wie die Inhaberaktie. Mit der Aktienrechtsnovelle sah der Gesetzgeber schließlich die Namensaktie als Standardform an.[652] Im internationalen Kontext ist die Namensaktie bei gleicher Fungibilität wiederum interessanter als die Inhaberaktie, da ausländische Börsen wie die New York Stock Exchange nur Namensaktien zulassen.[653] Früher musste über eine Verbriefung der Inhaberaktie in sogenannte „American Depositary Shares" ein kostenintensiver Umweg gegangen werden.[654] Mittlerweile müssen für Inhaberaktien sogenannte „ADR – American Depositary Receipts" als börsenfähige Zertifikate ausgestellt werden.[655]

3. Übergeordnete Prinzipien

Hauptzweck des Aktienregisters ist die Schaffung von Rechtsklarheit und Rechtssicherheit über den Bestand der Aktionäre.[656] Die einzelnen Regelungen des § 67 AktG sollen unter Berücksichtigung der Interessen der Aktiengesellschaft und des einzelnen Aktionärs diesen Zweck umsetzen. Dabei beinhaltet § 67 AktG die Prinzipien der Registerklarheit, der Registervollständigkeit sowie der Registerwahrheit. Nur bei einem klaren und rechtssicheren Aktienregister kann dieses sodann als Legitimationsgrundlage für die Gesellschaft und den Aktionär *vice versa* fungieren.[657] Zudem besteht ein Interesse des Staates und der Allgemeinheit an der Verfolgung von Straftaten, insbesondere im Rahmen von Geldwäsche. Besteht eine Identifikationsmöglichkeit des Aktionärs aufgrund eines klaren, wahren und vollständigen Aktienregisters, können die Ermittlungsbehörden ihrer Aufgabe bestmöglich nachgehen.[658]

Neben den Zwecken der Rechtsklarheit und Rechtssicherheit wurde durch die vermehrte Nutzung von Namensaktien auch die Kommunikation der Gesellschaft mit ihren Investoren vereinfacht, die sogenannte Investor Relations.

---

652 *Vatter*, in: BeckOKG, 01.02.2022, AktG § 10 Rn. 15; vgl. *Solveen*, in: Hölters/Weber AktG, 4. Auflage 2022, § 10 Rn. 9.

653 *Bayer*, in: MüKo AktG, 5. Auflage 2019, § 67 Rn. 2; Merkt, in: Großkomm. AktG, 5. Auflage 2018, § 67 Rn. 21; *Sudmeyer*, in: MAH AktienR, 3. Auflage 2018, § 10 Rn. 55.

654 *Merkt*, in: Großkomm. AktG, 5. Auflage 2018, § 67 Rn. 21.

655 *Sudmeyer*, in: MAH AktienR, 3. Auflage 2018, § 10 Rn. 55.

656 *Bezzenberger*, in: Schmidt/Lutter AktG, 3. Auflage 2015, § 67 Rn. 1; *Merkt*, in: Großkomm. AktG, 5. Auflage 2018, § 67 Rn. 1.

657 *Bezzenberger*, in: Schmidt/Lutter AktG, 3. Auflage 2015, § 67 Rn. 1; *Merkt*, in: Großkomm. AktG, 5. Auflage 2018, § 67 Rn. 1.

658 *Maul*, in: BeckHdB AG, 3. Auflage 2018, § 3 Rn. 24.

a) Prinzip der Registerklarheit

Das Aktienregister soll Klarheit über die Personen verschaffen, die aufgrund ihrer Mitgliedschaft gegenüber der Aktiengesellschaft Rechte und Pflichten innehaben.[659] Der Gesetzgeber hat daher in § 67 Abs. 2 S. 1 AktG eine unwiderlegbare Vermutung begründet, dass nur eine im Aktienregister eingetragene Person mitgliedschaftliche Rechte und Pflichten gegenüber dieser hat.[660] Von der Registerwahrheit umfasst ist zudem die Beteiligungstransparenz, also welche Personen tatsächlich an der Gesellschaft beteiligt sind. Diese Möglichkeit wird auch als „*know your shareholder*" bezeichnet.[661]

b) Prinzip der Registervollständigkeit

§ 67 Abs. 4 S. 5 AktG verpflichtet das depotführende Kreditinstitut auf Verlangen der Gesellschaft zur Eintragung in das Aktienregister an Stelle des Inhabers der Namensaktie, wenn dieser selbst nicht eingetragen ist. Die entstehenden Kosten sind dem Kreditinstitut von der Gesellschaft zu erstatten. Durch diese Regelung werden freie Meldebestände in einem Aktienregister beseitigt, sodass dieses vollständig wird.[662]

c) Prinzip der Registerwahrheit

Das Aktienregister soll möglichst der materiellen Rechtslage entsprechen. Dies bedeutet, dass jeder Inhaber von Namensaktien als Aktionär im Aktienregister aufgeführt werden soll.

Dazu normiert § 67 Abs. 1 S. 2 AktG die Pflicht des jeweiligen Aktionärs, der Gesellschaft die notwendigen Angaben zur Eintragung nach § 67 Abs. 1 S. 1 AktG mitzuteilen.

Gem. § 67 Abs. 5 S. 1 AktG kann die Gesellschaft eine ihrer Ansicht nach zu Unrecht als Aktionär eingetragene Person aus dem Aktienregister löschen. Dabei ist der Betroffene vor Löschung zu benachrichtigen und kann gem. § 67

---

659 OLG Jena, AG 2004, S. 268, 269; *Bayer*, in: MüKo AktG, 5. Auflage 2019, § 67 Rn. 1; *Cahn*, in: BeckOKG, 01.02.2022, AktG § 67 Rn. 2; *Blasche*, AG 2015, S. 342, 344.

660 *Koch*, AktG, 16. Auflage 2022, § 67 Rn. 27; *Bayer*, in: MüKo AktG, 5. Auflage 2019, § 67 Rn. 1; *Cahn*, in: BeckOKG, 01.02.2022, AktG § 67 Rn. 38.

661 *Merkt*, in: Großkomm. AktG, 5. Auflage 2018, § 67 Rn. 1; *Noack*, NZG 2017, S. 561, 561; *Stöber*, DStR 2020, S. 391, 391; ausführlich *Bork*, NZG 2019, S. 738.

662 *Koch*, AktG, 16. Auflage 2022, § 67 Rn. 58; *Cahn*, in: BeckOKG, 01.02.2022, AktG § 67 Rn. 95; *Merkt*, in: Großkomm. AktG, 5. Auflage 2018, § 67 Rn. 9.

Abs. 5 S. 2 AktG gegen die Löschung Widerspruch einlegen. Die Gesellschaft kann somit auf eigene Initiative hin für ein richtiges Aktienregister sorgen.[663]

Von der Registerwahrheit umfasst ist zudem die Beteiligungstransparenz, also welche Personen tatsächlich an der Gesellschaft beteiligt sind. Gem. § 67 Abs. 4 S. 2 AktG hat die Gesellschaft das Recht, von dem Eingetragenen Auskunft zu erhalten, inwieweit ihm die Aktien tatsächlich gehören. Dies beinhaltet auch das Recht, die entsprechenden Daten des tatsächlichen Eigentümers der Aktien übermittelt zu bekommen. Durch die Regelung werden zudem auch Anteilserwerbe transparent, die unter der Meldeschwelle des WpHG in Höhe von 3% liegen, wodurch ein sogenanntes *Creeping-in* erschwert wird.[664]

4. Struktur

Für die Führung des Aktienregisters ist als Maßnahme der Geschäftsführung gem. § 76 AktG der jeweilige Vorstand der Aktiengesellschaft verantwortlich.[665] Dabei kann er sich bei der Führung des Registers allerdings auch Dritter, zum Beispiel Dienstleister, bedienen.

Dies darf indes nicht zu einer kompletten Auslagerung der Verantwortung samt Kontrollverlust führen. Entscheidend ist, dass der jeweilige Dritte hinsichtlich der Führung des Aktienregisters weisungsgebunden gegenüber dem Vorstand ist.

Im Unterschied zum Handelsregister oder zum Grundbuch hat der Gesetzgeber bezüglich Strukturierung und Organisation innerhalb des Registers wenig bis gar keine Regelungen getroffen. So besteht zum Beispiel ein gewisser Spielraum, nach welchen Kriterien die Aktionäre sortiert werden. Das Aktienregister kann auch noch als Buch oder in Loseblatt in Papierform geführt werden, wobei aus Praktikabilitätsgründen bei größeren Gesellschaften vorwiegend elektronisch geführte Aktienregister bestehen. Das geringe Maß an gesetzlicher Regelung in dieser Hinsicht ist Ausdruck des privaten Charakters eines Aktienregisters. Auch wenn Ermittlungsbehörden und somit die Allgemeinheit ein Interesse an der Identität eines Aktionärs zur Verhinderung der Geldwäsche oder anderer

---

663 *Merkt*, in: Großkomm. AktG, 5. Auflage 2018, § 67 Rn. 1; vgl. *Grigoleit/Rachlitz*, in: Grigoleit AktG, 2. Auflage 2020, § 67 Rn. 141.

664 *Merkt*, in: Großkomm. AktG, 5. Auflage 2018, § 67 Rn. 12; *Heinrich*, in: Heidel Aktienrecht, 5. Auflage 2020, § 67 AktG Rn. 3. Ausführlich zum *Creeping-in*: *Baums*, ZIP 2010, S. 2374.

665 OLG München ZIP 2005, S. 1070, 1070; *Merkt*, in: Großkomm. AktG, 5. Auflage 2018, § 67 Rn. 36.

Straftaten haben, dient das Aktienregister doch weiterhin in erster Linie der Gesellschaft und ihren Aktionären, sei es als formale Legitimationswirkung für den Aktionär oder zur Pflege der Investor Relations seitens der Aktiengesellschaft.

Das Aktienregister muss die Pflichtangaben gem. § 67 Abs. 1 S. 1 AktG enthalten. Dies dient einerseits zur Identifizierung des Aktionärs anhand des Namens, der Adresse und des Geburtsdatums, andererseits soll durch die Eintragung von Stückzahl oder Aktiennummer sowie bei Nennbetragsaktien des Betrags der Umfang der Beteiligung deutlich werden.[666] Mit der Aufnahme der elektronischen Adresse in die Pflichtangaben nach § 67 Abs. 1 S. 1 AktG kann eine Aktiengesellschaft nunmehr ihren Aktionären vereinfacht und kostengünstiger per E-Mail Informationen zukommen lassen und die Investor Relations pflegen.

Fraglich ist die handelsrechtliche Einordnung eines Aktienregisters. Nach § 238 Abs. 1 HGB ist grundsätzlich jeder Kaufmann und somit auch eine Handelsgesellschaft zur Buchführung über seine/ihre Handelsgeschäfte verpflichtet.[667]

Indem der Vorstand einer Aktiengesellschaft mit Namensaktien zur Führung eines Aktienregisters als Maßnahme der Geschäftsführung nach § 76 AktG verpflichtet ist, könnte es sich bei einem Aktienregister um ein Handelsbuch im Sinne von § 238 HGB handeln. Ein Handelsbuch im Sinne von § 238 HGB beschreibt jedoch die Handelsgeschäfte und soll die Vermögenslage der Aktiengesellschaft und ihrer Geschäfte abbilden und dokumentieren.

Ein Aktienregister bildet aber nicht die Vermögenslage aufgrund ihrer Handelsgeschäfte ab, sondern gibt die Inhaber der Namensaktien und somit den Bestand der Aktionäre an und ist daher kein Handelsbuch gem. § 238 HGB.[668]

Trotzdem ist ein Aktienregister eine notwendige Aufzeichnung einer Aktiengesellschaft mit Namensaktien. Ein Aktienregister ist somit als eine sonstige erforderliche Aufzeichnung gem. § 239 Abs. 1 HGB einzuordnen und nicht als Handelsbuch gem. § 238 HGB.[669] Es unterliegt gem. § 239 Abs. 4 S. 1 HGB den Grundsätzen ordnungsgemäßer Buchführung. Gleichzeitig ergibt sich aus § 239 Abs. 4 S. 1 HGB die Möglichkeit einer Führung des Aktienregisters auf Datenträgern, also elektronisch. Ein auf Datenträgern geführtes Aktienregister muss

---

666 *Merkt*, in: Großkomm. AktG, 5. Auflage 2018, § 67 Rn. 43; *Cahn*, in: BeckOKG, 01.02.2022, AktG § 67 Rn. 28.

667 *Merkt*, in: Hopt HGB, 41. Auflage 2022, § 238 Rn. 1 ff.; für Einzelkaufleute besteht eine Befreiungsmöglichkeit nach § 241a HGB.

668 *Merkt*, in: Hopt HGB, 41. Auflage 2022, § 238 Rn. 1.

669 *Koch*, AktG, 16. Auflage 2022, § 67 Rn. 4; *Merkt*, in: Großkomm. AktG, 5. Auflage 2018, § 67 Rn. 35; *Leuering*, ZIP 1999, S. 1745, 1745.

gem. § 239 Abs. 4 S. 1 HGB den Anforderungen an eine ordnungsgemäße Buchführung entsprechen und gem. § 239 HGB Abs. 4 S. 2 für die Dauer der Aufbewahrung verfügbar und in angemessener Frist lesbar sein. Der Gesetzgeber hat somit vor allem auf das Vorhandensein der Daten und deren Lesbarkeit abgestellt und keine weiteren Anforderungen an eine elektronische Führung gestellt. Hier kommt ebenfalls zum Ausdruck, dass es sich bei dem Aktienregister um kein öffentliches Register im Sinne eines Grundbuchs oder eines Handelsregisters handelt, die jeweils mit einem öffentlichen Glauben oder einer Publizitätsfunktion ausgestattet sind, sondern um ein privates Register, dessen Hauptaugenmerk die ordentliche Buchführung und Verfügbarkeit ist.[670]

5. Die Eintragung im Aktienregister und die Übertragung von Aktien

a) *Eintragung und Löschung*

Bei der Eintragung eines Aktionärs in das Aktienregister ist zwischen der Ersteintragung und der Eintragung und Löschung aufgrund einer Übertragung von Namensaktien zu unterscheiden.

Der erste Inhaber von Namensaktien einer Aktiengesellschaft, zum Beispiel nach Gründung der Gesellschaft oder nach der Ausgabe neuer Namensaktien durch die Gesellschaft, wird ohne einen Eintragungsantrag, sondern durch eigenständiges Tätigwerden des Vorstandes eingetragen.

Die Eintragung und Löschung eines Aktionärs dürfen in anderen Fällen als der Ersteintragung gem. § 67 Abs. 3 S. 1 AktG nur nach Mitteilung und entsprechendem Nachweis gegenüber der Gesellschaft vorgenommen werden. Eintragung und Löschung werden mit der Umbuchung der Aktionäre im Aktienregister wirksam.[671] Gem. § 67 Abs. 1 S. 2 AktG muss der Erwerber einer Namensaktie sowie gem. § 67 Abs. 4 S. 1 AktG das an der Übertragung beteiligte depotführende Kreditinstitut die notwendigen Angaben der Gesellschaft mitteilen. In der Praxis werden die Angaben aufgrund der Abwicklung des Wertpapiergeschäfts regelmäßig durch die beteiligten depotführenden Kreditinstitute und die Clearstream Banking AG als Wertpapiersammelbank mitgeteilt, was auch im Interesse

---

670 *Cahn*, in: BeckOKG, 01.02.2022, AktG § 67 Rn. 4; *Longrée/Pesch*, NZG 2017, S. 1081, 1083; *Rieg*, BB 2017, S. 2310, 2314.

671 *Merkt*, in: Großkomm. AktG, 5. Auflage 2018, § 67 Rn. 108; *Cahn*, in: BeckOKG, 01.02.2022, AktG § 67 Rn. 87.

des Veräußerers und Erwerbers liegt.[672] Den Veräußerer trifft dabei zwar keine Pflicht zur Mitteilung nach dem AktG, er hat aber eine vertragliche Obliegenheit gegenüber dem Erwerber.[673] Für den Nachweis des Erwerbs der entsprechenden Namensaktien genügt bei einer Beteiligung von Kreditinstituten eine Plausibilitätskontrolle durch die Gesellschaft.[674] Ansonsten sind die Anforderungen an den Nachweis nicht festgelegt, es bedarf allerdings eines geeigneten Beweismittels, zum Beispiel einer Abtretungsurkunde oder eines Indossaments.[675]

Ist die Gesellschaft der Ansicht, dass ein Aktionär zu Unrecht im Aktienregister eingetragen ist, kann eine Löschung nach § 67 Abs. 5 S. 1 AktG nur nach einer Benachrichtigung des Eingetragenen sowie dem Verstreichen einer angemessenen Widerspruchsfrist für den Eingetragenen erfolgen. Nach § 67 Abs. 5 S. 2 AktG hat die Löschung bei Widerspruch des Aktionärs innerhalb der Frist zu unterbleiben.

b) Eintragungswirkung

aa) Rechtswirkung

Gem. § 67 Abs. 2 S. 1 AktG gilt nur derjenige als Aktionär gegenüber der Gesellschaft, der im Aktienregister eingetragen ist. Dies wird oftmals als Legitimationswirkung für die Rechte und Pflichten des Aktionärs bezeichnet.[676] Der Begriff der Legitimationswirkung indiziert regelmäßig eine widerlegbare Vermutung, die dem Sinn und Zweck des § 67 Abs. 2 S. 1 AktG nach eindeutigen Beteiligungsverhältnissen nicht genügt.[677] Es soll vielmehr eine unwiderlegbare Vermutung bestehen, dass nur der im Aktienregister Eingetragene den mitgliedschaftlichen Rechten und Pflichten unterliegt.[678] Die Unwiderlegbarkeit der

---

672 *Merkt*, in: Großkomm. AktG, 5. Auflage 2018, § 67 Rn. 113; *Cahn*, in: BeckOKG, 01.02.2022, AktG § 67 Rn. 77; *Eder*, NZG 2004, S. 107, 110.

673 *Merkt*, in: Großkomm. AktG, 5. Auflage 2018, § 67 Rn. 114; vgl. *Cahn*, in: BeckOKG, 01.02.2022, AktG § 67 Rn. 32.

674 Vgl. Begr. RegE BT-Drs. 14/4051, S. 11; BGH NGZ 2004, S. 1109, 1111; *Merkt*, in: Großkomm. AktG, 5. Auflage 2018, § 67 Rn. 121; *Cahn*, in: BeckOKG, 01.02.2022, AktG § 67 Rn. 86.

675 *Merkt*, in: Großkomm. AktG, 5. Auflage 2018, § 67 Rn. 120, vgl. *Cahn*, in: BeckOKG, 01.02.2022, AktG § 67 Rn. 86.

676 OLG Jena ZIP 2004, S. 563.

677 *Koch*, AktG, 16. Auflage 2022, § 67 Rn. 27.

678 OLG Hamburg NZG 2004, S. 45, 45; *Koch*, AktG, 16. Auflage 2022, § 67 Rn. 27; *Grigoleit/Rachlitz*, in: Grigoleit AktG, 2. Auflage 2020, § 67 Rn. 58.

Vermutung soll zu Rechtsklarheit und Rechtssicherheit führen, indem einzig und allein auf die Eintragung abgestellt wird. Außerdem rechtfertigt die typischerweise richtige Wiedergabe der materiellen Rechtslage durch das Aktienregister die Unwiderlegbarkeit der Vermutungswirkung.[679] Zudem werden sowohl Aktionäre als auch Gesellschaften angehalten, Eintragungen und Änderungen im Aktienregister zügig und ordnungsgemäß durchzuführen. Die Eintragung hat gegenüber Dritten nur dann Wirkung, wenn es sich um die Geltendmachung eines mitgliedschaftlichen Rechts gegenüber einem Mitaktionär handelt, zum Beispiel die Einberufung der Hauptversammlung nach § 122 AktG.[680] Zudem hat die Eintragung keine Auswirkung auf die materielle Rechtslage, also wer Inhaber der Namensaktie ist. Genauso hat die Änderung der materiellen Rechtslage durch Übertragung der Namensaktie ohne Umschreibung im Aktienregister keine Auswirkung auf die Mitgliedschaftsrechte des Aktionärs.[681]

Auch ein Gutglaubensschutz wird durch eine Eintragung im Aktienregister nicht begründet, da das Aktienregister eben kein öffentliches Register zum Schutz des Rechtsverkehrs darstellt, sondern sich auf die Beziehung zwischen Aktiengesellschaft und Aktionär beschränkt.[682]

Die unwiderlegbare Vermutung besteht auch bei positiver Kenntnis der Aktiengesellschaft von dem Auseinanderfallen der materiellen Rechtslage und der Registereintragung. Ebenso kann die Aktiengesellschaft einem Aktionär nicht entgegenhalten, dass er in Wahrheit nicht Inhaber der Namensaktie sei, sondern muss ihm seine Aktionärsrechte, wie zum Beispiel den Dividendenanspruch, zugestehen.[683] Dabei begründet die Eintragung keine eigenen Rechte oder Pflichten für den Nichtaktionär, sondern es bleiben weiterhin fremde Rechte und Pflichten.[684]

Die Eintragung im Aktienregister hat somit eine Legitimationswirkung für den Aktionär, seine Rechte aus der Mitgliedschaft geltend zu machen, und eine

679 OLG Jena ZIP 2004, S. 563, 564; *Koch*, AktG, 16. Auflage 2022, § 67 Rn. 27.

680 *Cahn*, in: BeckOKG, 01.02.2022, AktG § 67 Rn. 41; *Bayer*, in: MüKo AktG, 5. Auflage 2019, § 67 Rn. 48; *Lieder*, NZG 2005, S. 159, 160 ff.; a.A. *Mayer/Albrecht vom Kolke*, in: Hölters/Weber AktG, 4. Auflage 2022, § 67 Rn. 12.

681 *Koch*, AktG, 16. Auflage 2022, § 67 Rn. 28; *Merkt*, in: Großkomm. AktG, 5. Auflage 2018, § 67 Rn. 64.

682 *Koch*, AktG, 16. Auflage 2022, § 67 Rn. 25; *Bayer*, in: MüKo AktG, 5. Auflage 2019, § 67 Rn. 46.

683 *Koch*, AktG, 16. Auflage 2022, § 67 Rn. 29; *Merkt*, in: Großkomm. AktG, 5. Auflage 2018, § 67 Rn. 66 f.

684 *Merkt*, in: Großkomm. AktG, 5. Auflage 2018, § 67 Rn. 70.

Liberationswirkung für die Gesellschaft, die ihren Verpflichtungen nur gegenüber dem Eingetragenen befreiend nachkommen kann und auch nur diesen für Pflichten aus der Mitgliedschaft in Anspruch nehmen kann.[685]

Genauso wie die Rechtswirkungen erst mit der Eintragung erfolgen, bleiben sie bis zur Austragung des Aktionärs aus dem Aktienregister bestehen.

bb) Die Voraussetzung der Rechtswirkung der Eintragung

Voraussetzung für die Rechtswirkungen ist eine formal ordnungsgemäße Eintragung des Aktionärs in das Aktienregister.[686] Die Eintragung ist formal richtig, wenn der Vorstand der Gesellschaft die Mindestvoraussetzungen an ein Eintragungsverfahren gewahrt hat. Dabei sind auch die Interessen des bisherigen Aktionärs zu wahren. Es haben sich in Rechtsprechung und Literatur aufgrund fehlender gesetzlicher Vorgaben einige Verfahrensgrundsätze entwickelt.[687] So muss ein Aktienregister überhaupt geführt werden, es muss eine Mitteilung eines dazu formal Berechtigten vorliegen, diese Mitteilung muss sich auch auf den Aktionär als einzutragende Person beziehen und die Eintragung durch den Vorstand bewirkt werden. Erfolgt die Eintragung durch ein unzuständiges Organ oder eine andere, nicht befugte Person, ist sie nicht ordnungsgemäß und entfaltet keine Rechtswirkung.[688]

cc) Ausnahmen von der Rechtswirkung der Eintragung

Bei einer Übertragung der Namensaktien im Wege der Gesamtrechtsnachfolge ist ausnahmsweise nicht eine ordnungsgemäße Eintragung Voraussetzung zum Eintreten der Rechtswirkung.[689] Ein Erbe rückt im Wege der Universalsukzession gem. §§ 1922, 1967 BGB in die Stellung des Aktionärs des Erblassers ein.[690]

---

685 *Merkt*, in: Großkomm. AktG, 5. Auflage 2018, § 67 Rn. 68; *Cahn*, in: BeckOKG, 01.02.2022, AktG § 67 Rn. 39; *Mayer/Albrecht vom Kolke*, in: Hölters/Weber AktG, 4. Auflage 2022, § 67 Rn. 12.

686 *Koch*, AktG, 16. Auflage 2022, § 67 Rn. 26; *Merkt*, in: Großkomm. AktG, 5. Auflage 2018, § 67 Rn. 85.

687 Vgl. *Bayer*, in: MüKo AktG, 5. Auflage 2019, § 67 Rn. 85 f.

688 *Koch*, AktG, 16. Auflage 2022, § 67 Rn. 26; *Cahn*, in: BeckOKG, 01.02.2022, AktG § 67 Rn. 48 f.

689 *Merkt*, in: Großkomm. AktG, 5. Auflage 2018, § 67 Rn. 94.

690 OLG Brandenburg NZG 2002, S. 476, 478; *Merkt*, in: Großkomm. AktG, 5. Auflage 2018, § 67 Rn. 94; *Grigoleit/Rachlitz*, in: Grigoleit AktG, 2. Auflage 2020, § 67 Rn. 75; mit Verweis auf das Gebot der Rechtssicherheit a.A. *Koch*, AktG, 16. Auflage 2022, § 67 Rn. 30; *Wiersch*, NZG 2015, S. 1336, 1337 ff.; eine Kompromisslösung vorschlagend *Bayer*, in: MüKo AktG, 5. Auflage 2019, § 67 Rn. 81.

Würden in diesem Fall erst mit der Eintragung des Erben in das Aktienregister Rechte und Pflichten begründet werden, würde die Gesellschaft bis zu diesem Zeitpunkt eine vakante Aktionärsstellung haben. Anders als bei der Übertragung von Namensaktien durch Rechtsgeschäft kann nicht auf den bisher eingetragenen Aktionär zurückgegriffen werden. Dies gilt neben dem Erbfall auch für andere Fälle der Gesamtrechtsnachfolge, in denen nicht auf den bisherigen Aktionär zurückgegriffen werden kann, so zum Beispiel bei Verschmelzungen oder wenn das Vereinsvermögen an den Fiskus anfällt gem. § 46 BGB.[691]

Daneben sieht das Gesetz in § 67 Abs. 2 S. 2, 3 AktG eine Ausnahme von der Legitimationswirkung für die Ausübung der Stimmrechte durch den Aktionär vor. Der Stimmrechtsausschluss erfolgt gem. § 67 Abs. 2 S. 2 AktG bei einer Verletzung von satzungsmäßigen Höchstgrenzen nach § 67 Abs. 1 S. 3 AktG oder Offenlegungspflichten, falls die Namensaktien einer anderen Person als der eingetragenen gehören.

§ 67 Abs. 2 S. 3 AktG normiert den Stimmrechtsausschluss, falls einem Auskunftsverlangen der Gesellschaft gem. § 67 Abs. 4 S. 2 AktG nach Fristablauf sowie der Androhung des Stimmrechtsverlustes trotzdem nicht nachgekommen wurde.

c) Übertragung der Mitgliedschaft

aa) Verfügung und Übertragungsart

Die Übertragung der Mitgliedschaft ist streng von der Eintragung im Aktienregister zu trennen. Die Eintragung im Aktienregister hat keine konstitutive Wirkung auf die Übertragung von Namensaktien, sodass materiell-rechtlich auch ohne Eintragung im Aktienregister eine Person Eigentümer von Namensaktien sein kann. Freilich kann der Eigentümer von Namensaktien seine mitgliedschaftlichen Rechte gem. § 67 Abs. 2 S. 1 AktG nur dann ausüben, wenn er in das Aktienregister eingetragen worden ist. Genauso treffen auch den im Aktienregister stehenden Aktionär bei einer Übertragung seiner Anteile auf einen Dritten weiterhin die Pflichten aus der Mitgliedschaft gem. § 67 Abs. 2 S. 1 AktG, solange er im Aktienregister eingetragen ist.

Die Übertragung der Namensaktie ist aber als Voraussetzung für den Nachweis für die Umschreibung im Aktienregister gem. § 67 Abs. 3 S. 1 AktG notwendig. Es besteht zwar keine unmittelbare rechtliche Auswirkung zwischen Übertragung der Mitgliedschaft und Eintragung im Aktienregister, mit dem

691 *Merkt*, in: Großkomm. AktG, 5. Auflage 2018, § 67 Rn. 96.

Nachweis der Übertragung kann ein Aktieninhaber aber seine Eintragung herbeiführen und somit zum Aktionär werden. Um den erforderlichen Nachweis der Gesellschaft gegenüber erbringen zu können, sind die verschiedenen Übertragungsmöglichkeiten zu betrachten.

Unter einer Aktie wird sowohl die Mitgliedschaft an einer Aktiengesellschaft als auch die verbriefte Aktienurkunde sowie die Beteiligungsquote verstanden.[692] Bei der Übertragung der Mitgliedschaft ist somit zwischen der Aktie als mitgliedschaftlichem Recht und der Aktie als Aktienurkunde zu unterscheiden.

Es gilt zu prüfen, ob die Verbriefung der Mitgliedschaft als Aktienurkunde zwingend erforderlich ist. Gem. § 10 Abs. 5 AktG kann der Anspruch eines Aktionärs aus Verbriefung seines Anteils in der Satzung ausgeschlossen werden. Nicht ausgeschlossen werden kann dagegen der Anspruch auf Verbriefung aller Aktien in einer Globalurkunde.[693] Die Hinterlegung des Anteils in einer Globalurkunde sei *„als Minimum unverzichtbar, alles andere steht zur Disposition der Satzung“*.[694] Die Aussage vermittelt den Anschein, dass die Aktiengesellschaft zwingend die Aktienurkunden verbriefen muss. Richtigerweise kann lediglich der Anspruch des Aktionärs auf Verbriefung in einer Globalurkunde nicht ausgeschlossen werden.[695] Darauf folgt jedoch nicht zwangsweise, dass eine Aktiengesellschaft die Anteile verbriefen muss. Die Verbriefung der Mitgliedschaft als Aktienurkunde ist daher nur deklaratorisch, sodass auch unverbriefte Aktien ausgegeben werden können, wie dies auch der Hinweis auf nicht verbriefte Aktien in § 214 Abs. 4 AktG verdeutlicht.[696] Dieses Ergebnis ist auch mit dem Ergebnis des Gesetzgebers aus dem Jahr 1998 in Einklang zu bringen, wonach *„nicht der Schritt zum Wertrecht unter Abkehr vom Wertpapier vollzogen“* werden sollte.[697] Der damalige Gesetzgeber wollte keine vollständige Abkehr vom Wertpapier. Der Anspruch auf Verbriefung in einer Globalurkunde, den jeder

692 *Vatter*, in: BeckOKG, 01.02.2022, AktG § 10 Rn. 4.

693 *Koch*, AktG, 16. Auflage 2022, § 10 Rn. 12; *Vatter*, in: BeckOKG, 01.02.2022, AktG § 10 Rn. 8.

694 So als h.M. bezeichnend *Koch*, AktG, 16. Auflage 2022, § 10 Rn. 12, m.w.N.; *Scherer*, Blockchain im Wertpapierbereich, 2020, S. 145.

695 So differenziert *Vatter*, in: BeckOKG, 01.02.2022, AktG § 10 Rn. 88; *Heidel*, in: MüKo AktG, 5. Auflage 2019, § 10 Rn. 62; *Vedder*, in: Grigoleit AktG, 2. Auflage 2020, § 10 Rn. 3 ff.

696 *Vatter*, in: BeckOKG, 01.02.2022, AktG § 10 Rn. 32; so wohl auch *Arnold*, in: MüKo AktG, 5. Auflage 2019, § 214 Rn. 39; a.A. *Scherer*, Blockchain im Wertpapierbereich, 2020, S. 145.

697 BT-Drs. 13/10038, S. 25.

Aktionär hat, sichert dies ab. Der Zwang zur Verbriefung durch die Aktiengesellschaft kann weder der Aussage des damaligen Gesetzgebers noch dem Wortlaut des § 10 Abs. 5 AktG entnommen werden.[698]

Bei der Übertragung der Mitgliedschaft sowie, falls vorhanden, der verbrieften Aktienurkunde ist zwischen der Übertragung durch Zession sowie durch Indossament zu unterscheiden. Unverbriefte Aktien können dabei nur im Wege der Zession und nicht per Indossament übertragen werden.[699] Verbriefte Namensaktien können durch Indossament übertragen werden, § 68 Abs. 1 S. 1 AktG.

Eine verbriefte Aktie stellt ein Wertpapier im Sinne des BGB dar, da die Aktienurkunde eine Mitgliedschaft an einer Aktiengesellschaft verbrieft.[700] Das hat zur Folge, dass nur der Inhaber der Aktienurkunde das verbriefte Recht, also die Mitgliedschaft an der Aktiengesellschaft, geltend machen kann.[701] Dabei kann auch eine sogenannte Hinterlegungsbescheinigung vorgelegt werden, wodurch auch die Inhaberschaft bei in Sammelurkunden verbrieften Aktien nachgewiesen werden kann.[702] Die unverbriefte Mitgliedschaft ist kein Wertpapier im zivilrechtlichen Sinne, da hierfür eine Urkunde und somit eine verkörperte Gedankenerklärung notwendig ist.[703] Eine Subsumtion eines unverbrieften Rechts unter den Begriff des Wertpapiers nach dem BGB würde den Kern der §§ 793 ff. BGB, die Ausübung des Rechts durch Vorlage des Inhabers des Wertpapiers, aushöhlen.[704]

Nachfolgend werden die Übertragung der Mitgliedschaft im Wege der Zession von verbrieften Namensaktien sowie die Übertragung der Mitgliedschaft von verbrieften Namensaktien durch Indossament dargestellt.

bb) Übertragung durch Zession

Eine unverbriefte oder verbriefte Namensaktie kann nach herrschender Ansicht durch Abtretung des Mitgliedschaftsrechts gem. §§ 413, 398 BGB übertragen werden.[705] Diese seit langem verbreitete Meinung hat der Gesetzgeber durch die

---

698 A.A. jeweils mit Bezug auf den Gesetzgeber: *Koch*, AktG, 16. Auflage 2022, § 10 Rn. 12; *Scherer*, Blockchain im Wertpapierbereich, 2020, S. 145.

699 Vgl. *Merkt*, in: Großkomm. AktG, 5. Auflage 2018, § 68 Rn. 38.

700 *Gehrlein*, in: BeckOK BGB, 01.05.2022, § 793 Rn. 1.

701 *Gehrlein*, in: BeckOK BGB, 01.05.2022, § 793 Rn. 1.

702 *Habersack*, in: MüKo BGB, 8. Auflage 2020, Vor § 793 Rn. 13.

703 BGHZ 65, 300, 301.

704 *Vogel*, in: BeckOKG, 01.07.2022, BGB § 793 Rn. 16.

705 *Mülbert*, in: FS Nobbe, 2009, S. 681, 699; *Vatter*, in: BeckOKG, 01.02.2022, AktG § 10 Rn. 57 f.; *Koch*, AktG, 16. Auflage 2022, § 68 Rn. 3; *Merkt*, in: Großkomm. AktG,

Änderung des § 68 Abs. 1 S. 1 AktG durch das NaStraG, dass Namensaktien „auch“ durch Indossament übertragen werden können, bestätigt.[706] Die Übertragung der Mitgliedschaft durch Zession kann auch nicht von der Gesellschaft in ihrer Satzung ausgeschlossen werden, da sonst eine unberechtigte Beschränkung der Übertragung der Mitgliedschaft bestehen würde.[707] Zu beachten ist weiterhin, dass unverbriefte Aktien nicht gutgläubig vom Nichtberechtigen erworben werden können. Möchte eine Gesellschaft für die von ihr ausgegebenen Aktien einen gutgläubigen Erwerb ermöglichen, müssen die Aktien verbrieft werden.[708]

Zu untersuchen ist, inwieweit bei einer verbrieften Namensaktie zusätzlich zur Abtretung auch die Übergabe der Aktienurkunde zur wirksamen Übertragung notwendig ist. Früher wurde eine Übergabe der Aktienurkunde zur Vollendung des Übertragungsaktes als notwendig erachtet.[709] Einerseits wird angeführt, dass eine wirksame Übertragung ohne Übergabe des verbrieften Rechts sinnwidrig, da die Ausübung der Rechte, die eine Aktienurkunde verkörpert, nach dem Privatrecht den Besitz der Urkunde erforderte.[710] Zudem würden die Rechtsklarheit sowie der Schutz des Erwerbers eine Übergabe und somit ein Zusammenfallen von Besitz und materieller Rechtslage erfordern.[711]

Dagegen hat auch der BGH[712] sich einer neueren Ansicht angeschlossen, wonach der Besitz und somit eine Übergabe der Aktienurkunde nicht notwendig sei.[713] Das Gesetz sieht in den §§ 413, 398 BGB keine Voraussetzung der Übergabe für die Übertragung von Namensaktien vor. Aus Gründen des Erwerbsschutzes ist zwischen der Ausübung der Mitgliedschaftsrechte und

---

5. Auflage 2018, § 68 Rn. 126; *Grigoleit/Rachlitz*, in: Grigoleit AktG, 2. Auflage 2020, § 68 Rn. 3; *Mentz/Fröhling*, NZG 2002, S. 201, 202.

706 Begr RegE BT-Drs. 14/4051, S. 12; *Koch*, AktG, 16. Auflage 2022, § 68 Rn. 3.

707 BGH NJW 2004, S. 3561, 3562; *Mülbert*, in: FS Nobbe, 2009, S. 681, 699; *Merkt*, in: Großkomm. AktG, 5. Auflage 2018, § 68 Rn. 127.

708 Zum Zweck des gutgläubigen Erwerbs von Aktien siehe *Topp*, Elektronische Aktien, 2022, S. 143 ff.

709 Vgl. BGH NJW 1958, S. 302, 303; *Merkt*, in: Großkomm. AktG, 5. Auflage 2018, § 68 Rn. 130; *Koch*, AktG, 16. Auflage 2022, § 68 Rn. 3 mwN.

710 *Merkt*, in: Großkomm. AktG, 5. Auflage 2018, § 68 Rn. 130 jeweils mwN.

711 KG NZG 2003, S. 226, 228.

712 BGH NZG 2013, S. 903 Rn. 17 ff.

713 *Mülbert*, in: FS Nobbe, 2009, S. 681, 699, 700; *Vatter*, in: BeckOKG, 01.02.2022, AktG § 10 Rn. 58; *Koch*, AktG, 16. Auflage 2022, § 68 Rn. 3; *Merkt*, in: Großkomm. AktG, 5. Auflage 2018, § 68 Rn. 131; *Mentz/Fröhling*, NZG 2002, S. 201; *Modlich*, DB 2002, S. 671, 672.

deren Innehaben zu trennen. Außerdem würde die Notwendigkeit einer Übergabe die Verfügung der verbrieften Mitgliedschaft als solche den Regeln des Wertpapierrechts unterordnen.[714] § 67 Abs. 2 S. 1 AktG sagt für die Namensaktie klar und deutlich, dass die Rechte und Pflichten eines Aktionärs gegenüber der Gesellschaft nur bei Eintragung im Aktienregister bestehen.[715]

Dies überzeugt, da keine Notwendigkeit zur Übergabe bei einer Abtretung der Mitgliedschaft besteht und auch vom Gesetz nicht gefordert wird. Das Eigentum an der Aktienurkunde geht bei einer Zession der Namensaktie somit analog § 952 BGB auf den Erwerber über.[716]

Die Abtretung der Namensaktie ist formlos und kann durch die Satzung der Aktiengesellschaft auch nicht an eine bestimmte Form gebunden werden, da ansonsten wiederum eine unberechtigte Beschränkung der Übertragung der Namensaktie vorliegen würde.

Die Abtretung kann lediglich nach § 68 Abs. 2 S. 1 AktG wie jede rechtsgeschäftliche Übertragung von sogenannten vinkulierten Namensaktien an die Zustimmung der Gesellschaft geknüpft werden.[717]

cc) Übertragung durch Indossament und Übereignung

Namensaktien können gem. § 68 Abs. 1 S. 1 AktG auch per Indossament übertragen werden. Die Vorschrift erweitert die Übertragung der Mitgliedschaft durch Zession. Eine wirksame Rechtsübertragung bedarf neben dem Indossament zusätzlich die Übereignung der Urkunde nach den sachenrechtlichen Grundsätzen.[718] Ein Indossament ist die schriftliche Übertragungserklärung auf der Urkunde der Aktie, wobei auch eine mit der Aktie verbundene Anlage gem. Art. 13 Abs. 1 S. 1 WG ausreichend ist. Aus dem Erfordernis der schriftlichen

---

714 *Mülbert*, in: FS Nobbe, 2009, S. 681, 700.

715 Auf § 67 Abs. 2 verweisend *Koch*, AktG, 16. Auflage 2022, § 68 Rn. 3.

716 Ebenso *Koch*, AktG, 16. Auflage 2022, § 68 Rn. 3; a.A. *Herrler*, in: Grüneberg, 81. Auflage 2022, § 952 Rn. 3, wonach Inhaber- und Namensaktien nicht von § 952 BGB erfasst seien.

717 OLG Celle, NZG 2005, S. 279; *Merkt*, in: Großkomm. AktG, 5. Auflage 2018, § 68 Rn. 135; *Vatter*, in: BeckOKG, 01.02.2022, AktG § 10 Rn. 58.

718 *Koch*, AktG, 16. Auflage 2022, § 68 Rn. 4; *Cahn*, in: BeckOKG, 01.02.2022, AktG § 68 Rn. 5; *Merkt*, in: Großkomm. AktG, 5. Auflage 2018, § 68 Rn. 17; *Mentz/Fröhling*, NZG 2002, S. 201, 202.

Erklärung sowie der Übereignung der Urkunde ergibt sich zwangsläufig, dass nur verbriefte Aktien per Indossament übertragen werden können.[719]

Für Form und Inhalt des Indossaments verweist § 67 Abs. 1 S. 2 AktG auf die §§ 12, 13 und 16 WG. Daneben sind die §§ 14, 18 und 19 WG auf die Übertragung per Indossament sinngemäß anwendbar, was vom Gesetzgeber als selbstverständlich angesehen wurde und daher keine ausdrückliche Nennung in § 68 AktG erfuhr.[720] Es lässt sich zwischen Vollindossament und Blankoindossament von Namensaktien unterscheiden.

(1) Vollindossament

Ein Vollindossament muss gem. Art. 13 Abs. 1 WG die Unterschrift des Indossanten, also des Veräußerers, sowie eine Übertragungserklärung beinhalten. Der Inhalt der Erklärung wird dabei nicht festgelegt, es muss allerdings den Indossatar, also den Empfänger, bezeichnen.[721]

(2) Blankoindossament

Gem. Art. 13 Abs. 2 S. 1 WG ist auch eine Übertragung per Blankoindossament rechtmäßig. Dabei unterschreibt lediglich der Indossant, ohne den Indossatar zu bezeichnen und ohne eine anderweitige Erklärung abzugeben. Die Rechteübertragung einer blankoindossierten Namensaktie bedarf dabei ebenfalls der Übereignung der Urkunde. Da eine blankoindossierte Namensaktie auch weiterübertragen werden kann, ohne dass das Blankoindossament ausgefüllt wird, kann eine blankoindossierte Namensaktie per formloser Übereignung der Urkunde an eine andere Person übertragen werden, sodass die blankoindossierte Namensaktie sich der Inhaberaktie weitestgehend angenähert hat.[722]

(3) Übereignung der Aktienurkunde

Die Übereignung der Aktienurkunde richtet sich nach dem Mobiliarsachenrecht. Gem. § 929 S. 1 BGB bedarf es der Einigung über den Eigentumsübergang

---

719 *Merkt*, in: Großkomm. AktG, 5. Auflage 2018, § 68 Rn. 18; vgl. *Mayer/Albrecht vom Kolke*, in: Hölters/Weber AktG, 4. Auflage 2022, § 68 Rn. 2.

720 *Koch*, AktG, 16. Auflage 2022, § 68 Rn. 6; *Cahn*, in: BeckOKG, 01.02.2022, AktG § 68 Rn. 8; *Merkt*, in: Großkomm. AktG, 5. Auflage 2018, § 68 Rn. 22 f.

721 *Bayer*, in: MüKo AktG, 5. Auflage 2019, § 68 Rn. 10; *Merkt*, in: Großkomm. AktG, 5. Auflage 2018, § 68 Rn. 28.

722 *Bayer*, in: MüKo AktG, 5. Auflage 2019, § 68 Rn. 12; *Merkt*, in: Großkomm. AktG, 5. Auflage 2018, § 68 Rn. 35 ff.

sowie die Besitzverschaffung der Urkunde.[723] Hierbei sind die Übergabesurrogate der §§ 929 S. 2, 930, 931 BGB anwendbar.

Die Einigung nach § 929 S. 1 BGB erfolgt nach allgemeiner Meinung durch einen Begebungsvertrag, der die Übertragung des verbrieften Rechts zum Inhalt hat.[724] Dieser kann formlos und somit auch konkludent geschlossen werden. Somit kann das Angebot konkludent in dem Indossament bestehen, ohne darin ausdrücklich enthalten zu sein.[725] Die Einigung ist in der Praxis so auszulegen, dass die Übertragung sämtliche Rechte aus der Aktie samt Nebenpapiere beinhaltet.[726] Im Effektengiroverkehr agieren die Depotbanken für Erwerber und Veräußerer.

Die Art der Übergabe der Aktienurkunde hängt in der Praxis von der Art und Weise der Verwahrung der Namensaktien ab. Ist die Aktienurkunde gem. § 2 DepotG bei einem Kreditinstitut als sogenannte Streifbandverwahrung in Sonderverwahrung gegeben, besteht auf Grundlage des geschlossenen Verwahrungsvertrags ein Besitzmittlungsverhältnis gem. § 868 BGB zwischen dem Einlieferer und dem Kreditinstitut.[727] Dabei wird durch die nach § 2 S. 1 DepotG vorgegebene getrennte Aufbewahrung der Aktienurkunde ein Eigentumsverlust durch Verbindung und Vermischung mit anderen Wertpapieren nach den §§ 946 ff. BGB verhindert. Blankoindossierte Namensaktien werden regelmäßig durch Anweisung des veräußernden Hinterlegers an das Kreditinstitut, das Besitzmittlungsverhältnis mit ihm zu beenden und den Besitz fortan dem Erwerber zu mitteln, übergeben.[728]

Bei Aktien, die nicht blankoindossiert sind, muss die Urkunde zumindest kurzzeitig aus der Sonderverwahrung entnommen werden, um diese mit dem notwendigen Indossament zu versehen.[729]

Namensaktien können gem. § 5 Abs. 1 DepotG auch in einer Girosammelverwahrung bei einer Wertpapiersammelbank gelagert sein. In Deutschland ist die einzige anerkannte Wertpapiersammelbank nach § 1 Abs. 3 DepotG die

723 *Topp*, Elektronische Aktien, 2022, S. 28.

724 *Bayer*, in: MüKo AktG, 5. Auflage 2019, § 68 Rn. 3; *Merkt*, in: Großkomm. AktG, 5. Auflage 2018, § 68 Rn. 45, vgl. *Cahn*, in: BeckOKG, 01.02.2022, AktG § 68 Rn. 5.

725 *Koch*, AktG, 16. Auflage 2022, § 68 Rn. 4; *Merkt*, in: Großkomm. AktG, 5. Auflage 2018, § 68 Rn. 46; *Cahn*, in: BeckOKG, 01.02.2022, AktG § 68 Rn. 5.

726 *Merkt*, in: Großkomm. AktG, 5. Auflage 2018, § 68 Rn. 47.

727 *Merkt*, in: Großkomm. AktG, 5. Auflage 2018, § 68 Rn. 51; *Eder*, NZG 2004, S. 107, 109.

728 Übergabesurrogate nach § 930 BGB oder § 931 BGB sind praktisch möglich. *Merkt*, in: Großkomm. AktG, 5. Auflage 2018, § 68 Rn. 52 f.

729 *Merkt*, in: Großkomm. AktG, 5. Auflage 2018, § 68 Rn. 54.

Clearstream Banking AG.[730] Bei der Übergabe von Aktien innerhalb einer Girosammelverwahrung ist wiederum zwischen einer Übereignung innerhalb und außerhalb des Effektengiroverkehrs zu unterscheiden.

Außerhalb des Effektengiroverkehrs kann eine Aktie, wie bei der Sonderverwahrung, durch Anweisung des Veräußerers an die Wertpapiersammelbank, den Besitz nunmehr dem Erwerber zu mitteln, übertragen werden. Die Anweisung erfolgt dabei über die Depotbank des Veräußerers. Die Beendigung des Besitzmittlungsverhältnisses für den Veräußerer sowie die Begründung eines neuen Besitzmittlungsverhältnisses für den Erwerber erfolgt durch Umbuchung der entsprechenden Aktien bei der Wertpapiersammelbank.[731]

Innerhalb des Effektengiroverkehrs wird eine Aktie durch Änderung des Besitzmittlungsverhältnisses von dem Kreditinstitut des Veräußerers auf das Kreditinstitut des Erwerbers im Wege des Geheißerwerbs und somit nach § 929 S. 1 BGB übergeben.[732] Die Wertpapiersammelbank vollzieht dabei eine Umbuchung des Girosammelanteils vom Konto des Veräußerers auf das Konto des Erwerbers.[733]

In der Praxis am weitesten verbreitet ist die Verwahrung von verbrieften Namensaktien in Dauer-Globalurkunden nach § 9a Abs. 3 S. 2 DepotG, was auch eine Form der Sammelverwahrung darstellt. Bei der Girosammelverwahrung von als Dauer-Globalurkunde verbrieften Mitgliedschaften ist die Form des Übergabetatbestandes aufgrund der komplexen Besitzverhältnisse umstritten.[734]

Einerseits wird wegen der Abbedingung des Herausgabeanspruchs gem. § 9a Abs. 3 S. 2 DepotG ein Herausgabeanspruch des Hinterlegers, also des Aktionärs, gegenüber der Wertpapiersammelbank teilweise verneint.[735] Es bedarf nach dieser Ansicht keines Übergabetatbestandes, sondern lediglich einer dinglichen Einigung für eine wirksame Übertragung der Namensaktie.

---

730 *Merkt*, in: Großkomm. AktG, 5. Auflage 2018, § 68 Rn. 55.

731 Daneben kann wiederum ein Besitzkonstitut gem. § 930 BGB zwischen Veräußerer und Erwerber vereinbart werden. Weiterhin kann der gem. §§ 7, 8 DepotG bestehende Herausgabeanspruch des Veräußerers gegen die Depotbank und die Wertpapiersammelbank an den Erwerber als Übergabesurrogat nach § 931 BGB abgetreten werden.

732 BGHZ 160, S. 121, 124; *Mentz/Fröhling*, NZG 2002, S. 201, 206.

733 *Merkt*, in: Großkomm. AktG, 5. Auflage 2018, § 68 Rn. 60; *Mentz/Fröhling*, NZG 2002, S. 201, 206.

734 *Merkt*, in: Großkomm. AktG, 5. Auflage 2018, § 68 Rn. 63; *Mentz/Fröhling*, NZG 2002, S. 201, 208.

735 *Habersack*, in: MüKo BGB, 8. Auflage 2020, Vor § 793 Rn. 36; *Einsele*, in: Großkomm. AktG, 5. Auflage 2015, Depotgeschäft Rn. 98; *Mentz/Fröhling*, NZG 2002, S. 201, 210.

Andererseits wird mit Verwies auf den allgemeinen verwahrungsrechtlichen Rückforderungsanspruch, welchem § 9a Abs. 3 S. 2 DepotG nicht entgegenstehen soll, ein Herausgabeanspruch des Hinterlegers gegen die Wertpapiersammelbank bejaht.[736] Es bedarf nach dieser Ansicht eines Übergabetatbestandes, wie diese oben beschrieben sind, um eine Übertragung von Aktien zu vollziehen.

Im Ergebnis versuchen beide Ansichten, die Übertragung von Aktien sachen- und depotrechtlich wirksam darzustellen. Entscheidend ist letztlich, dass eine Übertragung ohne Herausgabe der Dauer-Globalurkunde möglich ist, sodass Transaktionen nicht unnötig kompliziert werden.[737] So sagt *Merkt* treffend aus, dass zwar nach derzeitigem Gesetzesstand eine Übertragung nach sachen- und depotrechtlichen Grundsätzen erklärt werden kann, aufgrund der teilweise konstruierten Begründungen der Übergabetatbestände aber eine Änderung oder Reform sinnvoll erscheint.[738]

d) Eintragungspflichtige und -fähige Tatsachen

Gem. § 67 Abs. 1 S. 1 AktG müssen in das Aktienregister Name, Geburtsdatum, Postanschrift und eine elektronische Adresse des Aktionärs eingetragen werden. Hinzu kommt die Stückzahl der Namensaktie oder deren Aktiennummern sowie bei Nennbetragsaktien der entsprechende Betrag. Der Name meint dabei den vollen Namen des Aktionärs. Ist Inhaber der Namensaktie eine juristische Person oder eine rechtsfähige Personengesellschaft, sind der Name oder die Firma, der Sitz und die Anschrift im Aktienregister einzutragen.[739]

Das Geburtsdatum muss nur bei natürlichen Personen eingetragen werden, für juristische Personen oder Personengesellschaften kann dagegen die Handelsregisternummer, falls vorhanden, eingetragen werden.[740]

Eintragungsfähige Tatsachen sind neben den Pflichtangaben aus § 67 Abs. 1 S. 1 AktG sogenannte Kürangaben.[741] So kann eine Aktiengesellschaft in ihrer

---

736 *Merkt*, in: Großkomm. AktG, 5. Auflage 2018, § 68 Rn. 65; *Modlich*, DB 2002, S. 671, 674.

737 Vgl. *Vatter*, in: BeckOGK, 01.02.2022, AktG § 10 Rn. 65.

738 *Merkt*, in: Großkomm. AktG, 5. Auflage 2018, § 68 Rn. 66.

739 *Koch*, AktG, 16. Auflage 2022, § 67 Rn. 8; *Mayer/Albrecht vom Kolke*, in: Hölters/Weber AktG, 4. Auflage 2022, § 67 Rn. 7; *Merkt*, in: Großkomm. AktG, 5. Auflage 2018, § 67 Rn. 40; *Kölling*, NZG 2000, S. 631, 635.

740 *Merkt*, in: Großkomm. AktG, 5. Auflage 2018, § 67 Rn. 41; *Mayer/Albrecht vom Kolke*, in: Hölters/Weber AktG, 4. Auflage 2022, § 67 Rn. 7.

741 So *Bayer*, in: MüKo AktG, 5. Auflage 2019, § 67 Rn. 35; *Merkt*, in: Großkomm. AktG, 5. Auflage 2018, § 67 Rn. 46.

Satzung die Eintragung des Berufs, der Sprache oder des Geschlechts vorschreiben. Diese Angaben erstrecken sich verständlicherweise nicht auf die Legitimationswirkung des § 67 Abs. 2 S. 1 AktG. Der genaue Umfang der eintragungsfähigen Kürangaben ist dabei nicht klar definiert und teilweise umstritten. Teilweise wird die Möglichkeit von Kürangaben auch komplett verneint.[742] Ausgeschlossen sind zumindest solche Daten, deren Verarbeitung gegen geltendes Datenschutzrecht verstößt, zum Beispiel die ethnische Herkunft oder politische Anschauung gem. Art. 9 Abs. 1 DSGVO. Mit der Möglichkeit der Eintragung weiterer Tatsachen, die nicht ausdrücklich vom Gesetz vorgeschrieben sind, besteht ein wesentlicher Unterschied des privaten Aktienregisters gegenüber den öffentlichen Registern, wie dem Grundbuch und Handelsregister, welche die eintragungsfähigen Tatsachen eng begrenzt halten.[743]

6. Leseberechtigung

Gem. § 67 Abs. 6 S. 1 AktG steht dem eingetragenen Aktionär ein Auskunftsrecht bezüglich seiner im Aktienregister eingetragenen Daten gegen die Gesellschaft zu. Der Aktionär kann somit im Gegensatz zu der Rechtslage vor dem NaStraG im Jahr 2001 nicht mehr die Daten aller Aktionäre einsehen, sondern nur seine eigenen.[744] Die Änderung wurde vor allem eingeführt, um den Datenschutz der jeweiligen Mitaktionäre zu verbessern.[745] Gleichzeitig wurden feindliche Unternehmensübernahmen erschwert, auch wenn dies nicht die erklärte Absicht der Reform war.[746]

Für nichtbörsennotierte Gesellschaften besteht gem. § 67 Abs. 6 S. 2 die Möglichkeit, in der Satzung weitere Regelungen zu treffen, zum Beispiel, dass sich Aktionäre über den gesamten Gesellschafterkreis informieren können.[747]

Gem. § 67 Abs. 6 S. 3 AktG kann die Gesellschaft die Daten ihrer Anteilseigner neben der Registerführung auch für ihre Aufgaben im Verhältnis zu den

742 *Cahn*, in: BeckOKG, 01.02.2022, AktG § 67 Rn. 31.
743 *Merkt*, in: Großkomm. AktG, 5. Auflage 2018, § 67 Rn. 46.
744 *Koch*, AktG, 16. Auflage 2022, § 67 Rn. 70.
745 Begr RegE BT-Drs. 14/4051, S. 1.
746 *Merkt*, in: Großkomm. AktG, 5. Auflage 2018, § 67 Rn. 191.
747 *Mayer/Albrecht vom Kolke*, in: Hölters/Weber AktG, 4. Auflage 2022, § 67 Rn. 32; *Cahn*, in: BeckOKG, 01.02.2022, AktG § 67 Rn. 123; *Merkt*, in: Großkomm. AktG, 5. Auflage 2018, § 67 Rn. 197.

Aktionären benutzen. Die Gesellschaft kann somit ihre Investor Relations pflegen[748] und aktive Maßnahmen wie zum Beispiel Produktmarketing betreiben.[749]

II. Die Nutzung der Blockchain-Technologie für das Aktienregister *de lege lata*

Nachdem die bestehende Rechtslage des Aktienregisters samt den übergeordneten Prinzipen, der Struktur, der Eintragung und Löschung sowie der Übertragung der Mitgliedschaft beschrieben wurde, wird nachfolgend die Nutzung der Blockchain-Technologie für die Führung eines Aktienregisters untersucht.

Eine Blockchain stellt eine Datenbank dar und könnte als solche grundsätzlich für die Führung eines Aktienregisters genutzt werden, welches nach § 67 Abs. 1 AktG eine interne Verwaltung der Mitglieder darstellt.[750] Nachfolgend wird untersucht, wie genau die gesetzlichen Anforderungen umgesetzt werden können.

1. Struktur

Ein Aktienregister kann als sonstige erforderliche Aufzeichnung gem. § 239 Abs. 4 HGB elektronisch geführt werden, wobei der Gesetzeswortlaut von der Speicherung auf Datenträgern spricht.[751] Ein blockchainbasiertes Aktienregister würde auf den jeweiligen Nodes der Blockchain gespeichert werden. Ein Node einer Blockchain ist eine Recheneinheit und somit ein Datenträger. Somit könnte ein Aktienregister auf einer Blockchain elektronisch im Sinne von § 239 Abs. 4 S. 1 HGB geführt werden. Die weiteren Anforderungen an die elektronische Buchführung eines Aktienregisters als sonstige Aufzeichnung sind nach § 239 Abs. 4 S. 1, 2 HGB die ordnungsgemäße Buchführung und die Verfügbarkeit und Lesbarkeit des Inhalts.[752] § 239 HGB formuliert handelsrechtliche Dokumentationsgrundsätze, die auch bei einem blockchainbasierten Aktienregister beachtet werden müssen.[753]

---

748 Begr RegE BT-Drs. 14/4051, S. 12; *Mayer/Albrecht vom Kolke*, in: Hölters/Weber AktG, 4. Auflage 2022, § 67 Rn. 33; *Cahn*, in: BeckOKG, 01.02.2022, AktG § 67 Rn. 124; *Bayer*, in: MüKo AktG, 5. Auflage 2019, § 67 Rn. 165.

749 *Merkt*, in: Großkomm. AktG, 5. Auflage 2018, § 67 Rn. 201.

750 Die Umsetzung eines Aktienregisters auf einer Blockchain bejaht ohne weitere Ausführungen *Beurskens*, NZG 2021, S. 353, 353.

751 Siehe oben Kapitel 5:I.4.

752 Siehe oben Kapitel 5:I.4.

753 Vgl. *Laschewski*, 2017, S. 359, 362.

Es stellt sich die Frage, ob ein auf einer Blockchain geführtes Aktienregister mit den Grundsätzen der ordnungsgemäßen Buchführung vereinbar ist. Die Grundsätze der ordnungsgemäßen Buchführung erfordern eine geordnete und umfassende Darstellung der Buchinhalte. Übertragen auf das Aktienregister bedeutet dies, dass die notwendigen Informationen nach § 67 Abs. 1 S. 1 AktG in einem blockchainbasierten Aktienregister übersichtlich dargestellt werden können müssen.[754] Da es sich bei einem Aktienregister um die Darstellung von Informationen handelt, könnte eine Aktienregister-Blockchain ähnlich wie eine Handelsregister-Blockchain programmiert werden.[755] Ein Aktionärs-Token könnte mittels eines Smart Contracts für den einzelnen Aktionär geschaffen werden und mit den entsprechenden Pflichtangaben nach § 67 Abs. 1 S. 1 AktG beschrieben werden. Der Token würde dabei nicht die Aktien selbst verkörpern, sondern nur den Eintrag im Aktienregister.

Die Nodes der Blockchain könnten von der Aktiengesellschaft selbst betrieben werden sowie durch die einzelnen Aktionäre. Die Aktiengesellschaft könnte mit einer ausreichenden Anzahl an Nodes die dezentrale Speicherung des Aktienregisters gewährleisten und somit den Ausfall der Aktienregister-Blockchain durch den Ausfall eines zentralen Rechners verhindern. Die Darstellung der Informationen im Aktienregister erfordert eine Software zum Auslesen der Aktienregister-Blockchain. Diese könnte die Daten der Aktionäre in einem übersichtlichen Format, zum Beispiel einer Tabelle, darstellen. Für eine funktionierende Aktienregister-Blockchain ist es notwendig, dass die Aktionärs-Token alle Pflichtangaben nach § 67 Abs. 1 S. 1 AktG wiedergegeben können und einzeln geändert werden können. Dies erfordert eine entsprechende Programmierung des Smart Contracts zum Erschaffen und Ändern eines solchen Aktionärs-Tokens. Auf diese Weise könnten die Grundsätze der ordnungsgemäßen Buchführung, der Verfügbarkeit und der Lesbarkeit des Inhalts umgesetzt werden.

Zu untersuchen ist, ob jede Aktiengesellschaft eine eigene Blockchain für die Führung ihres Aktienregisters benötigt. Für die Erfüllung der rechtlichen Anforderungen nach § 239 HGB ist es nur notwendig, dass die Informationen des Aktienregisters vollständig lesbar zur Verfügung stehen. Das Aktienregister selbst muss somit nicht auf einer eigenen Blockchain geführt werden, sondern kann auch über eine Blockchain wie zum Beispiel Ethereum geführt werden. Dabei würde ein Smart Contract die notwendigen Anforderungen an die Ausgabe und Änderung von Aktionärs-Token regeln. So könnte für jede einzelne

---

754 Zu den Pflichtangaben siehe oben Kapitel 5:I.4.

755 Siehe oben Kapitel 4:II.1.

Aktiengesellschaft ein eigener Aktionärs-Token geschaffen werden, der die Eintragung im Aktienregister widerspiegelt. Die Daten würden dann auf der Ethereum-Blockchain gespeichert werden und wären somit auf allen Nodes der Ethereum-Blockchain vor Verlust gesichert.

Ebenfalls denkbar wäre ein Anbieter einer Blockchain allein für die Führung des Aktienregisters, wobei auch hier jede einzelne Aktiengesellschaft einen eigenen, eindeutig identifizierbaren Aktionärs-Token ausgeben können muss. Auf so einer Blockchain könnte dann eine Aktiengesellschaft ihr Aktienregister führen lassen, wie dies auch heute schon durch Dritte erfolgen kann.[756] Der Vorstand wäre dann weiterhin für die Führung des Aktienregisters verantwortlich, auch wenn diese Aufgabe durch einen Dritten übernommen wird. Ein Vorteil von der Führung des Aktienregisters auf einer Blockchain mit mehreren anderen Teilnehmern wäre ein geringerer Aufwand und somit geringere Kosten. Die Führung eines Aktienregisters ist aus technischer Sicht für unterschiedliche Aktiengesellschaften gleich.

Es müsste nicht jede Aktiengesellschaft mit Namensaktien eine eigene Blockchain programmieren, sondern kann sich an einen Anbieter für die Führung des Aktienregisters auf einer Blockchain wenden.

Die weiteren handelsrechtlichen Anforderungen an die Dokumentation des Aktienregisters können von einer Blockchain umgesetzt werden und unterscheiden sich nicht von einer herkömmlichen Speicherung. Teilweise sind sie einer Blockchain sogar immanent, zum Beispiel kann die richtige zeitliche Abfolge der Eintragungen durch den Zeitstempel jeder Speicherung auf der Blockchain in Form eines neuen Blocks gewährleistet werden.

Die Führung eines blockchainbasierten Aktienregisters ist weiterhin eine Maßnahme der Geschäftsführung nach § 76 AktG und fällt in den Verantwortungsbereich des Vorstandes der Aktiengesellschaft.[757] Die Entscheidung, ob das Aktienregister dezentral auf einer Blockchain-Anwendung oder zentral in einer Datenbank gespeichert und aktualisiert wird, ist keine grundlegende Entscheidung, die die Mitgliedschaftsrechte der Aktionäre tangiert.

2. Eintragung und Löschung

Die Eintragung des Aktionärs erfolgt durch Speicherung in einem neuen Block auf der Blockchain. Dabei ist es möglich, die Eintragung mittels eines Smart

---

756 Siehe oben Kapitel 5:I.4. Die Führung des Aktienregisters auf Ethereum kann ebenfalls von Dritten für den Vorstand ausgeübt werden.

757 Siehe oben Kapitel 5:I.4.

Contracts zu automatisieren.[758] Notwendig ist eine Blockchain, die eine Eintragung im Aktienregister nur nach vorheriger Prüfung durch einen vorgegebenen Smart Contract vornimmt. Der Smart Contract muss so programmiert sein, dass er auf Anfrage einer Person beim Vorliegen des Nachweises der Aktieninhaberschaft die Person mit den erforderlichen Angaben als Aktionär in das Aktienregister aufnimmt. Die Anfrage könnte durch eine verifizierte digitale Signatur des einzutragenden Aktionärs an den Smart Contract übermittelt werden. Die erstmalige Ausgabe von Namensaktien bei der Gründung einer Gesellschaft oder bei der Ausgabe neuer Namensaktien könnte ebenfalls durch einen Smart Contract in das Aktienregister eingetragen werden. Den Vorgang würde in diesem Fall der Vorstand oder der vom Vorstand zur Führung des Aktienregisters beauftragte Dritte durch einen Smart Contract auslösen.

Bei einem Erwerb von Aktien ist es notwendig, dass der Smart Contract den Nachweis der Übertragung der Aktien technisch erfassen kann. Bei einer verbrieften Aktie, die bei einer Sammelverwahrstelle aufbewahrt wird, muss somit entweder eine Schnittstelle zwischen dem Smart Contract des blockchainbasierten Aktienregisters und der Verwahrstelle bestehen oder es muss eine Stelle zur Verifizierung zwischengeschaltet werden. Hier besteht das Problem der Verknüpfung physischer Gegenstände mit einer Blockchain oder einem Smart Contract, das bereits oben beschriebene Orakel-Problem.[759] Existiert eine solche Schnittstelle nicht und wird auch nicht geschaffen, können nicht sämtliche Eintragungen im Aktienregister durch einen Smart Contract automatisch vorgenommen werden.

Der Smart Contract muss zudem prüfen können, ob die notwendigen Pflichtangaben nach § 67 Abs. 1 S. 1 AktG gemacht wurden. Die Richtigkeit der Angaben wird dabei nicht geprüft, da dies auch nicht im Verantwortungsbereich des Vorstandes liegt, der für die Führung des Aktienregisters verantwortlich ist. Die Angaben müssen jedoch mit den bei der Clearstream AG hinterlegten Angaben übereinstimmen.

3. Übertragung der Mitgliedschaft

Die Übertragung der Mitgliedschaft ist von der Führung eines blockchainbasierten Aktienregisters, das nur die Eintragung tokenisiert, unabhängig. Vorteilhaft, jedoch nicht notwendig wäre eine Schnittstellenkompatibilität der Clearstream

758 *Matzke*, in: Möslein/Omlor FinTech-HdB, 2. Auflage 2021, § 10 Rn. 41.
759 Siehe oben Kapitel 2:III.3.e); *Möslein/Omlor/Urbach*, ZIP 2020, S. 2149, 2151.

Banking AG als derzeit einziger Wertpapiersammelbank in Deutschland mit einem Smart Contract eines blockchainbasierten Aktienregisters. Im Rahmen des Settlements von Wertpapiergeschäften über die Börse könnte ein Smart Contract die Prüfung der Übertragung der Aktien selbst übernehmen und die Informationen im Aktienregister bei Vorliegen der weiteren Eintragungsvoraussetzungen automatisch eintragen.

4. Leseberechtigung

Die im Aktienregister hinterlegten Daten dürfen nicht für jedermann zugänglich sein. Vorbehaltlich einer anderweitigen Satzungsregelung bei nichtbörsennotierten Aktiengesellschaften darf ein Aktionär zudem nur die für seine Person hinterlegten Informationen einsehen und nicht die Daten aller Aktionäre. Es darf somit keine öffentliche Blockchain für die Führung eines Aktienregisters genutzt werden, da deren Klardaten von jeder Person oder jedem Aktionär eingesehen werden könnten.

Es bestünde die Möglichkeit, eine pseudonymisierte öffentliche Blockchain anhand von digitalen Adressen zu nutzen.[760]

5. Zwischenergebnis

Die Führung eines Aktienregisters kann nach derzeitiger Gesetzeslage auf Grundlage der Blockchain-Technologie erfolgen.[761] Dabei wird eine Blockchain zur Speicherung von Informationen verwendet und nicht zur Schaffung von digitalen Werten. Die Durchführung neuer Eintragungen kann durch einen einheitlichen Smart Contract bewirkt werden, der die Aktieninhaberschaft einer Person und den Nachweis der Pflichtangaben nach § 67 Abs. 1 S. 1 AktG überprüfen können muss. Bei entsprechender Schnittstellenkompatibilität mit der Clearstream Banking AG kann der Smart Contract die Inhaberschaft des Aktionärs überprüfen und die Eintragungen im Aktienregister automatisch vornehmen. Eine solche Blockchain für ein Aktienregister muss privat und *permissioned* sein, da kein Aktionär die Daten der anderen Aktionäre einsehen können darf und seine Daten nur auf Antrag mitgeteilt bekommt.

Gleichzeitig muss jede Person die Möglichkeit haben, einen Antrag auf Eintragung im Aktienregister durch Interaktion mit dem Smart Contract vornehmen zu können, sodass der Smart Contract öffentlich erreichbar sein muss.

---

760 Siehe oben zum vergleichbaren Vorgehen bei Kapitel 3:II.2.c).

761 Für Dokumentationszwecke bejahend *Topp*, Elektronische Aktien, 2022, S. 160.

Die übergeordneten Prinzipien der Registerklarheit, Registerwahrheit und Registervollständigkeit können durch eine Blockchain mit entsprechend programmierten Smart Contracts erfüllt werden.

Dabei werden die Vorteile der dezentralen Speicherung und Manipulationssicherheit einer Blockchain für ein Aktienregister genutzt. Die Blockchain-Technologie wird entsprechend dem Sinn und Zweck des Aktienregisters, die Dokumentation der Mitglieder zur Legitimation gegenüber der Aktiengesellschaft sicherzustellen, als Informationsregister eingesetzt, ohne dass digital übertragbare Werte geschaffen werden.

Es bestehen keine besonderen gesetzlichen Anforderungen für ein blockchainbasiertes Aktienregister gegenüber derzeitiger Speicherung und Registerführung in zentralen Datenbanken. Die Vorschriften für die Führung des Aktienregisters sind sehr allgemein gehalten und ermöglichen bereits jetzt die Nutzung der Blockchain-Technologie für das Aktienregister, solange die handelsrechtlichen Dokumentationsgrundsätze erfüllt werden.[762] Dabei kann der Prozess der Eintragung noch weiter automatisiert werden, indem Smart Contracts genutzt werden. Die Entscheidung über eine Führung des Aktienregisters auf Basis der Blockchain-Technologie fällt in den Verantwortungsbereich des Vorstands der Aktiengesellschaft.

III. Eine Tokenisierte Mitgliedschaft über das Aktienregister

Die Führung eines Aktienregisters auf einer Blockchain ist ohne rechtliche Probleme möglich.[763] Wenn in Literatur und Praxis die Nutzung der Blockchain-Technologie im Aktienrecht untersucht wird, betrifft dies vornehmlich ein Aktienregister als Werteregister, das nicht nur die (Namens-)Aktionäre zum Zwecke der Legitimation gegenüber der Gesellschaft dokumentiert, sondern gleichzeitig das Eigentum repräsentiert, also eine digitale „E-Aktie“ geschaffen wird.[764] Die Eintragung in einem solchen tokenisierten Aktienregister soll konstitutive Wirkung für den Erwerb des Eigentums an einer Namensaktie haben.

Auf diese Weise könnten Namensaktien in Form von Token mittels eines Smart Contracts über eine Blockchain übertragen werden.

762 Ein Aktienregister auf einer zentralen Datenbank muss in gleicher Weise die handelsrechtlichen Dokumentationsgrundsätze beachten.

763 Vgl. *Beurskens*, NZG 2021, S. 353, 353.

764 Vgl. *Guntermann*, AG 2021, S. 449; *Reger/Langheld/Haagen*, RDi 2021, S. 83.

Die Möglichkeit eines digitalen Werteregisters durch eine Blockchain passt dabei auf den ersten Blick perfekt für die Schaffung, Verwaltung und den Handel von Gesellschaftsanteilen. Gesellschaftsanteile werden aus dem Nichts geschaffen und bestehen aufgrund vertraglicher Abrede zwischen den Mitgliedern und gegebenenfalls zwischen ihnen und der Gesellschaft. Zum Nachweis der Inhaberschaft wird die Mitgliedschaft oftmals in Urkunden verbrieft. Das Bestehen eines physischen Objekts ist einem Gesellschaftsanteil jedoch nicht immanent, anders als dies bei einem Auto oder ähnlichen physischen Gegenstand der Fall ist. So ist die Verbriefung der Mitgliedschaft an einer Aktiengesellschaft in einer Aktienurkunde nicht notwendig.[765] Die Verbriefung von Namensaktien erfolgt bei vielen Gesellschaften in Form von Globalurkunden, der einzelne Aktionär hält seine verbrieften Aktien fast nie tatsächlich in der Hand. Typischerweise haben an der Börse gehandelte Aktiengesellschaften den Anspruch auf Einzelverbriefung nach § 10 Abs. 5 AktG ausgeschlossen. Dies ist Ausfluss der Schnelllebigkeit des Aktienhandels durch die stetige Digitalisierung und könnte durch die Möglichkeit digitaler Aktien in Form von Token weiter vorangetrieben werden.[766]

Die Digitalisierung von Gesellschaftsanteilen im Kapitalgesellschaftsrecht wird stetig diskutiert und hat mit der Blockchain-Technologie erstmals eine vielversprechende Umsetzungsmöglichkeit erfahren. Dabei ist die Diskussion Teil von allgemeinen Bestrebungen der Digitalisierung im Gesellschaftsrecht,[767] zum Beispiel bei der Gründung einer Gesellschaft[768] oder der Abhaltung einer virtuellen Gesellschafterversammlung, sowie dem Wirtschaftsverkehr insgesamt.[769] Eine tokenisierte, digitale Aktie soll, abgesehen von der Verbriefung, grundsätzlich die gleichen Rechte und Pflichten wie derzeitige Aktien abbilden. Nachfolgend wird die Möglichkeit eines solchen tokenisierten Aktienregisters untersucht sowie auf rechtliche Problemstellungen eingegangen.

---

765 Siehe oben Kapitel 5:I.5.c); *Vatter*, in: BeckOKG, 01.02.2022, AktG § 10 Rn. 32.

766 Vgl. *Guntermann*, AG 2021, S. 449, 450; *Scherer*, Blockchain im Wertpapierbereich, 2020, S. 146.

767 *Lieder*, in: Vertrauensschutz im digitalen Zeitalter, 2020, S. 141.

768 RL 2019/1151/EU des Europäischen Parlaments und des Rates vom 20.06.2019 zur Änderung der RL 2017/1132/EU sieht in Art. 1 die Umsetzung von Regelungen zur Onlinegründung von Gesellschaften vor; vgl. zur digitalen GmbH-Gründung *Keller/Schümmer*, NZG 2021, S. 573.

769 *Möslein/Omlor/Urbach*, ZIP 2020, S. 2149, 2149.

1. Design eines blockchainbasierten Aktienregisters mit tokenisierten Aktien

Bezogen auf digitale Aktien ist seit Jahren Kern der Debatte[770], einen Systemwechsel von der verbrieften Mitgliedschaft hin zu einem digitalen Wertrecht, welches durch ein Register erfasst wird, vorzunehmen.[771]

a) Grundidee

Bei einer Aktiengesellschaft könnten die Anteile als Token ausgegeben werden und in einem blockchainbasierten Aktienregister eingetragen sein, ohne dass es einer Ausgabe von Aktienurkunden bedarf. Ein Aktien-Token würde die Mitgliedschaft an der Aktiengesellschaft repräsentieren. Die Ausgabe und Übertragung von Token erfolgt durch Smart Contracts, welche die Eintragung der Aktienübertragungen auf der Blockchain in Form von neuen Blöcken vornehmen. Das tokenisierte Aktienregister kann sowohl die Übertragung von Aktien abbilden als auch die nach § 67 Abs. 1 S. 1 AktG für Namensaktien notwendigen Informationen speichern. Somit könnten sowohl die derzeitigen Anforderungen an ein Aktienregister nach dem Grundsatz „*know your shareholder*" erfüllt werden als auch die Übertragung der Mitgliedschaft ohne Sammelverwahrstelle umgesetzt werden.[772] Zusätzlich können über Smart Contracts gesellschaftsrechtliche Pflichten oder Sanktionen durchgesetzt werden.[773]

b) Technische Umsetzung und Design eines tokenisierten Aktienregisters

Die Nodes des tokenisierten Aktienregisters würden durch die Aktiengesellschaft selbst betrieben werden. Zusätzlich könnten die einzelnen Aktionäre einen Node darstellen, um eine erweiterte dezentrale Speicherung und somit eine erhöhte Manipulationssicherheit zu gewährleisten. Ein Aktien-Token wird mittels eines Smart Contracts und verifizierter digitaler Signaturen transferiert. Der Konsens kann nach dem Proof-of-Work-Mechanismus oder dem Proof-of-Stake-Mechanismus durchgeführt werden. Um die Rechte der einzelnen

---

770 Stellvertretend zur Debatte *Segna*, Bucheffekten, 2018, Fünfter Teil: Depotrechtsreform S. 599 ff.

771 *Möslein/Omlor/Urbach*, ZIP 2020, S. 2149, 2159.

772 Vgl. zur blockchainbasierten Gesellschafteridentifikation *Möslein/Omlor/Urbach*, ZIP 2020, S. 2149, 2154.

773 *Möslein/Omlor/Urbach*, ZIP 2020, S. 2149, 2154 f.

Aktionäre zu schützen, dürfen die Pflichtangaben nach § 67 Abs. 1 S. 1 AktG nicht öffentlich einsehbar sein. Gleichzeitig muss das tokenisierte Aktienregister öffentlich zugänglich sein, wenn ein öffentlicher Handel der Aktien von Seiten der Aktiengesellschaft gewollt ist. Für diesen Fall könnte eine öffentlich lesbare Blockchain-Struktur, auf der das Aktienregister geführt wird, genutzt werden. Die Daten können sodann pseudonymisiert gespeichert werden.[774] Um die Anforderungen nach § 67 Abs. 1 S. 1 AktG zu erfüllen, muss die Aktiengesellschaft die Informationen in Klarschrift einsehen können. Es bedarf einer Datenbank, die mit dem tokenisierten Aktienregister verknüpft ist und die Informationen im Aktienregister für die Aktiengesellschaft de-pseudonymisiert.[775] Auf diese Weise würde ein Aktienregister nach herkömmlicher Funktion zur Dokumentation der Pflichtangaben zum Zwecke der Legitimation des Aktionärs gegenüber der Gesellschaft geführt werden, das nur vom Vorstand der Gesellschaft oder auf Antrag eines Aktionärs bezüglich seiner eigenen Daten eingesehen werden kann.

Die Ausgabe von tokenisierten Aktien führt ein Smart Contract aus, der von den Gründungsaktionären oder von der Aktiengesellschaft bestimmt wird. Der Smart Contract muss wiederum durch das Protokoll der Blockchain, auf dem das tokenisierte Aktienregister gespeichert und geführt wird, ermöglicht werden. Das Protokoll einer Blockchain regelt den Konsensmechanismus und die Berechtigung zum Lesen und Schreiben auf einer Blockchain durch die Nodes. Außerdem kann das Protokoll festlegen, dass nur bestimmte, vorher programmierte Smart Contracts eine Änderung auf der Blockchain vornehmen dürfen. Notwendig ist, dass entweder das Protokoll der Blockchain des tokenisierten Aktienregisters oder ein Smart Contract die Übertragung der tokenisierten Namensaktien einheitlich bestimmt.

Denkbar ist eine Aktienregister-Blockchain pro Aktiengesellschaft oder eine Blockchain, auf der eine Aktiengesellschaft über einen oder mehrere Smart Contracts die Ausgabe von Aktien-Token regelt. Es könnte für jede Emission von Aktien-Token ein Smart Contract aufgesetzt werden. Eine oder wenige Blockchain-Designs, auf denen Aktiengesellschaften ihre Aktien-Token ausgeben, ermöglichen die Vereinfachung eines Handelsplatzes für Investoren.

---

774 Vgl. *Reger/Langheld/Haagen*, RDi 2021, S. 83, 89.

775 Vgl. *Guntermann*, AG 2021, S. 449, 452, wenn die Aktiengesellschaft die „*Transaktionen hingegen selbst aus der Blockchain ablesen*" könnte.

c) *Die Übertragung der Mitgliedschaft und des Aktien-Tokens*

aa) *Mitgliedschaft und Aktien-Token*

Bei der Übertragung der Mitgliedschaft innerhalb eines tokenisierten Aktienregisters ist zwischen der Mitgliedschaft an sich und dem Aktien-Token zu trennen.[776] Dabei soll durch Übertragung des Aktien-Tokens auch die Aktie als Mitgliedschaft übergehen, um ein Auseinanderfallen von Inhaberschaft am Aktien-Token und aktienrechtlicher Mitgliedschaft zu verhindern.[777] Bei einem Auseinanderfallen könnte es sein, wie dargestellt, dass ein Aktionär seine Mitgliedschaft im Wege der Abtretung nach §§ 398, 413 BGB an eine Person X überträgt, der dazugehörige Aktien-Token aber an eine andere Person Y über die Blockchain übertragen wird. Ein solches Auseinanderfallen der rechtlichen tatsächlichen Mitgliedschaft und der im tokenisierten Aktienregister abgebildeten Token-Inhaberschaft führt zu einem stark geminderten Nutzen eines tokenisierten Aktienregisters.

Eine Eintragung in einem Aktienregister im Sinne von § 67 AktG darf zudem nur erfolgen, wenn die Inhaberschaft des mitgliedschaftlichen Rechts ausreichend bestätigt wurde.[778] Der Aktionär muss also gegenüber der Gesellschaft nachweisen können, dass er der rechtmäßige Eigentümer der Aktien ist, um in das Aktienregister nach § 67 AktG aufgenommen zu werden. Bei verbrieften Namensaktien erfolgt die Legitimation gegenüber der Gesellschaft durch den Nachweis des Übergangs der Aktienurkunde. Ist der neue Aktionär im Aktienregister eingetragen, hat dies sodann Legitimationswirkung nach § 67 Abs. 2 AktG. Bei unverbrieften Aktien kann der Nachweis durch die Zeichnungsurkunde der Gesellschaft erfolgen, die die Aktiengesellschaft selbst vorliegen haben muss.[779] Ein tokenisiertes Aktienregister müsste somit sicherstellen können, dass der Token-Inhaber auch der Inhaber des mitgliedschaftlichen Rechts ist. Dies würde eine andere oder weitergehende Art der Bestätigung erfordern als die bloße Inhaberschaft des Aktien-Tokens. Somit ist ein Zusammenfallen von Mitgliedschaft und Aktien-Token entscheidend für den Nutzen eines tokenisierten Aktienregisters.[780]

---

776 *Maume/Fromberger*, ZHR (185) 2021, S. 507, 517.
777 *Maume/Fromberger*, ZHR (185) 2021, S. 507, 517.
778 Vgl. *Cahn*, in: BeckOKG, 01.02.2022, AktG § 67 Rn. 48.
779 *Koch*, AktG, 16. Auflage 2022, § 123 Rn. 15.
780 *Maume/Fromberger*, ZHR (185) 2021, S. 507, 517.

In der wissenschaftlichen Diskussion wird teilweise das Mitgliedschaftsrecht bei der Nutzung einer Blockchain als Blockchain-Aktie bezeichnet.[781] Dadurch soll der Unterschied zu „herkömmlichen" Aktien verdeutlicht werden. Richtigerweise ist das mitgliedschaftliche Recht jedoch zu trennen von der Art der Ausgabe der Aktien, sei dies in verbriefter Form einer Aktienurkunde oder in unverbriefter Form als Aktien-Token. Die Art der Ausgabe der Aktien betrifft die deklaratorische Art der Verwahrung oder, digital ausgedrückt, der Speicherung der Aktie als Mitgliedschaftsrecht. Der Begriff einer Blockchain-Aktie suggeriert dabei einen Unterschied in der Mitgliedschaft zu einer, wie auch immer ausgestalteten, anderen Aktie nach herkömmlicher Art und somit eine andere Aktiengattung nach § 11 S. 2 AktG. Eine Aktiengattung bestimmt sich gem. § 11 S. 1 AktG nach den Rechten, die aufgrund der Mitgliedschaft gewährt werden. Die Verbriefung oder Nichtverbriefung ist zwar eine elementare Frage in der Art der Übertragung und somit der Geltendmachung der Rechte, jedoch nicht im Bestehen und im Umfang der Rechte aufgrund der Mitgliedschaft an einer Aktiengesellschaft. Es kann daher keine unterschiedliche Aktiengattung zwischen verbrieften und nichtverbrieften, tokenisierten Aktien darstellen, wenn die verbriefte oder tokenisierte Mitgliedschaft jeweils die gleichen Rechte nach § 11 S. 1 AktG gewährt. Gleiches gilt für vinkulierte und nichtvinkulierte Namensaktien, die ebenfalls in der Übertragung unterschiedlich sind, aber trotzdem die gleiche Aktiengattung haben können.[782] Der Begriff einer Blockchain-Aktie sollte somit allein die Art der Ausgabe der Aktien in verkörperter oder nichtverkörperter Art und Weise bezeichnen. Schließlich bedeutet die Ausgabe von Blockchain-Aktien, also die Tokenisierung der Mitgliedschaft, nicht, dass weitere Handlungen innerhalb einer Aktiengesellschaft, zum Beispiel die Ausschüttung von Dividenden, ebenfalls durch die Nutzung einer Blockchain durchgeführt werden müssen.

Nachfolgend muss somit zwischen der Übertragung des Aktien-Tokens mittels einer Blockchain und der durch den Aktien-Token verkörperten Mitgliedschaft unterschieden werden. Es muss untersucht werden, inwieweit diese gleich laufen, also eine Übertragung des Aktien-Tokens gleichzeitig die Übertragung der Mitgliedschaft und umgekehrt beinhaltet und somit beide Übertragungsakte zusammenfallen.

---

781 So *Maume/Fromberger*, ZHR (185) 2021, S. 507, 517.

782 *Cahn*, in: BeckOKG, 01.02.2022, AktG § 68 Rn. 38.

Die Richtigkeit und somit der Nutzen eines tokenisierten Aktienregisters richtet sich nach der Höhe des Risikos, dass der Inhaber des Aktien-Tokens nicht auch der Inhaber der Mitgliedschaft ist.

bb) Übertragung des Aktien-Tokens

Eine Übertragung von Aktien-Token kann durch individuelle Smart Contracts erfolgen, die einen Antrag auf Änderung der Inhaberschaft tokenisierter Namensaktien an das tokenisierte Aktienregister stellen. Der individuelle Smart Contract kann je nach Aufbau des tokenisierten Aktienregisters entweder mit der Aktienregister-Blockchain direkt oder mit dem Smart Contract kommunizieren, der die Regeln des tokenisierten Aktienregisters bestimmt. Aus rechtlicher Sicht basiert die Übertragung eines Tokens auf einem Vertrag zwischen Veräußerer und Erwerber. Dieser Vertrag wird durch den Smart Contract durchgeführt.

Die Übertragung von Aktien-Token könnte durch die Nutzung einer *public key infrastructure* umgesetzt werden. Aktionäre und Investoren würden mittels ihres jeweiligen privaten Schlüssels einen Smart Contract entsprechend ausführen, sodass eine Transaktion verifiziert wird.[783]

Eine Übertragung von Aktien-Token ist vollzogen, wenn die Transaktion in einem neuen Block auf der Aktienregister-Blockchain gespeichert wurde.

Für die Geltendmachung der Rechte eines Aktionärs gegenüber der Aktiengesellschaft ist ein entsprechender Nachweis über die bestehende Mitgliedschaft erforderlich. Die Satzung kann die Art des Nachweises der Berechtigung für die Teilnahme an der Hauptversammlung sowie der Ausübung der Stimmrechte nach § 123 Abs. 3 BGB bestimmen. Bei Namensaktien ist nach § 67 Abs. 2 AktG der im Aktienregister eingetragene Aktionär legitimiert, sodass der Nachweis bei einer Änderung im Aktienregister erbracht werden muss. Der Erstinhaber einer Aktie kann sich durch die von der Gesellschaft aufzubewahrenden Urkunden über die Zeichnung der Mitgliedschaft legitimieren.[784] Die Mitgliedschaft an einer Aktiengesellschaft kann durch Abtretung nach §§ 398, 413 BGB bei verbrieften oder unverbrieften Aktien übertragen werden oder bei verbrieften Namensaktien durch Indossament und sachenrechtliche Übereignung.[785] Die Trennung des mitgliedschaftlichen Rechts und der verbrieften Aktienurkunde ist für die Art und Weise der rechtsgeschäftlichen Übertragung entscheidend. Ist

---

783 So auch *Reger/Langheld/Haagen*, RDi 2021, S. 83, 89.

784 *Koch*, AktG, 16. Auflage 2022, § 123 Rn. 15.

785 Siehe oben Kapitel 5:I.5.c). Hinzu kommt der Rechtserwerb durch Gesamtrechtsnachfolge im Erbfall nach § 1922 BGB.

die Mitgliedschaft verbrieft, wird die Aktie zum Wertpapier im Sinne des BGB und es kann nur der Inhaber der Aktienurkunde die Rechte aus der Mitgliedschaft geltend machen.[786] Wird die Aktie nicht verbrieft, muss der tatsächliche Inhaber der Aktien nach Übertragung der Mitgliedschaft von einem Dritten den Erwerb durch eine Abtretungsurkunde oder eine Kette von Abtretungsurkunden nach § 410 BGB nachweisen, die auf den Zeichner der Aktien zurückgeht.[787]

Zu prüfen gilt es, ob die Inhaberschaft an einem Aktien-Token als Nachweis der Inhaberschaft der Mitgliedschaft gegenüber der Gesellschaft in der gleichen Weise ausreichend ist, wie dies bei der Inhaberschaft an einer Aktienurkunde der Fall ist. Die Übertragungskette von Aktien-Token wird durch die entsprechende Blockchain gespeichert. Die Zeichnung der Aktien zum Zwecke der erstmaligen Ausgabe als Aktien-Token müsste die auf der Blockchain erkennbaren öffentlichen Schlüssel der Zeichner benennen. Danach kann jede Übertragung eines Aktien-Tokens auf den Zeichner zurückverfolgt werden, sodass eine Kette an Übertragungen nachgewiesen werden kann. Damit diese Kette der Übertragungen von Aktien-Token einer Übertragungskette von Abtretungsurkunden gleichkommt, ist ein Zusammenfallen von Aktien-Token und Mitgliedschaft notwendig. Ein Smart Contract, der einen Abtretungsvertrag umsetzen soll, kann die Übertragung eines Aktien-Tokens nur anhand des tokenisierten Aktienregisters auf einer Blockchain überprüfen. Es kann zwar in dem Smart Contract, oder dem Smart Contract zugrundeliegenden Veräußerungsvertrag, die Vereinbarung abgebildet werden, dass die Übertragung des Aktien-Tokens mittels privaten Schlüssels auf der Blockchain zugleich die Abtretung der Mitgliedschaft darstellt.

Dadurch ist jedoch noch nicht sichergestellt, dass die Mitgliedschaft nicht auch außerhalb der Blockchain abgetreten und somit übertragen wird. Eine wirksame Abtretung außerhalb der Blockchain könnte zu einem Auseinanderfallen der Inhaberschaft des Aktien-Tokens und der Mitgliedschaft führen, die der Aktien-Token repräsentieren soll.

Es fehlt derzeit an einer gesetzlichen Regelung für Aktien-Token, die eine tokenisierte Mitgliedschaft einem Wertpapier nach dem BGB gleichsetzt, sodass eine Übertragung des Aktien-Tokens auch eine Übertragung der Aktienmitgliedschaft bedeuten würde. Es besteht somit ein Risiko, dass ein Aktien-Token

786 *Gehrlein*, in: BeckOK BGB, 01.05.2022, § 793 Rn. 1; gegenüber der Gesellschaft können Rechte aus der Namensaktie wiederum nur bei einer Eintragung im Aktienregister geltend gemacht werden.

787 *Koch*, AktG, 16. Auflage 2022, § 123 Rn. 15.

ohne die dazugehörige Mitgliedschaft übertragen wird. Ein Aktionär konnte seinen Aktien-Token und seine Mitgliedschaft an unterschiedliche Personen übertragen.

cc) Übertragung der Mitgliedschaft

Wie eben dargestellt, könnte die Inhaberschaft am Aktien-Token als Nachweis der Mitgliedschaft für die Anforderungen nach § 67 Abs. 2 AktG unzureichend sein. Problematisch ist, ob die Mitgliedschaft in der Weise übertragen werden kann, dass der Aktien-Token automatisch übergeht.

Die Mitgliedschaft an der Aktiengesellschaft bei der Ausgabe von nichtverbrieften Aktien-Token kann, wie beschrieben, nur im Wege der Abtretung nach §§ 398, 413 BGB übertragen werden.[788] Es stellt sich die Frage, ob die Abtretung der Mitgliedschaft gleichzeitig die Übertragung des Aktien-Tokens beinhalten kann, sodass der Inhaber eines Aktien-Tokens gegenüber der Aktiengesellschaft den Nachweis nach § 67 Abs. 2 AktG erbracht hat.

Eine analoge Anwendung des § 952 BGB auch auf Aktien-Token in der Gestalt, dass die Inhaberschaft am Aktien-Token bei einer Abtretung der Mitgliedschaft auf den Erwerber der Mitgliedschaft übergeht, ist nicht möglich. Hier liegt der Unterschied zu einer verbrieften Aktienurkunde, bei der das Eigentum an der Aktienurkunde bei einer Zession der Inhaberschaft der Mitgliedschaft folgt.[789] Der unverbriefte Aktien-Token ist, wie auch die unverbriefte Mitgliedschaft, keine Urkunde im zivilrechtlichen Sinne, da der Aktien-Token keine verkörperte Gedankenerklärung darstellt.[790] Das setzt das Vorhandensein eines körperlichen Gegenstandes, also einer Sache im Sinne des § 90 BGB voraus. Eine Subsumtion eines unverbrieften Rechts unter den Begriff der Urkunde würde den Kern der §§ 793 ff. BGB, die Ausübung des Rechts durch Vorlage der Urkunde durch den Inhaber, aushöhlen.[791] Somit ist auch § 952 BGB nicht analog anwendbar, da diese Vorschrift den gleichen Urkundenbegriff voraussetzt.[792]

Selbst wenn analog § 952 BGB der Aktien-Token der Mitgliedschaft folgt, hätte der Zedent der Mitgliedschaft nur einen Anspruch auf Übertragung des Aktien-Tokens. Auch die Übertragung der Mitgliedschaft bedingt nicht automatisch die Übertragung des Aktien-Tokens.

---

788 *Merkt*, in: Großkomm. AktG, 5. Auflage 2018, § 68 Rn. 128.

789 Kapitel 5:I.5.c)bb).

790 Vgl. BGHZ 65, 300, 301.

791 Vgl. *Vogel*, in: BeckOKG, 01.07.2022, BGB § 793 Rn. 16.

792 *Kaulartz/Matzke*, NJW 2018, S. 3278, 3281.

dd) *Gleichzeitige Übertragung von Mitgliedschaft und Aktien-Token*

Zu untersuchen ist, ob die Übertragung von Mitgliedschaft und die von Aktien-Token in der Weise verknüpft werden können, dass ein Risiko für ein Auseinanderfallen von der Inhaberschaft an der Mitgliedschaft und dem entsprechenden Aktien-Token minimiert wird.[793] Das tokenisierte Aktienregister soll die materielle Rechtslage richtig wiedergeben können. Der im tokenisierte Aktienregister „eingetragene" Inhaber eines Aktien-Token muss auch das mitgliedschaftliche Recht innehaben.[794] Nur so kann der Rechtsverkehr in ein tokenisiertes Aktienregister vertrauen und eine freie Handelbarkeit der Aktien-Token bestehen.

Es stellt sich die Frage, ob eine Aktiengesellschaft die Übertragung der Mitgliedschaft im Wege der Abtretung unter die Bedingung der gleichzeitigen Übertragung des dazugehörigen Aktien-Tokens stellen kann. Eine Bedingung, die Mitgliedschaft nur übertragen zu können, wenn gleichzeitig der dazugehörige Aktien-Token an dieselbe Person übertragen wird, würde den Aktionär beschränken, über eine Vermögensposition, die Mitgliedschaft, frei zu verfügen. Es würde somit die Sukzessionsfreiheit als ein Grundsatz des deutschen Privatrechts eingeschränkt werden.[795]

Eine Einschränkung der Sukzessionsfreiheit wird vom Gesetzgeber in bestimmten Fällen erlaubt, zum Beispiel bei der Vinkulierung von Namensaktien nach § 68 Abs. 2 AktG. Das Erfordernis der Zustimmung des Vorstandes zur Übertragung von Namensaktien schränkt den Inhaber der Namensaktien in seiner Sukzessionsfreiheit ebenfalls ein. Für diese Einschränkung sah der Gesetzgeber jedoch ein mögliches berechtigtes Interesse des Schuldners, also der Aktiengesellschaft. Ein berechtigtes Interesse an einer Vinkulierung kann der Schutz vor einer fremden Übernahme oder die Sicherstellung der Zahlungsfähigkeit eines Aktionärs bei nicht voll eingezahlten Aktien sein.[796]

Im Ausgleich muss die Vinkulierung in der Satzung vorgesehen werden, sodass der Aktionär vor willkürlicher oder unwissender Beschränkung seiner Sukzessionsfreiheit geschützt ist.

Die Sukzessionsfreiheit darf aufgrund ihres auch verfassungsrechtlichen Schutzes für absolut zugeordnete Vermögenspositionen, wie auch Aktien oder

---

793 Vgl. zum grundsätzlichen Problem Auseinanderfallen von Rechtsposition und Token *Kaulartz/Hirzle/Holl*, RDi 2022, 324.

794 Vgl. zum Eintragungsprinzip bei elektronischen Wertpapieren *Lieder*, in: Elektronische Wertpapiere, 2021, S. 106 ff.

795 *Lieder*, in: BeckOKG, 01.11.2022, BGB § 398 Rn. 3.1.

796 *Cahn*, in: BeckOKG, 01.02.2022, AktG § 68 Rn. 29, mit weiteren Beispielen.

Forderungen es sind, sowie ihrer rechtsökonomisch unverzichtbaren Bedeutung nur in Ausnahmefällen eingeschränkt werden und dies bedarf einer besonderen Rechtfertigung.[797] Fraglich ist, ob die Bedingung der Übertragung der Mitgliedschaft an die gleichzeitige Übertragung des dazugehörigen Aktien-Tokens ein solch hohes Maß an Rechtfertigung aufweist, dass die verfassungsrechtlich geschützte und rechtsökonomisch unverzichtbare Sukzessionsfreiheit auf diese Weise eingeschränkt werden kann.

Die Rechtfertigung könnte im notwendigen Zusammenfallen von Aktien-Token und Mitgliedschaft liegen, um die Ausgabe von Aktien-Token als Abbild der Mitgliedschaft überhaupt zu ermöglichen. Die Bedingung der gleichzeitigen Übertragung des Aktien-Tokens ist auf den ersten Blick eine Beschränkung der Sukzessionsfreiheit eines Aktionärs, in der praktischen Umsetzung führt es jedoch zu deutlich geringeren Einschränkungen als andere Möglichkeiten einer Konstruktion eines tokenisierten Aktienregisters. Würde die Sukzessionsfreiheit nicht auf diese Weise eingeschränkt werden, müsste eine Aktiengesellschaft bei einer Ausgabe von Namensaktien als Aktien-Token andere, zusätzliche Nachweise verlangen, um die Übertragung der Mitgliedschaft bestätigen und den Erwerber ins Aktienregister aufnehmen zu können. Andererseits würde die Gefahr eines Auseinanderfallens der unverbrieften Mitgliedschaft und des dazugehörigen Aktien-Tokens nicht ausreichend ausgeschlossen worden sein. Die Führung im Aktienregister und die damit verbundene Legitimationswirkung ist zwar klar zu trennen von der Inhaberschaft der Mitgliedschaft als Vermögensposition, trotzdem ist im Rahmen einer Rechtfertigung das Gesamtbild sowohl für die Aktiengesellschaft als auch für den Aktionär zu betrachten.

Eine Einschränkung der Verfügungsfreiheit über die Mitgliedschaft würde die Handelbarkeit der Vermögensposition Mitgliedschaft und dazugehöriger Aktien-Token erhöhen und wäre im Interesse des Eigentümers. Tendenziell müsste die Aktiengesellschaft deshalb auch in der Lage sein, durch die höhere Fungibilität der Mitgliedschaft von Aktien-Token ihre Kapitalkosten zu verringern. Als weiterer Rechtfertigungsgrund könnte die Möglichkeit der Vinkulierung von tokenisierten Namensaktien gelten. Die Vinkulierung stellt eine umfangreichere Verfügungsbeschränkung dar, da die Genehmigung des Vorstandes im Vorhinein erforderlich ist. Dagegen kann die Bedingung der Beschränkung der gleichzeitigen Übertragung von Mitgliedschaft und Aktien-Token ohne Zustimmung des Vorstandes vollzogen werden und muss nur

797 *Lieder*, in: BeckOKG, 01.11.2022, BGB § 398 Rn. 3.2, 4; *Lieder*, Die rechtsgeschäftliche Sukzession, 2015, S. 95.

gegenüber der Aktiengesellschaft nachgewiesen werden. Die Verfügung wäre aber schon vor dem Nachweis gegenüber der Aktiengesellschaft beziehungsweise dem Aktienregisterführer wirksam.

Zusätzlich kann argumentiert werden, dass eine Aktiengesellschaft letztendlich die Vinkulierung von tokenisierten Namensaktien wählen könnte, wenn auf andere Art und Weise das Zusammenfallen von Aktien-Token und Mitgliedschaft nicht ausreichend sichergestellt werden kann. Dabei könnte eine Aktiengesellschaft die Zustimmung durch den Vorstand bei der Übertragung der Mitgliedschaft und der dazugehörigen Aktien-Token durch einen standardisierten Smart Contract automatisieren, um die Handelbarkeit der Aktien-Token zu verbessern. Somit könnten vinkulierte, unverbriefte Aktien unter der satzungsmäßigen Bestimmung ausgegeben werden, dass die Mitgliedschaft nur gleichzeitig mit dem Aktien-Token übertragen werden darf. Der Vorstand würde einer Übertragung der Mitgliedschaft dann nur bei gleichzeitiger Übertragung des Aktien-Tokens zustimmen.

In diesem Lichte scheint eine Beschränkung der Abtretung der nichtverbrieften Mitgliedschaft mit der Bedingung, dass die Abtretung erst im Zeitpunkt der Übertragung der dazugehörigen Aktien-Token wirksam ist, trotz der hohen Anforderungen gerechtfertigt. Die Anzeige gegenüber der Gesellschaft würde zudem im Sinne von § 410 Abs. 2 BGB den Erwerber gegenüber der Gesellschaft legitimieren.

Voraussetzung für die Umsetzung eines funktionierenden tokenisierten Aktienregisters ist zusätzlich der Ausschluss der Einzelverbriefung nach § 10 Abs. 5 AktG. Es bleibt aber festzuhalten, dass der Anspruch des einzelnen Aktionärs auf Verbriefung seiner Mitgliedschaft in einer Globalurkunde nicht ausgeschlossen werden kann.[798] Ein ausschließlich tokenisiertes Aktienregister kann somit nicht rechtssicher umgesetzt werden.

2. Rechtliche Einordnung und Anforderungen an ein tokenisiertes Aktienregister

Die rechtliche Einordnung sowie die rechtlichen Vorgaben an ein tokenisiertes Aktienregister sind anhand des BGB, des AktG sowie kapitalmarktrechtlicher Vorschriften bezüglich börsennotierter Aktiengesellschaften zu untersuchen.

798 Siehe oben Kapitel 5:I.5.c).

a) *Zivilrechtliche Anforderungen an ein tokenisiertes Aktienregister*

Der Rechtsverkehr hat ein besonderes Interesse an der Fungibilität der Mitgliedschaft an Aktiengesellschaften. Bei der Abtretung einer unverbrieften Mitgliedschaft ist der Erwerber nur Inhaber der Mitgliedschaft, wenn diese auch tatsächlich beim Veräußerer bestand. Um sich abzusichern, könnte der Erwerber entweder die Erwerbskette bis zur ursprünglichen Ausgabe der Mitgliedschaft zurückverfolgen, welche regelmäßig der Veräußerer darlegen müsste. Eine weitere Möglichkeit könnte die Vereinbarung von Garantien und damit verbundenen Rücktrittsrechten beim Erwerb sein. Keine dieser Möglichkeiten schützt einen Erwerber dahingehend, dass er sicher Eigentümer der Mitgliedschaft wird. Die fehlende Sicherheit, eine Mitgliedschaft auch tatsächlich zu erwerben, mindert schließlich die Handelbarkeit der Mitgliedschaft. Um der Gefahr der fehlerhaften Abtretung entgegenzuwirken, wird die Mitgliedschaft in Aktienurkunden verbrieft. Mit der Übertragung der Aktienurkunde geht auch die dazugehörige Mitgliedschaft an der Aktiengesellschaft über. Bei der Übertragung von Aktienurkunden besteht der Gutglaubensschutz des Sachenrechts nach §§ 932 ff. BGB. Durch den Gutglaubensschutz an der Aktienurkunde sowie das Zusammenfallen von Mitgliedschaft und Aktienurkunde hat der Rechtsverkehr ausreichende Sicherheit beim Erwerb einer Aktienurkunde auch tatsächlich die Mitgliedschaft an der Aktiengesellschaft zu erwerben. Problematisch ist, ob bei einem Aktien-Token ein Gutglaubensschutz besteht, sodass ein Erwerber auch sicher sein kann, dass er tatsächlich Eigentümer des Aktien-Tokens geworden ist. Denn die aufgestellte Bedingung, die Mitgliedschaft nur wirksam abtreten zu können, wenn der dazugehörige Aktien-Token übertragen wird, erfordert im Umkehrschluss auch einen wirksamen Erwerb des Aktien-Tokens.

Durch die Bedingung der gleichzeitigen Übertragung von Aktien-Token und Mitgliedschaft kann die Mitgliedschaft an den Aktien-Token geknüpft werden, sodass diese nicht auseinanderfallen. Notwendig für den Erwerb der Mitgliedschaft ist somit der Erwerb des dazugehörigen Aktien-Tokens. Bei der Übertragung eines Aktien-Tokens besteht allerdings kein Gutglaubensschutz nach dem BGB, wie dies bei verbrieften Aktienurkunden der Fall ist. Eine Sache ist ein körperlicher Gegenstand, § 90 BGB. Ein Aktien-Token ist eine auf einem Datenträger abgespeicherte Datei und somit nach dem Wortlaut des § 90 BGB kein körperlicher Gegenstand.[799] Eine Sache nach § 90 BGB nimmt der BGH bei

799 *Fritzsche*, in: BeckOK BGB, 01.05.2022, § 90 Rn. 29; vgl. zu virtuellen Gegenständen *Diegmann/Kuntz*, NJW 2010, S. 561, 561 f.

einem Datenträger mit dem darin verkörperten Programm an, die Datei selbst ist jedoch keine Sache.[800]

Es stell sich die Frage, ob einem Token trotzdem die Sacheigenschaft beigemessen werden kann. *Arndt* kommt zu dem Schluss, dass aufgrund einer absoluten und exklusiven Verfügungsmacht, die eine Person über einen Bitcoin ausüben kann, Bitcoins dem Sacheigentum als Vollrecht nach § 903 BGB entsprechen.[801] Außerdem schütze Art. 14 GG die Verfügungsmacht über einen Bitcoin *„als außerpersonalen Gegenstand"*.[802] Nach dieser Ansicht muss einem Bitcoin, und damit einem Bitcoin in seiner Funktion vergleichbare Token, das Sacheigentum nach § 903 BGB zugewiesen werden.

Während ein absoluter Herrschaftsanspruch eines Tokens, nicht nur bei Bitcoin, durchaus gegeben ist, ist eine Einordnung von Token als Sacheigentum qua Verfassung allein aufgrund der Nähe zum Sacheigentum bedenklich. Der Begriff der Sache als Zuordnungsobjekt kann nicht umgangen werden.[803] Die Verfassung schützt zwar das Eigentum und somit auch den Inhaber von Token, der mit der Einordnung als Sacheigentum einhergehende Gutglaubensschutz ist jedoch eine Ausgestaltung des Eigentums durch den Gesetzgeber und sollte diesem vorbehalten sein.[804] Auch Forderungen oder immaterielle Rechtsgüter sind durch Art. 14 GG geschützt, erlangen aber keinen Gutglaubensschutz kraft Gesetz. Gerade die Unterscheidung zwischen einer Forderung und einer Sache im Sinne des BGB hat der Gesetzgeber in seinem Recht zur Ausgestaltung des Art. 14 GG vorzunehmen. Auch die fehlende physische Nähe zu einem Token spricht gegen eine Anwendung des Sachenrechts.[805] Somit kann an Token zwar Eigentum bestehen, die aufgrund der Verfassung gebotene Zuordnung zum Sacheigentum und damit zum Gutglaubensschutz der §§ 929 ff. BGB ist jedoch mangels der Verkörperung nicht gerechtfertigt.[806] Ein Aktien-Token stellt somit nach derzeitigem Gesetzeswortlaut keine Sache im Sinne des BGB dar.[807] Somit hat ein Erwerber eines Aktien-Tokens auch nicht die Sicherheit, dass er auch

---

800 So schon BGH NJW 1990, S. 320, 321.
801 *Arndt*, Bitcoin-Eigentum, 2022, S. 89.
802 *Arndt*, Bitcoin-Eigentum, 2022, S. 193.
803 Vgl. *Omlor*, RDi 2021, S. 236, 240.
804 Einen Schutz von Art. 14 Abs. 1 GG bezweifelnd *Guntermann*, RDi 2022, S. 200, 207.
805 *Omlor*, RDi 2021, S. 236, 240.
806 Das Eigentum an Token ablehnend *Guntermann*, RDi 2022, S. 200, 207.
807 Vgl. bezüglich Bitcoin *Engelhardt/Klein*, MMR 2014, S. 355, 357.

wirklich Eigentümer des Aktien-Tokens und somit der Mitgliedschaft geworden ist, wenn er Inhaber des Aktien-Tokens ist.[808]

Es ist Aufgabe des Gesetzgebers, diese Lücke in der Übertragung von Token zu schließen. Möglich ist eine Änderung der Vorschriften des BGB, wonach unter § 90 BGB auch Token gefasst werden. Ohne eine solche Änderung handelt es sich bei der Übertragung von Token um eine Übertragung von Rechten nach §§ 398, 413 BGB, an denen kein Gutglaubensschutz besteht.[809] Der Gesetzgeber könnte auch bei den Regeln zum Aktienregister eine Fiktion aufnehmen, wonach Aktien-Token als Sachen nach dem BGB gelten. Dieser Weg wurde für das eWpG gewählt. Dagegen ist eine umfassende Regelung zur Eigentumseinordnung im allgemeinen Zivilrecht treffender, um einen Flickenteppich an Einordnungen von Token zu vermeiden. In den Spezialgesetzen können dann weiterhin spezielle Eigenschaften, die ein Token haben müsste, um als Sache zu gelten, geregelt werden.

b) Aktienrechtliche Anforderungen an ein tokenisiertes Aktienregister

Bei dem hier beschriebenen tokenisierten Aktienregister bestehen an die Mitgliedschaft an der Aktiengesellschaft keine besonderen Voraussetzungen im Sinne einer Gattungsverschiedenheit gem. § 11 AktG. Wie bei einer unverbrieften Mitgliedschaft müssen die Regelungen zu Stimmrechten, der Gewinnausschüttung sowie allgemein das Rechtsverhältnis zwischen Gesellschaft und Gesellschafter nach dem dritten Teil des AktG befolgt werden.[810] Ebenso besteht für die Unterscheidung der Aktienart zwischen Inhaber- und Namensaktie keine Besonderheit für das tokenisierte Aktienregister, da die Ausgabe auf den Namen oder auf den Inhaber unabhängig von einer Verbriefung als Aktienurkunde oder einer Nichtverbriefung als Aktien-Token ist.[811]

Möchte man dagegen insgesamt das Aktienrecht durch die Nutzung der Blockchain-Technologie digitalisieren, zum Beispiel die Einberufung der Hauptversammlung, die Dividendenauszahlung oder die Gründung der Gesellschaft,

---

808 Für unverbriefte Aktien so auch *Topp*, Elektronische Aktien, 2022, S. 160.

809 Ausgenommen sind die Fälle des § 405 BGB bezüglich der Übertragung der Forderungsurkunde.

810 So wohl auch *Reger/Langheld/Haagen*, RDi 2021, S. 83, 89.

811 Vgl. zum Unterschied von Aktiengattung und Aktienart *Sailer-Coceani*, in: MHdB GesR IV, 5. Auflage 2020, § 13 Rn. 1; *Häuselmann/Teufel*, in: Unternehmensteuerrecht, 2. Auflage 2018, § 8 Rn. 26 f.

müssten die Vorschriften des Aktienrechts in den jeweiligen Punkten umfassend angepasst werden.[812]

c) Kapitalmarktrechtliche Anforderungen an ein tokenisiertes Aktienregister

Neben den allgemeinen zivilrechtlichen und aktienrechtlichen Anforderungen an ein tokenisiertes Aktienregister sind die Besonderheiten des Kapitalmarktes samt den dazugehörigen Vorschriften für börsennotierte Aktiengesellschaften zu untersuchen. Es stellt sich die Frage, ob ein Aktien-Token ein emissionsfähiges Wertpapier am Kapitalmarkt darstellt. Die rechtlichen Anforderungen richten sich dabei nach § 2 Nr. 1 WpPG in Verbindung mit Artikel 2 Buchstabe a der Verordnung (EU) 2017/1129 für den Wertpapierprospektbegriff und § 2 Abs. 1 WpHG für den Wertpapierhandelsbegriff, welche auf die Merkmale der Fungibilität und der Übertragbarkeit abstellen.[813] Die Fungibilität beschreibt die Handelbarkeit am Kapitalmarkt und erfordert eine Standardisierung von Wertpapieren als Gattungen, die innerhalb einer Gattung mit gleichen Rechten ausgestattet sind.[814] Die Übertragbarkeit erfordert ein Fehlen von Übertragungshindernissen der Wertpapiere. Eine Verbriefung ist für den Kapitalmarkt dagegen nicht erforderlich, wie sich auch in der gängigen Praxis der Umbuchung von Aktien in Girosammelverwahrung gezeigt hat.[815] Eine Verbriefung ist vielmehr für die Umlauffähigkeit und Fungibilität hinderlich, da die Übergabe zum Beispiel einer Aktienurkunde *in persona* die Anwesenheit der Beteiligten an einem Ort erfordert, sodass die Übergabe nach deutschem Recht auf die Konstruktionen des Besitzkonstituts nach § 930 BGB und der Abtretung des Herausgabeanspruchs nach 931 BGB gestützt werden müssen.

So formulierte auch der Gesetzgeber in seiner Begründung zum Prospektrichtlinie-Umsetzungsgesetz im Jahr 2005:

> „Wertpapiere sind beispielsweise auch solche Aktien, die nur in einem Register geführt werden, also Wertpapiercharakter haben."[816]

---

812 *von Buttlar/Omlor*, ZRP 2021, S. 169, 171; *Scherer*, Blockchain im Wertpapierbereich, 2020, S. 145 f.

813 *Ekkenga*, in: MüKo HGB, 4. Auflage 2019, Effektengeschäft Rn. 19.

814 *Ekkenga*, in: MüKo HGB, 4. Auflage 2019, Effektengeschäft Rn. 19; BaFin, Zweites Hinweisschreiben zu Prospekt- und Erlaubnispflichten im Zusammenhang mit der Ausgabe sogenannter Krypto-Token, S. 8.

815 *Groß*, KapMarktR, 8. Auflage 2022, WpPG § 2 Rn. 3.

816 Regierungsbegründung Gesetzesentwurf Prospektrichtlinie-Umsetzungsgesetz BR-Drs. 85/05, S. 60 f.

Dieser Gedanke liegt auch heute noch dem Wertpapierbegriff nach WpHG und WpPG, welche im Wesentlichen gleich auszulegen sind, zugrunde.[817] So sagt auch die BaFin ausdrücklich, dass es für den aufsichtsrechtlichen Wertpapierbegriff keiner Verbriefung bedarf, sondern es allein auf die freie Handelbarkeit und Übertragbarkeit ankommt.[818] Ein Aktien-Token derselben Aktiengattung ist standardisiert und verkörpert die gleichen Rechte innerhalb einer Gattung. Die Übertragbarkeit ist über das tokenisierte Aktienregister ebenfalls gegeben. Somit gelten Aktien-Token als Wertpapier im kapitalmarktrechtlichen Sinne, da diese frei handelbar sind.[819] Dies gilt auch für Wertpapiere, die nach § 32 BörsG der Zulassung zu einer Börse bedürfen, da § 5 Abs. 1 BörsZulV ebenfalls auf eine freie Handelbarkeit abstellt und § 2 Abs. 2 BörsG für den Begriff der Wertpapierbörse auf das WpHG verweist, sodass insgesamt der Wertpapierbegriff des WpHG zugrunde gelegt werden kann.[820] Auch vinkulierte Aktien können nach § 5 Abs. 2 Nr. 2 BörsZulV von der Geschäftsführung zugelassen werden, wenn das Zustimmungserfordernis nicht zu einer Störung des Börsenhandels führt. Werden Aktien vinkuliert unter der Bedingung der gleichzeitigen Übertragung des Aktien-Token ausgegeben und ist die Zustimmung für den Fall der Erfüllung der Bedingung im Vorhinein gegeben, ist eine Störung des Börsenhandels aufgrund der Vinkulierung nicht ersichtlich. Zusätzlich wird im Sinne des Eintragungsprinzips sichergestellt, dass das tokenisierte Aktienregister die materielle Rechtslage abbildet, die jeweils eingetragene Person als Inhaber des Aktien-Token also auch Inhaber der mitgliedschaftlichen Rechte ist. Im Ergebnis kann ein tokenisiertes Aktienregister somit schon jetzt die Anforderungen an eine freie Handelbarkeit erfüllen. Trotz der derzeitigen Praxis ist die Verbriefung von Aktien für das Merkmal der freien Handelbarkeit nicht notwendig, da die Nutzung der Blockchain-Technologie eine freie Handelbarkeit ebenfalls ermöglicht.[821]

Die Regelungen des DepotG können auf Wertrechte in Form von unverbrieften Aktien ebenfalls angewandt werden.[822] Ein Aktien-Token kann somit am

---

817 BaFin, Zweites Hinweisschreiben zu Prospekt- und Erlaubnispflichten im Zusammenhang mit der Ausgabe sogenannter Krypto-Token, S. 7.

818 BaFin, Zweites Hinweisschreiben zu Prospekt- und Erlaubnispflichten im Zusammenhang mit der Ausgabe sogenannter Krypto-Token, S. 7.

819 Mit Verweis auf die Entscheidung der BaFin zustimmend *Patz*, BKR 2021, S. 725, 726.

820 *Kumpan*, in: Hopt HGB, 41. Auflage 2022, § 32 BörsG Rn. 2; a.A. *Topp*, Elektronische Aktien, 2022, S. 155.

821 A.A. *Topp*, Elektronische Aktien, 2022, S. 153 ff.

822 *Scherer*, in: EBJS HGB, 4. Auflage 2020, DepotG § 1 Rn. 12.

Kapitalmarkt gehandelt werden, auch wenn er mangels Verbriefung kein Wertpapier im Sinne des § 793 BGB darstellt.

Die Anforderungen zum Handel am regulierten Kapitalmarkt können durch einen Aktien-Token und ein tokenisiertes Aktienregister erfüllt werden, wenn durch die Aktien-Token die Aktien abgebildet werden und somit übertragbare Wertpapiere entstehen, die innerhalb einer Gattung dieselben Rechte verkörpern. Zusätzlich muss ein Zusammenfallen von Aktien-Token und Mitgliedschaft sichergestellt werden, das derzeit im Wege einer Vinkulierung möglich ist.[823]

Anders als beim Grundbuch und beim Handelsregister ist eine Nutzung von nicht-fungiblen Token für ein tokenisiertes Aktienregister nicht sinnvoll. Fungible Token können als standardisierte Aktien-Token derselben Gattung mit denselben Rechten ausgegeben werden.

3. Beispiel der „Ten31 Bank" von der WEG Bank

Die WEG Bank AG beschloss mit Beschluss vom 18.01.2021 die Ausgabe rein digitaler Aktien über eine Blockchain. Durchgeführt wurde dies unter dem Namen Ten31, welches die Fintech-Sparte der WEG Bank AG darstellt. Der notwendige Prospekt wurde von der BaFin am 28.04.2021 genehmigt.[824] Die WEG Bank AG gab und gibt Aktien als Token über die Tezos-Blockchain[825] aus, welche Smart Contracts ermöglicht. Der Anspruch auf Globalverbriefung wurde dabei nicht ausgeschlossen, allerdings muss laut des von der WEG Bank gewählten Prospekts ein Aktionär die Kosten für die Globalverbriefung übernehmen.[826]

Die WEG Bank AG ist auf diesem Wege sämtlichen Diskussionen und Gesetzesänderungen zuvorgekommen. Es wird sich zeigen, ob dieses Vorgehen erfolgversprechend ist und inwieweit der Gesetzgeber zu einer Regulierung gezwungen wird, wenn sich die Praxis tokenisierter Aktien nach derzeitigen Regelungen durchsetzt.

823 Siehe oben Kapitel 5:III.1.c)dd).
824 Wertpapierprospekt Ten31 Bank v. 28.04.2021.
825 Siehe https://tezos.com/, zuletzt abgerufen am 04.08.2022.
826 Wertpapierprospekt Ten31 Bank v. 28.04.2021; S. 104.

4. Fazit

Ein tokenisiertes Aktienregister kann bereits *de lege lata* unverbriefte Namensaktien als Wertrecht abbilden.[827] Technisch könnte es *de lege ferenda* auch Inhaberaktien beinhalten. Eine Unterscheidung zwischen beiden Aktienarten wäre nicht mehr notwendig.[828] Eine Aktie im tokenisierten Aktienregister erfüllt sowohl die Anforderungen an eine Namensaktie als auch an eine Inhaberaktie. Im Interesse einer Aktiengesellschaft könnte eine Unterscheidung jedoch weiterhin erfolgen, indem tokenisierte Namensaktien die Pflichtangaben nach § 67 Abs. 1 S. 1 AktG enthalten und tokenisierte Inhaberaktien auch pseudonymisiert gehalten und übertragen werden können.[829]

Die Ausgabe von Namensaktien als Aktien-Token auf einer Blockchain kann von der Geltendmachung der durch den Aktien-Token verkörperten Rechte getrennt werden. Die Art und Weise der Gründung einer Aktiengesellschaft, der Abhaltung der Hauptversammlung, der Durchsetzung von Vorstandsentscheidungen oder auch die Dividendenausschüttung müssen nicht an die Ausgabe als Aktien-Token gekoppelt werden. Die Behauptung, die Regulierung einer digitalen Aktie, sei es in einem tokenisierten Aktienregister oder auf andere Art, habe *„erhebliche gesellschaftsrechtliche Auswirkungen"* suggeriert eine enorme Komplexität des Vorgehens.[830]

Dass dies nicht der Fall ist, zeigt allein die Möglichkeit einer tokenisierten Mitgliedschaft wie durch die WEG AG, auch wenn das Vorgehen mit einigen Risiken behaftet ist.[831] Richtigerweise muss gesagt werden, dass eine umfassende Regulierung der Ausgabeart von Aktien als Aktien-Token in einem tokenisierten Aktienregister erforderlich ist, um einheitliche Regeln und rechtliche Sicherheit für Aktionäre sowie Aktiengesellschaften zu schaffen. Das zügige Voranschreiten der Praxis setzt den Gesetzgeber unter enormen Zeitdruck. Gleichwohl bleibt zu befürchten, dass der Gesetzgeber die Entwicklungen in der Praxis abwartet und erst nach einer ausführlichen Evaluierung handeln wird. Dabei besteht jedoch die Gefahr, dass einzelne kapitalmarktrechtliche Reglungen aus dem DepotG oder dem WpHG umgangen werden, wodurch letztendlich der

---

827 Mit dem Hinweis der Nachteile gegenüber verbrieften Aktien so auch *Topp*, Elektronische Aktien, 2022, S. 160 f.

828 *Möslein/Omlor/Urbach*, ZIP 2020, S. 2149, 2160.

829 So *Möslein/Omlor/Urbach*, ZIP 2020, S. 2149, 2160.

830 BT-Drs. 19/26925, S. 38, so lautet die Begründung im eWpG-E zum Abwarten des Gesetzgebers bezüglich der digitalen Aktie.

831 Vgl. *Topp*, Elektronische Aktien, 2022, S. 160 f.

Anlegerschutz verringert wird. Beispielhaft hierfür ist die Börse Stuttgart Digital Exchange, die den Handel von Kryptowerten, also Token, ermöglicht und von der Gruppe Börse Stuttgart geführt wird. Die Börse Stuttgart Digital Exchange verfügt nur über eine interne Marktüberwachung, losgelöst von der BaFin oder anderen Regulierungsbehörden.[832]

IV. Ergebnis Aktienregister

Das Aktienregister stellt nach § 67 AktG ein reines Informationsregister dar, wonach sich die Aktionäre gegenüber der Aktiengesellschaft legitimieren können. Als Informationsregister kann es auf einer Blockchain geführt werden, solange die Anforderungen an die Grundsätze ordnungsmäßiger Buchführung beachtet werden.

Das tokenisierte Aktienregister ermöglicht technisch die Schaffung digitaler Wertpapiere in Form von Aktien und deren sichere Übertragung. Auf diese Weise kann die bereits bestehende Buchung von Aktien in einem Depot komplett digitalisiert werden, ohne weiterhin eine physische Globalurkunde samt Übertragungskonstrukt zu benötigen. Hier entfacht die Tokenisierung ihren größten Nutzen, da der Aktionär einfacher über seine nun digitalen Aktien verfügen kann. Nach jetzigem Gesetzeswortlaut ist ein tokenisiertes Aktienregister bei unverbrieften Aktien möglich, welche im Wege der Abtretung unter der satzungsmäßigen Bedingung der gleichzeitigen Übertragung des Aktien-Tokens an einen Dritten rechtsgeschäftlich übertragen werden können.[833]

Es besteht kein Gutglaubensschutz am Erwerb des Aktien-Tokens hinsichtlich der Aktie als mitgliedschaftliches Recht, da Aktien-Token und Mitgliedschaft zu trennen sind. Eine mit der Verbriefung von Aktien in Urkunden vergleichbare Regelung muss durch den Gesetzgeber vorgenommen werden, wonach Aktien als Aktien-Token tokenisiert werden können und ein Aktien-Token dadurch einer Aktienurkunde gleichgesetzt wird. Auf diese Weise würde auch der Praxis Rechnung getragen, wonach der Großteil der umlaufender Aktien deutscher Emittenten in Girosammelverwahrung verbrieft ist und eine Übertragung allein durch die Umbuchung bei der Wertpapiersammelbank Clearstream bewirkt wird.

---

832 Vgl. rechtliche Hinweise bei https://www.bsdex.de/de, zuletzt abgerufen am 04.08.2022.

833 A.A. aufgrund eines Verbriefungserfordernisses *Scherer*, Blockchain im Wertpapierbereich, 2020, S. 145 f.

Hier könnten die Vorschriften des eWpG zu Kryptowertpapieren als Vorbild genutzt werden, um die Übertragung von Aktienurkunden durch die Übertragung von Aktien-Token zu ersetzen.[834] Ein tokenisiertes Aktienregister würde zuerst nur die Aktienurkunde ersetzen, weitere Änderungen betreffend die Mitgliedschaft müssten nicht zwingend vorgenommen werden.[835] Insbesondere kann im Sinne von § 24 eWpG die Verfügung der Mitgliedschaft ohne Eintragung im Aktienregister verboten werden, sodass ein Auseinanderfallen von Aktien-Token und Mitgliedschaft nicht mehr möglich wäre.[836] Vorteile eines tokenisierten Aktienregisters könnten eine Automatisierung der Dividendenzahlung und der Einberufung der Hauptversammlung sowie insgesamt die vereinfachte Verwaltung der Aktionäre sein.[837]

Ob sich ein Aktienhandel ohne Intermediäre durchsetzen wird, bleibt zu bezweifeln. Es wird auch weiterhin ein Bedürfnis zur Führung des Depots in Form eines Wallets durch einen Dritten bestehen. Dies schmälert jedoch nicht die beschriebenen Vorteile eines tokenisierten Aktienregisters.

---

834 Vgl. *Reger/Langheld/Haagen*, RDi 2021, S. 83, 89, wonach § 25 eWpG § 68 Abs. 1 AktG vorgehen müsste.

835 *Reger/Langheld/Haagen*, RDi 2021, S. 83, 89.

836 So auch *Topp*, Elektronische Aktien, 2022, S. 204.

837 *Guntermann*, AG 2021, S. 449, 452; *Reger/Langheld/Haagen*, RDi 2021, S. 83, 92.

Kapitel 6: Zusammenfassung der Ergebnisse

Die Blockchain-Technologie hat ihren Reiz in der Schaffung digitaler Werte in Form von Token und bildet die Grundlage für ein „Internet der Werte". Ein digitaler Wert entspricht einer Rechtsposition, über die der Berechtigte verfügen kann. Ermöglicht wird dies durch die Lösung des Double-Spending-Problems, wonach digitale Werte nicht beliebig kopiert werden können. Flankiert wird dies durch die Vermeidung eines Single-Point-of-Failure und die Schaffung von Manipulationssicherheit durch die der Blockchain-Technologie zugrundeliegende Distributed-Ledger-Technologie. Die Nutzung von nicht-fungiblen Token eignet sich für das Grundbuch und das Handelsregister, da ein nicht-fungibler Token eindeutig auf der Blockchain zugeordnet werden kann.

1. Das Grundbuch kann schon *de lege lata* auf einer Grundbuch-Blockchain geführt werden. Ein Token auf der Grundbuch-Blockchain würde die Eintragung im Grundbuch repräsentieren und nicht die im Grundbuch eingetragene dingliche Rechtsposition. Das Grundbuch würde in seiner jetzigen Struktur digitalisiert werden, ohne eine Tokenisierung von Grundstücken im Sinne einer Schaffung von digitalen Werten zu bewirken.

2. Bei der Digitalisierung des Grundbuchwesens sollte eine dezentrale Speicherung vorgesehen und die Nutzung von Smart Contracts ermöglicht werden.

3. Wie das Grundbuch kann auch das Handelsregister schon *de lege lata* auf einer Handelsregister-Blockchain geführt werden. Ein Token auf einer Handelsregister-Blockchain würde ebenfalls die Eintragung im Handelsregister repräsentieren.

4. Für öffentliche Register wie das Grundbuch und das Handelsregister ist eine Einbindung von Notaren und des Grundbuchamts beziehungsweise des Registergerichts unverzichtbar. Im Bereich der vorsorgenden Rechtspflege bietet die Blockchain-Technologie in ihrer Umsetzung keinen erheblichen Mehrwert, der nicht mit einem verbesserten digitalisierten Handelsregister und Grundbuch erreicht werden kann.

5. Der Notar kann in seiner Rolle als „Gatekeeper" nicht durch die Blockchain-Technologie adäquat ersetzt werden, ohne seine Funktionen (insbesondere

Identitätsfeststellung, Beratungs- und Belehrungsfunktion) durch einen anderen Intermediär abzubilden.

6. Die Nutzung von automatisierten Programmen im Eintragungsverfahren des Grundbuchs und des Handelsregisters kann zu einer Beschleunigung der Prozesse führen. Eine Nutzung der Blockchain-Technologie ist hierfür nicht notwendig.

7. Das Aktienregister kann als *de lege lata* auf einer Blockchain geführt werden, indem die Eintragung tokenisiert wird.

8. Die Namensaktie kann in einem tokenisierten Aktienregister als digitales Wertrecht abgebildet werden. *De lege lata* können vinkulierte, unverbriefte Namensaktien unter der Bedingung ausgegeben werden, dass die Mitgliedschaft nur gleichzeitig mit dem Aktien-Token übertragen werden darf. Es kann jedoch nicht der Anspruch eines Aktionärs auf Verbriefung der Aktion in einer Globalurkunde ausgeschlossen werden, sodass ein enormes Risiko der Aktiengesellschaft besteht, Aktien ausschließlich in Form von Aktien-Token auszugeben.

9. Es bedarf im Sinne der Rechtssicherheit und des Anlegerschutzes dringend einer gesetzlichen Regulierung eines tokenisierten Aktienregisters, wonach die Übertragung eines Aktien-Tokens den Übergang der Mitgliedschaft bewirkt. Eine Übertragung außerhalb des Registers muss gesetzlich verboten werden.

Literaturverzeichnis

Apfelbaum, Sebastian, und Jörg Bettendorf, Die elektronische beglaubigte Abschrift im Handelsregisterverkehr, Rheinische Notar-Zeitschrift, 2007, S. 89–97.

Arndt, Johannes, Bitcoin-Eigentum: zur Notwendigkeit rechtlicher Zuweisung außer-rechtlicher außer-subjektiver Vermögenspositionen durch subjektive Rechte, Schriften zum Recht der Digitalisierung, Tübingen: Mohr Siebeck, 2022.

Auer-Reinsdorff, Astrid, und Isabell Conrad, Hrsg, Handbuch IT- und Datenschutzrecht, München: C.H. Beck, 2019.

Back, Adam, Hashcash – A Denial of Service Counter-Measure, http://ww.hashcash.org/papers/hashcash.pdf.

Baran, Paul, On Distributed Communications Networks. RAND Corporation, 1962, https://www.rand.org/pubs/papers/P2626.html.

Bauer, Hans-Joachim, und Bernhard Schaub, Grundbuchordnung: Kommentar, 4. Auflage, München: Verlag Franz Vahlen, 2018 (zitiert als *Verfasser*, in: Bauer/Schaub GBO).

Baums, Theodor, Low Balling, Creeping in und deutsches Übernahmerecht, Zeitschrift für Wirtschaftsrecht, 2010, S. 2374–2390.

Bechtolf, Hans, und Niklas Vogt, Datenschutz in der Blockchain – Eine Frage der Technik Technologische Hürden und konzeptionelle Chance, Zeitschrift für Datenschutz, 2018, S. 66–71.

Bericht BMJ, Bericht über die Entwicklung der Stimmrechtsausübung in börsennotierten Aktiengesellschaften in Deutschland seit Inkrafttreten des Namensaktiengesetzes am 25.01.2001, Neue Zeitschrift für Gesellschaftsrecht, 2004, S. 948–956.

Beurskens, Michael, Blockchain und Gesellschaftsrecht – Endlose Möglichkeiten?, Neue Zeitschrift für Gesellschaftsrecht, 2021, S. 353–354.

Blasche, Sebastian, Zulässigkeit und Rechtswirkungen der Eintragung eines gemeinschaftlichen Vertreters im Aktienregister, Die Aktiengesellschaft, 2015, S. 342–348.

Blaurock, Uwe, und Felix Maultzsch, Vertrauensschutz im digitalen Zeitalter, Schriften der Ernst-von-Caemmerer-Stiftung, Band 11. Baden-Baden: Nomos, 2020.

Böhme, Rainer, und Paulina Pesch, Technische Grundlagen und datenschutzrechtliche Fragen der Blockchain-Technologie, Datenschutz und Datensicherheit, 2017, 473–481.

Bohnert, Joachim, Der Kataster im System des Sachenrechts, Juristenzeitung, 2011, S. 775–780.

Bork, Björn, Die Regelungen zu „know-your-shareholder" im Regierungsentwurf des ARUG II, Neue Zeitschrift für Gesellschaftsrecht, 2019, S. 738–743.

Hoffman-Becking, Michael, Münchener Handbuch des Gesellschaftsrechts, 5. Auflage, München: C.H. Beck, 2020 (zitiert als *Verfasser*, in: MHdB GesR IV).

Braegelmann, Tom, und Markus Kaulartz, Rechtshandbuch Smart Contracts, München: C.H. Beck, 2019 (zitiert als *Verfasser*, in: RHB Smart Contracts).

Breidenbach, Stephan, und Florian Glatz, Rechtshandbuch Legal Tech, 2. Auflage, München: C.H. Beck, 2021 (zitiert als *Verfasser*, in: Breidenbach/Glatz HdB Legal Tech).

Brickell, Ernest F., Advances in Cryptology – CRYPTO' 92: 12th Annual International Cryptology Conference Santa Barbara, California, USA August 16–20, 1992 Proceedings, Lecture Notes in Computer Science 740. Berlin, Heidelberg: Springer-Verlag Berlin Heidelberg Springer e-books, 1993.

Buchmann, Johannes A., Evangelos Karatsiolis, und Alexander Wiesmaier, Introduction to Public Key Infrastructures, New York: Springer, 2013.

Büllesbach, Alfred, Uta Klawitter, und Anja Miedbrodt, Das neue Namensaktiengesetz, Ein Überblick über die Modernisierungsvorschriften, Deutsches Steuerrecht, 2001, S. 666–670.

Buttlar, Julia von, und Sebastian Omlor, Tokenisierung von Eigentums-, Benutzungs-, Zutritts- und Pfandrechten, Zeitschrift für Rechtspolitik, 2021, S. 169–172.

Canaris, Claus-Wilhelm, Mathias Habersack, Carsten Schäfer, und Hermann Staub, Handelsgesetzbuch: Grosskommentar, Grosskommentare der Praxis. Berlin; New York: W. de Gruyter, 2009 (zitiert als *Verfasser*, in: Großkomm. HGB).

Cox, James A., und Mark Rasmussen, Blockchain for business lawyers, Chicago, Illinois: ABA Section of Science & Technology Law, 2018.

Danninger, Nadja, Benedikt Drasch, Andreas Ehresmann, Tobias Guggenberger, Alexander Rieger, Nils Urbach, Fabiane Völter, und Martin Wachter, Das Blockchain-basierte Gültigkeitsregister, Eine Machbarkeitsstudie zur ersten Blockchain-Kooperation in der deutschen Justiz, Bayreuth/Berlin/München, 2020.

De Filippi, Primavera, und Aaron Wright, Blockchain and the law: the rule of code, Cambridge, Massachusetts: Harvard University Press, 2018.

Dechamps, Claudius, Wertrechte im Effektengiroverkehr: zum redlichen Erwerb stückeloser Effekten, Abhandlungen zum deutschen und europäischen Handels- und Wirtschaftsrecht, Köln: C. Heymann, 1989.

Demharter, Johann, Grundbuchordnung: mit dem Text der Grundbuchverfügung und weiterer Vorschriften, 32. Auflage, Beck'sche Kurz-Kommentare, Band 8, München: C.H. Beck, 2021.

Demmer, Anne, El Salvador im Bitcoin-Fieber, https://www.tagesschau.de/wirtschaft/finanzen/bitcoin-el-salvador-101.html.

Denga, Michael, Non-Fungible Token im Bank- und Kapitalmarktrecht, Zeitschrift für Bank- und Kapitalmarktrecht, 2022, S. 288–296.

Diegmann, Heinz, und Wolfgang Kuntz, Praxisfragen bei Onlinespielen, Neue Juristische Wochenschrift, 2010, S. 561–566.

Diehn, Thomas, und Richard Rachlitz, Notarielle Prüfungspflichten im Grundbuch- und Registerverkehr, Deutsche Notar-Zeitschrift, 2017, S. 487–503.

Dölle, Mirko, Runde Sache: 10 Jahre Bitcoin und Blockchain: Erstaunlich robust, Heise, https://www.heise.de/select/ct/2019/2/1546924642860309.

Drinhausen, Florian, und Hans-Martin Eckstein, Beck'sches Handbuch der AG: Gesellschaftsrecht, Steuerrecht, Börsengang, 3. Auflage, München: C.H. Beck, 2018 (zitiert als *Verfasser*, in: BeckHdB AG).

Eder, Cajetan J., Die rechtsgeschäftliche Übertragung von Aktien, Neue Zeitschrift für Gesellschaftsrecht, 2004, S. 107–114.

Eickelberg, Jan, und Roland Böttcher, Neue notarielle Prüfungspflichten im Handelsregister- und Grundbuchverfahren, Praxis der Freiwilligen Gerichtsbarkeit, 2017, S. 145–149.

Ellenberger, Jürgen, und Hermann-Josef Bunte, Bankrechts-Handbuch, 6. Auflage, München: C.H. Beck, 2022 (zitiert als *Verfasser*, in: Ellenberger/Bunte BankR-HdB).

Engelhardt, Christian, und Sascha Klein, Bitcoins – Geschäfte mit Geld, das keines ist, Multimedia und Recht Zeitschrift für Informations-, Telekommunikations- und Medienrecht, 2014, S. 355–360.

Ensthaler, Jürgen, Gemeinschaftskommentar zum Handelsgesetzbuch mit UN-Kaufrecht, 8. Auflage, Köln: Luchterhand, 2015 (zitiert als *Verfasser*, in: Ensthaler GK-HGB).

Europäische Zentralbank, Report on a Digital Euro, 2020, https://www.ecb.europa.eu/pub/pdf/other/Report_on_a_digital_euro~4d7268b458.en.pdf#page=27.

Fehrenbacher, Oliver, Registerpublizität und Haftung im Zivilrecht, Deutsches, europäisches und vergleichendes Wirtschaftsrecht, Baden-Baden: Nomos, 2004.

Fill, Hans-Georg, und Andreas Meier, Blockchain kompakt: Grundlagen, Anwendungsoptionen und kritische Bewertung IT kompakt, Wiesbaden: Springer Fachmedien, 2020.

Fries, Martin, Smart Contracts: Brauchen schlaue Verträge noch Anwälte? Zusammenspiel von Smart Contracts mit dem Beweismittelrecht der ZPO, Anwaltsblatt, 2018, S. 86–90.

Glaser, Florian, Pervasive Decentralisation of Digital Infrastructures: A Framework for Blockchain enabled System and Use Case Analysis, 2017.

Goette, Wulf, Mathias Habersack, und Susanne Kalss, Münchener Kommentar zum Aktiengesetz, 5. Auflage, München: C.H. Beck, 2019 (zitiert als *Verfasser*, in: MüKo AktG).

Green, Matthew, Napster Opens Pandora's Box: Examining How File-Sharing Services Threaten the Enforcement of Copyright on the Internet, Ohio State Law Journal, Vol. 63, 2002, S. 799–831.

Grigoleit, Hans Christoph, und Erik Ehmann, Aktiengesetz: Kommentar, 2. Auflage, München: C.H. Beck Verlag, 2020 (zitiert als *Verfasser*, in: Grigoleit AktG).

Groß, Wolfgang, Kapitalmarktrecht: Kommentar zum Börsengesetz, zur Börsenzulassungs-Verordnung, zum Wertpapierprospektgesetz und zur Prospektverordnung, 8. Auflage, München: C.H. Beck, 2022 (zitiert als *Groß*, KapMarktR).

Grüneberg, Christian, Bürgerliches Gesetzbuch mit Nebengesetzen, Beck'sche Kurz-Kommentare, 81. Auflage, München: C.H. Beck, 2022 (zitiert als *Verfasser*, in: Grüneberg).

Gsell, Beate, Wolfgang Krüger, Stephan Lorenz, und Christoph Reymann, beck-online.Großkommentar Zivilrecht, München: C.H. Beck, 2022 (zitiert als *Verfasser*, in: BeckOKG).

Guntermann, Lisa Marleen, Die elektronische Aktie und das eWpG, Die Aktiengesellschaft, 2021, S. 449–457.

—, Non Fungible Token als Herausforderung für das Sachenrecht, Recht Digital, 2022, S. 200–208.

Habersack, Mathias, Hans-Ulrich Joeres, und Achim Krämer, Entwicklungslinien im Bank- und Kapitalmarktrecht: Festschrift für Gerd Nobbe, Köln: RWS Verlag Kommunikationsforum, 2009.

Hau, Wolfgang, und Roman Poseck, BeckOK BGB, München: C.H. Beck, 2022 (zitiert als *Verfasser*, in: BeckOK BGB).

Häublein, Martin, und Roland Hoffmann-Theinart, BeckOK HGB, München: C.H. Beck, 2022 (zitiert als *Verfasser*, in: BeckOK HGB).

Hauschild, Armin, Jürgen Kallrath, und Thomas Wachter, Notarhandbuch Gesellschafts- und Unternehmensrecht, 3. Auflage, München: C.H. Beck, 2022.

Hecht, Johannes, Notariat 4.0 und Blockchain-Technologie, Mitteilungen des Bayerischen Notarvereins, 2020, S. 314–323.

Heckschen, Heribert, Sebastian Herrler, und Christof Münch, Beck'sches Notar-Handbuch, 7. Auflage, München: C.H. Beck, 2019 (zitiert als *Verfasser*, in: BeckNotar-HdB).

Heckschen, Heribert, und Ralf Knaier, Weitere Digitalisierung des Gesellschaftsrechts (DiREG), Neue Zeitschrift für Gesellschaftsrecht, 2022, S. 885–893.

Heidel, Thomas, Aktienrecht und Kapitalmarktrecht, 5. Auflage, Baden-Baden: Nomos, 2020.

Heidel, Thomas, und Alexander Schall, Handelsgesetzbuch: Handkommentar, 3. Auflage, Nomos, 2020.

Heneweer, Rainer, Das Erfordernis öffentlicher Beglaubigung im Handelsregisterverkehr (§ 12HGB), Praxis der Freiwilligen Gerichtsbarkeit, 2004, S. 259–261.

Hennssler, Martin, beck-online.Großkommentar Handels- und Gesellschaftsrecht, München: C.H. Beck, 2022 (zitiert als *Verfasser*, in: BeckOKG).

Hirte, Heribert, Peter O. Mülbert, und Markus Roth, Aktiengesetz: „Grosskommentar". Grosskommentare der Praxis, Berlin: de Gruyter, 2018 (zitiert als *Verfasser*, in: Großkomm. AktG).

Hoeren, Thomas, Ulrich Sieber, und Bernd Holznagel, Handbuch Multimedia-Recht: Rechtsfragen des elektronischen Geschäftsverkehrs, 2022 (zitiert als *Verfasser*, in: Hoeren/Sieber/Holznagel MultimediaR-Hdb).

Hofert, Eduard, Regulierung der Blockchains: hoheitliche Steuerung der Netzwerke im Zahlungskontext, Internet und Gesellschaft, Tübingen: Mohr Siebeck, 2018.

Hoffer, Raoul, und Kristina Mirtchev, Erfordert die Blockchain ein neues Kartellrecht? – Die Anwendung von Art. 101 und 102 AEUV sowie der Zusammenschlusskontrolle im Kontext der Blockchain-Technologie –, Neue Zeitschrift für Kartellrecht, 2019, S. 239–247.

Hölters, Wolfgang, und Markus Weber, Aktiengesetz: Kommentar, 4. Auflage, München: C.H. Beck/Vahlen, 2022.

Hopt, Klaus J., Handelsgesetzbuch mit GmbH & Co., Handelsklauseln, Bank- und Kapitalmarktrecht, Transportrecht (ohne Seerecht), 41. Auflage,

Beck'sche Kurz-Kommentare, München: C.H. Beck, 2022, (zitiert als *Verfasser*, in: Hopt HGB).

Hötzel, David, Virtuelle Währungen im System des deutschen Steuerrechts: ein Beitrag zur Auslegung des (steuer-)rechtlichen Grundbegriffs, Steuerrecht im Rechtsstaat, München: C.H. Beck, 2017.

Hügel, Stefan, BeckOK GBO, München: C.H. Beck, 2022 (zitiert als *Verfasser*, in: BeckOK GBO).

Jacobs, Christoph, und Christian Lange-Hausstein, Blockchain und Smart Contracts: zivil- und aufsichtsrechtliche Bedingungen, Der IT-Rechts-Berater, 2017, S. 10–15.

Johannsen-Roth, Tim, Arne Kießling, und Julius Raapke, Rechtsentwicklungen im Aktienrecht 2019, Der Betrieb, 2019, S. 16–22.

Kannengießer, Niclas, Sebastian Lins, Tobias Dehling, und Ali Sunyaev, What Does Not Fit Can be Made to Fit! Trade-Offs in Distributed Ledger Technology Designs, 2019.

Kaulartz, Markus, Die Blockchain-Technologie: Hintergründe zur Distributed Ledger Technology und zu Blockchains, Computer und Recht, 2016, S. 474–480.

Kaulartz, Markus, und Katharina Hirzle, Die Tokenisierung von Eigentum, 2021, https://www.cmshs-bloggt.de/gewerblicher-rechtsschutz/die-tokenisierung-von-eigentum/#.

Kaulartz, Markus, Katharina Hirzle, Benedikt Holl, Tokenisierung durch das Auslobungsmodell, Recht Digital, 2022, S. 324–332.

Kaulartz, Markus, und Robin Matzke, Die Tokenisierung des Rechts, Neue Juristische Wochenzeitschrift, 2018, S. 3278–3283.

Keller, Tobias, und Kevin Schümmer, Digitale GmbH-Gründung, Neue Zeitschrift für Gesellschaftsrecht, 2021, S. 573–578.

Keuchen, Michael, Grundbuch 4.0 – Folgt das Blockchain-Grundbuch dem Datenbankgrundbuch?, Zeitschrift für Immobilienrecht, 2020, S. 593–600.

Kipker, Dennis-Kenji, Cybersecurity, München: C.H. Beck, 2020.

Klebeck, Ulf, und Günther Dobrauz, Rechtshandbuch digitale Finanzdienstleistungen: FinTechs, Mobile Payment, Crowdfunding, Blockchain, Kryptowährungen, ICOs, Robo-Advice, München: C.H. Beck, 2018.

Kleinert, Ursula, und Volker Mayer, Elektronische Wertpapiere und Krypto-Token, Europäische Zeitschrift für Wirtschaftsrecht, 2019, S. 857–863.

Klemm, Thomas, Bitcoin: Das Währungsexperiment, FAZ.NET, https://www.faz.net/aktuell/finanzen/devisen-rohstoffe/bitcoin-das-waehrungsexperiment-13787659.html.

Knaier, Ralf, Handelsregister 4.0 dank Blockchain-Technologie?, Die GmbH-Rundschau, 2017, S. R305–R306.

Knaier, Ralf, und Lothar Wolff, Die Blockchain-Technologie als Entwicklungsoption für das Handelsregister?, Betriebs Berater, 2018, S. 2253–2260.

Koch, Jens, Aktiengesetz, 16. Auflage, Beck'sche Kurz-Kommentare, München: C.H. Beck, 2022.

Kölling, Lars, Namensaktien im Wandel der Zeit – „NaStraG", Neue Zeitschrift für Gesellschaftsrecht, 2000, S. 631–638.

Krafka, Alexander, Registerrecht, Handbuch der Rechtspraxis, 11. Auflage, 2019.

Kuntze, Joachim, Rudolf Ertl, Hans Herrmann, Dieter Eickmann, Ulrich Keller, Jörg Munzig, und Aline Kalb, KEHE Grundbuchrecht, 8. Auflage, Bonn: Deutscher Notarverlag, 2019.

Laschewski, Christian, Eine GoB-konforme digitale Buchführung?, Die Wirtschaftsprüfung, 2017, S. 359–365.

Lee, Tymothy B, Bitcoin is A Disruptive Technology, 2013, https://www.forbes.com/sites/timothylee/2013/04/09/bitcoin-is-a-disruptive-technology/?sh=342561852956.

Lehmann, Matthias, Zeitenwende im Wertpapierrecht, Zeitschrift für Bank- und Kapitalmarktrecht, 2020, S. 431–438.

LeMahieu, Colin, Nano: A Feeless Distributed Cryptocurrency Network, https://content.nano.org/whitepaper/Nano_Whitepaper_en.pdf.

Lerch, Klaus, Beurkundungsgesetz: Dienstordnung, Richtlinienempfehlungen, BNotK, 5. Auflage. Köln: Otto Schmidt, 2016.

Lettl, Tobias, Handelsrecht: ein Studienbuch, 4. Auflage, München: C.H. Beck, 2018.

Leuering, Dieter, Das Aktienbuch, Zeitschrift für Wirtschaftsrecht, 1999, S. 1745–1751.

Leupold, Andreas, Andreas Wiebe, und Silke Glossner, IT-Recht: Recht, Wirtschaft und Technik der digitalen Transformation, 4. Auflage, München: C.H. Beck, 2021.

Lieder, Jan, Der Namensaktionär im gesellschaftsrechtlichen Spruchverfahren, Neue Zeitschrift für Gesellschaftsrecht, 2005, S. 159–166.

—, Die Publizität des Handelsregisters nach dem DiRUG, Deutsche Notar-Zeitschrift, 2021, S. 830–845.

—, Die rechtsgeschäftliche Sukzession: eine methodenpluralistische Grundlagenuntersuchung zum deutschen Zivilrecht und Zivilprozessrecht sowie zum internationalen und europäischen Privatrecht, Jus privatum 188, Tübingen: Mohr Siebeck, 2015.

Linke, Christian, Gesetz zur Umsetzung der Digitalisierungsrichtlinie (DiRUG), Neue Zeitschrift für Gesellschaftsrecht, 2021, S. 309–315.

Longrée, Sebastian J. M., und Katja Pesch, Das neue Transparenzregister in der Praxis, Neue Zeitschrift für Gesellschaftsrecht, 2017, S. 1081–1090.

Lüdicke, Jochen, und Christian Sistermann, Unternehmenssteuerrecht: Gründung, Finanzierung, Umstrukturierung, Übertragung, Liquidation, 2. Auflage, München: C.H. Beck, 2018.

Matzke, Robin, Elektronische Wertpapiere Stellungnahme zum Referentenentwurf vom 23.07.2020, 2021, https://www.bundesfinanzministerium.de/Content/DE/Gesetzestexte/Gesetze_Gesetzesvorhaben/Abteilungen/Abteilung_VII/19_Legislaturperiode/2021-06-09-einfuehrung-elektronische-wertpapiere/Stellungnahme-rechtsanwalt-rm.pdf?_blob=publicationFile&v=1.

Maul, Silja, Zur Ausgabe von Namensaktien, Neue Zeitschrift für Gesellschaftsrecht, 2001, S. 585–590.

Maume, Philipp, und Mathias Fromberger, Die Blockchain-Aktie, Zeitschrift für das gesamte Handelsrecht und Wirtschaftsrecht, 2021, S. 507–555.

Maume, Philipp, und Lena Maute, Handbuch Kryptowerte, 2020.

Mentz, Alexander, und Viviane Fröhling, Die Formen der rechtsgeschäftlichen Übertragung von Aktien, Neue Zeitschrift für Gesellschaftsrecht, 2002, S. 201–210.

Merkle, Ralph, und Martin Hellman, Hiding Information and Signatures in Trapdoor Knapsacks, IEEE Transactions on Information Theory 24, Nr. 5 1978, S. 525–530.

Merkt, Hanno, Unternehmenspublizität: Offenlegung von Unternehmensdaten als Korrelat der Marktteilnahme, Jus privatum 51, Tübingen: Mohr Siebeck, 2001.

Miller, Andrew K., und J. LaViola, Byzantine Consensus from Moderately-Hard Puzzles: A Model for Bitcoin, 2014, https://www.semanticscholar.org/paper/Byzantine-Consensus-from-Moderately-Hard-Puzzles-%3A-Miller-LaViola/849d40c02f549bfd01c7daabc1d167f1ecd2c57f.

Modlich, Joachim J., Die außerbörsliche Übertragung von Aktien, Der Betrieb, 2002, S. 671–677.

Mollik, Mirko, Blockchain als sicheres Register, Datenschutz und Datensicherheit, 2022, S. 201–208.

Möslein, Florian, Smart Contracts im Zivil- und Handelsrecht, Zeitschrift für das gesamte Handels- und Wirtschaftsrecht, 2019, S. 254–293.

Möslein, Florian, und Sebastian Omlor, FinTech-Handbuch: Digitalisierung, Recht, Finanzen, 2. Auflage, München: C.H. Beck, 2021.

Möslein, Florian, Sebastian Omlor, und Nils Urbach, Grundfragen eines Blockchain-Kapitalgesellschaftsrechts, Zeitschrift für Wirtschaftsrecht, 2020, S. 2149–2164.

Müller-Eising, Karsten, Aktienrechtsnovelle 2014 – Was bringt der Regierungsentwurf Neues?, Gesellschafts- und Wirtschaftsrecht, 2015, S. 50–52.

Nakamoto, Satoshi, Bitcoin: A Peer-to-Peer Electronic Cash System, https://bitcoin.org/bitcoin.pdf.

Noack, Ulrich, Identifikation der Aktionäre, neue Rolle der Intermediäre – zur Umsetzung der Aktionärsrechte-Richtlinie II, Neue Zeitschrift für Gesellschaftsrecht, 2017, S. 561–567.

Noack, Ulrich, Ulrich Haas, und Wolfgang Servatius, Gesetz betreffend die Gesellschaften mit beschränkter Haftung, Beck'sche Kurz-Kommentare, 23. Auflage, München: C.H. Beck, 2022.

Noack, Ulrich, und Wolfgang Zöllner, Kölner Kommentar zum Aktiengesetz, Bd. 1: §§ 1–75 AktG, Kölner Kommentare zum Unternehmens- und Gesellschaftsrecht, 3. Auflage, Köln: Heymann, 2011 (zitiert als *Verfasser*, in: KK-AktG).

Noll, Daniel, Distributed-Ledger-Technologie im Grundbuchwesen Implikationen auf die Transaktionskosten, Forschungsberichte des Instituts für Wirtschaftsinformatik der Universität Leipzig, 2019.

Oetker, Hartmut, Handelsgesetzbuch, 7. Auflage, München: C.H. Beck, 2021 (zitiert als *Verfasser*, in: Oetker HGB).

Omlor, Sebastian, Blockchain-basierte Zahlungsmittel, Zeitschrift für Rechtspolitik, 2018, S. 85–89.

—, Demokratische Blockchain-Algorithmen: von »Code is Law« zu »Law in Code«?, Juristenzeitung, 77, 2022, S. 649.

—, Digitaler Zahlungsverkehr, Juristische Schulung, 2019, S. 289–294.

—, Intermediäre in disintermediatisierten Systemen, Deutsche Notar-Zeitschrift, 2021, S. 855–862.

—, Re- statt Dematerialisierung des Sachenrechts, Recht Digital, 2021, S. 236–241.

Omlor, Sebastian, Florian Möslein, und Stefan Grundmann, Elektronische Wertpapiere, Schriften zum Recht der Digitalisierung, Tübingen: Mohr Siebeck, 2021.

Omlor, Sebastian, Hans Wilke, und Tim Blöcher, Zukunftsfinanzierungsgesetz, Fortschritt durch Blockchain-Wertrechte und ein Privatrecht der Token, Multimedia und Recht, 2022.

Paal, Boris, Die digitalisierte GmbH, Zeitschrift für Unternehmens- und Gesellschaftsrecht, 2017, S. 590–620.

Paal, Boris, und Daniel A. Pauly, Datenschutz-Grundverordnung: Bundesdatenschutzgesetz, 3. Auflage, München: C.H. Beck, 2021.

Patz, Anika, Überblick über die Regulierung von Kryptowerten und Kryptowertedienstleistern, Zeitschrift für Bank- und Kapitalmarktrecht, 2021, S. 725–739.

Paulus, David, Was ist eigentlich … eine Blockchain?, Juristische Schulung, 2019, S. 1049–1050.

Paulus, David, und Robin Matzke, Smart Contracts und das BGB – Viel Lärm um nichts? –, Zeitschrift für die gesamte Privatrechtswissenschaft, 2018, S. 431–465.

Pelka, Jürgen, und Karl Petersen, Beck'sches Steuerberater-Handbuch 2019/2020, 17. Auflage, 2019.

Preuß, Nicola, Der Notar als Außenstelle der Justiz – Erfüllung staatlicher Rechtspflegeaufgaben durch externe Funktionsträger, Deutsche Notar-Zeitschrift Verkündungsblatt der Bundesnotarkammer, 2008, S. 258–277.

Prinz, Wolfgang, Thomas Rose, Thomas Osterland, und Clemens Putschli, Schlüsseltechnologien für Wirtschaft und Gesellschaft, Digitalisierung, 2018.

Rauchs, Michel, Andrew Glidden, Brian Gordon, Gina C. Pieters, Martino Recanatini, François Rostand, Kathryn Vagneur, und Bryan Zheng Zhang, Distributed Ledger Technology Systems: A Conceptual Framework, Rochester, NY: Social Science Research Network.

Reger, Gerald, Georg Langheld, und Christian Haagen, Elektronische Aktien, Recht Digital, 2021, S. 83–92.

Rieg, Jürgen, Prüfungs- und Handlungsbedarf aufgrund der Einführung des Transparenzregisters, Betriebs-Berater, 2017, S. 2310–2320.

Röhricht, Volker, Friedrich Graf von Westphalen, und Ulrich Haas, HGB: Kommentar zu Handelsstand, Handelsgesellschaften, Handelsgeschäften, besonderen Handelsverträgen und internationalem Vertragsrecht (ohne Bilanz-, Transport- und Seerecht), 5. Auflage, Köln: Schmidt, Otto, 2018.

Säcker, Franz-Jürgen, Roland Rixecker, Hartmut Oetker, und Bettina Limperg, Münchener Kommentar zum Bürgerlichen Gesetzbuch, München: C.H. Beck, 2020 (zitiert als *Verfasser*, in: MüKo BGB).

Saive, David, Das elektronische Konnossement: Umsetzung der Anforderungen aus § 516 Abs. 2 HGB durch funktionsäquivalente Blockchain-Token, Schriften zum Recht der Digitalisierung, Tübingen: Mohr Siebeck, 2020.

Sandner, Philipp, Andranik Tumasjan, und Isabell M. Welpe, Der Blockchain-Faktor: wie die Blockchain unsere Gesellschaft verändern wird, BoD – Books on Demand, 2019.

Scherer, Peter, Blockchain im Wertpapierbereich: Rechtsfragen der Nutzung von Distributed Ledger Technology (DLT) bei Wertpapieren, ihrem Handel, ihrer Abwicklung und ihrer Verwahrung, Schriften zum Recht der Digitalisierung, Tübingen: Mohr Siebeck, 2020.

Schmidt, Karsten, Ingo Drescher, und Holger Fleischer, Münchener Kommentar zum Handelsgesetzbuch, München: C.H. Beck, 2019 (zitiert als *Verfasser*, in: MüKo HGB).

Schmidt, Karsten, und Marcus Lutter, Aktiengesetz: Kommentar, Köln: O. Schmidt, 2020.

Scholz, Rupert, Matthias Herdegen, und Hans H. Klein, Grundgesetz: Kommentar, München: C.H. Beck, 2022 (zitiert als *Verfasser*, in: Dürig/Herzog/Scholz GG).

Riedel, Ernst, Michael Volmer, und Harald Wilsch, Grundbuchrecht, 16. Auflage, München: C.H. Beck, 2020 (zitiert als *Schöner/Stöber* GrundbuchR).

Schrey, Joachim, und Thomas Thalhofer, Rechtliche Aspekte der Blockchain, Neue Juristische Wochenzeitschrift, 2017, S. 1431–1436.

Schüppen, Matthias, und Bernhard Schaub, Münchener Anwalts-Handbuch Aktienrecht, 3. Auflage, München: C.H. Beck, 2018 (zitiert als *Verfasser*, in: MAH AktienR).

Schütte, Julian, Gilbert Fridgen, Wolfgang Prinz, Thomas Rose, Nils Urbach, Thomas Hoeren, Nikolas Guggenberger, Blockchain und Smart Contracts: Technologien, Forschungsfragen und Anwendungen, Diskussionspapier, https://www.fim-rc.de/Paperbibliothek/Veroeffentlicht/747/wi-747.pdf.

Schwintowski, Hans-Peter, Nikolas Klausmann, und Michael Kadgien, Das Verhältnis von Blockchain-Governance und Gesellschaftsrecht, Neue Juristische Online-Zeitschrift, 2018, S. 1401–1406.

Seckelmann, Magrit, Digitalisierte Verwaltung-vernetztes E-Government, Berlin: Erich Schmidt Verlag, 2019.

Sefrin, Benno, Die Grundbuchpublizität – Kein Formalismus, sondern Garant für Rechtssicherheit –, Mitteilungen des Bayerischen Notarvereins, 2010, S. 268–274.

Segna, Ulrich, Bucheffekten: ein rechtsvergleichender Beitrag zur Reform des deutschen Depotrechts, Jus privatum, 225, Tübingen: Mohr Siebeck, 2018.

Simmchen, Christoph, Blockchain (R)Evolution, Multimedia und Recht, 2017, S. 162–165.

—, Grundbuch „ex machina“: eine kritische Untersuchung zum Einsatz der Blockchain im Grundbuchwesen, Der elektronische Rechtsverkehr, Baden-Baden: Nomos, 2020.

Spiegel, Alexandra, Blockchain-basiertes virtuelles Geld, Schriften zum Rech der Digitalisierung, Tübingen: Mohr Siebeck, 2020.

Spikowius, Diana, und Fabian Rack, NFTs: Verwertung, Vertragspraxis, Rechts durchsetzung, Multimedia und Recht, 2022, S. 256–261.

Stöber, Michael, Neuerungen im Aktienrecht durch das ARUG II, Deutsche Steuerrecht, 2020, S. 391–398.

Streichert, Dennis, R.I.P. lieber Notar – Wie die Blockchain Notare ersetzen könnte, Blockchain Infos 2019, https://www.blockchain-infos.de/blockchain notare/.

Strohn, Lutz, und Detlev Joost, Handelsgesetzbuch, 4. Auflage, 2020 (zitiert als *Verfasser*, in: EBJS HGB).

Swan, Melanie, Blockchain: blueprint for a new economy, Beijing: Sebastopol CA: O'Reilly, 2015.

Szabo, Nick, Smart Contracts: Building Blocks for Digital Markets, 1996, https:// www.fon.hum.uva.nl/rob/Courses/InformationInSpeech/CDROM/Litera ure/LOTwinterschool2006/szabo.best.vwh.net/smart_contracts_2.html.

Teichmann, Christoph, Digitalisierung und Gesellschaftsrecht, Zeitschrift für die gesamte Privatrechtswissenschaft, 2019, S. 247–272.

Thiel, Sandra, und Arian Nazari-Khanachayi, Digitalisierung aus gesellschafts rechtlicher Perspektive, Recht Digital, 2021, S. 134–142.

Topp, Luca, Elektronische Aktien, Schriften zum Unternehmens- und Kapital marktrecht, Tübingen: Mohr Siebeck, 2022.

Ulmer, Peter, Handelsregisterführung durch die Industrie- und Handelskam mern? Zur zentralen Bedeutung der Prüfungsfunktion für das Handelsregis ter im Kapitalgesellschaftsrecht, Zeitschrift für Rechtspolitik, 2000, S. 47–52.

Vig, Zsofia, Inhaberschuldverschreibungen auf der Blockchain, Zeitschrift für Bank- und Kapitalmarktrecht, 2022, S. 442–449.

Völkle, Christof, Ethereum 2.0 Grundbaustein der weiterentwickelten Digitali sierung des Rechts, Multimedia und Recht, 2021, S. 539–543.

Vos, Jacques, BLOCKCHAIN-BASED LAND REGISTRY: PANACEA, ILLU SION OR SOMETHING IN BETWEEN ?, 2017, https://www.semanticscho lar.org/paper/BLOCKCHAIN-BASED-LAND-REGISTRY-%3A-PANACEA %2C-ILLUSION-Vos/daf0108c2dd5b34f0396e7edb2e9b01ff62b671c.

Voshmgir, Shermin, Blockchains, Smart Contracts und das dezentrale Web Berlin: Technologiestiftung Berlin, 2016.

Weber, Johannes, Von der Identitätskontrolle zur materiellen Richtigkeit – die neuen notariellen Prüfpflichten im Grundbuch- und Registerverkehr, Rheinische Notar-Zeitschrift, 2017, S. 427–436.

Weiss, Alexander, Zivilrechtliche Grundlagenprobleme von Blockchain und Kryptowährungen, Juristische Schulung, 2019, S. 1050–1057.

Welzel, Christian, Klaus-Peter Eckert, Fabian Kirstein, und Volker Jacumeit, Mythos Blockchain: Herausforderung für den öffentlichen Sektor, Kompetenzzentrum Öffentliche IT, Fraunhofer-Institut für Offene Kommunikationssysteme FOKUS, 2017.

Westermann, Harm Peter, und Klaus Mock, Festschrift für Gerold Bezzenberger zum 70. Geburtstag am 13. März 2000: Rechtsanwalt und Notar im Wirtschaftsleben, Berlin: de Gruyter, 2000.

Wiersch, Rachid René, Relative Gesellschafterstellung im Kapitalgesellschaftsrecht und Gesamtrechtsnachfolge, Neue Zeitschrift für Gesellschaftsrecht, 2015, S. 1336–1341.

Wilsch, Harald, Die Blockchain Technologie aus der Sicht des deutschen Grundbuchrechts, Deutsche Notar-Zeitschrift, 2017, S. 761–787.

—, Grundbuchordnung für Anfänger: eine Einführung in das Grundbuchrecht, 2. Auflage, München: C.H. Beck, 2017.

Winkler, Karl, Das Grundbuch, Deutsches Steuerrecht, 1991, S. 284–287.

Wolff, Heinrich Amadeus, und Stefan Brink, BeckOK Datenschutzrecht, München: C.H. Beck, 2022 (zitiert als *Verfasser*, in: BeckOK DatenschutzR).

Wood, Gavin, ETHEREUM: A SECURE DECENTRALISED GENERALISED TRANSACTION LEDGER, 2021, https://ethereum.github.io/yellowpaper/paper.pdf.

Wudarski, Arkadiusz, Das Grundbuch im Europa des 21. Jahrhunderts, Schriften zum internationalen Recht, Berlin: Duncker & Humblot, 2016.

Ziemons, Hildegard, Carsten Jaeger und Moritz Pöschke, BeckOK GmbHG, München: C.H. Beck, 2022 (zitiert als *Verfasser*, in: BeckOK GmbhG).

www.ingramcontent.com/pod-product-compliance
Ingram Content Group UK Ltd.
Pitfield, Milton Keynes, MK11 3LW, UK
UKHW021848290926
8980IPUK00005B/713

9 783631 89928